Männergeschichte – Geschlechtergeschichte

C

Reihe »Geschichte und Geschlechter«
herausgegeben von Gisela Bock, Karin Hausen
und Heide Wunder
Band 14

Thomas Kühne (Hg.)

Männergeschichte – Geschlechtergeschichte

Männlichkeit im Wandel der Moderne

Campus Verlag
Frankfurt/New York

Die Deutsche Bibliothek – CIP-Einheitsaufnahme

Männergeschichte – Geschlechtergeschichte:
Männlichkeit im Wandel der Moderne / Thomas Kühne (Hg.) –
Frankfurt/Main; New York: Campus Verlag, 1996
(Reihe Geschichte und Geschlechter; Bd. 14)
ISBN 3-593-35447-0
NE: Kühne, Thomas [Hrsg.]: GT

Copyright © 1996 Campus Verlag GmbH, Frankfurt/Main
Umschlaggestaltung: Atelier Warminski, Büdingen
Umschlagmotiv: James Gillrey, Der eitle Stutzer, 1820
(Aus Fuchs, *Illustrierte Sittengeschichte*);
Halbstarke (Privatarchiv Helmut Wenske)
Satz: Plöger, Borchen
Druck und Bindung: Druckhaus Beltz, Hemsbach
Gedruckt auf säurefreiem und chlorfrei gebleichtem Papier.
Printed in Germany

Inhalt

Männergeschichte als Geschlechtergeschichte

Thomas Kühne

Männlichkeit als Problem

Was lange Zeit selbstverständlich war (oder doch so schien), wird seit einigen Jahren immmer fragwürdiger, undeutlicher, problematischer: die Antwort auf die Frage »Wann ist ein Mann ein Mann?« Herbert Grönemeyers Hymne an die »Männer«, um nur ein besonders populäres Beispiel herauszugreifen, macht die Verwirrung deutlich: »Männer geben Geborgenheit«, »Männer weinen heimlich«, »Männer brauchen viel Zärtlichkeit«, »Männer sind so verletzlich«, hört man da, und dann aber doch auch: »Männer kaufen Frauen«, »Männer sind einsame Streiter, müssen durch jede Wand«, »Männer führen Kriege«. Wie paßt das alles zusammen? Männer sind nicht mehr das, was sie mal waren. Aber was sind sie denn jetzt – und was waren sie eigentlich mal?

Sucht man in der Presse, im Fernsehen oder in den Buchhandlungen nach Rat, so vergrößert sich die Irritation noch. Das, womit mann sich dann auseinandersetzen kann, reicht von Appellen an die »Neue Väterlichkeit« über Bestandsaufnahmen der »Frau im Mann« und der zwiespältigen »Zukunft des Mannes« bis hin zu »Image-Guides« oder »Personality-Stylings«, die den karrierebewußten Mann über die erfolgsschädigende Wirkung von Wegwerfkugelschreibern und aus der Nase sprießenden Haaren aufklären.[1] Die androgyne Verwischung eingefahrener Gegensätze läßt mancherorts »Männer erwachen« und »ihre Gefühle neu entdecken«.[2] Andernorts aber wird gerade das als Schreckgespenst wahrgenommen und läßt ein »Wutgeheul aus Männerseelen« ertönen. Der »neue, wilde Mann« muß – »genervt vom Feminismus« – »den Kämpfer in sich entdecken«.[3] In »Männer-Selbsterfahrungskursen« kann er lernen, an seine »maskuline Kraft« zu glauben und zu »wissen, wer er ist, was er will und wohin er geht«.[4]

Die massenmediale Aufbereitung des Themas sucht gern Zuflucht in mythischen Vorstellungen von echter, eigentlicher, zeitloser Männlichkeit und paßt sich darin dem tatsächlichen oder vermeintlichen Publikumsgeschmack an. Mannsein erscheint dann unter Berufung auf soziobiologische Reduktionismen als Naturereignis. »Männliche« Attribute wie physische Gewaltbereitschaft und intellektuelle Überlegenheit über Frauen werden auf Hormonhaushalt oder Körpergröße zurückgeführt.[5] Solche Zerrbilder dessen, was Männer (oder Frauen) sind oder sein sollen, stehen freilich im Gegensatz zu dem, was die – vorwiegend angloamerikanische, in Ansätzen aber auch die deutsche – sozialwissenschaftliche, soziologische, psychologische, ethnologische und nicht zuletzt historische Forschung an Einsichten zusammengetragen hat. Längst ist klar, daß viele Frauen ein höheres Testosteron-Level haben als der »durchschnittliche« Mann, oder allgemeiner: daß Männern keine bestimmte Identität und keine bestimmte Rolle bloß durch die Biologie oder durch einen biologisch determinierten psychischen Prozeß aufgebürdet ist.[6]

Kulturelle Vielfalt und historischer Wandel zeigen, daß Männlichkeit und Weiblichkeit nicht ein für allemal feststehen, sondern »gemacht« werden.[7] Geschlecht, Weiblichkeit und Männlichkeit sind gesellschaftliche Konstrukte, die unterschiedliche Gesellschaften unterschiedlich gestalten und ausfüllen. Solche diskursiven Deutungen befriedigen das Bedürfnis nach symbolischer Ordnung der Welt. Dieses Bedürfnis und die Art und Weise, wie es befriedigt wird, wandelt sich je nach gesellschaftlichem Kontext. Also sind HistorikerInnen ganz besonders auf den Plan gerufen! Sie haben die Aufgabe, den »Produktionsprozeß«, dem Geschlecht und Geschlechterdifferenz unterliegen, zu historisieren, »räumlich-zeitlich zu situieren, seine Triebkräfte zu benennen, seine Verfahrensweisen zu analysieren, seine Alternativen zu bedenken und seine Folgen zu ermitteln.« Neuere Studien haben sogar gezeigt, in welchem Maße »nicht nur die soziokulturellen, politischen und ökonomischen Attribute des Geschlechts (*gender*), sondern auch das, was bislang als biologisches Substrat, als Körpergeschlecht (*sex*) angesehen wurde«, konstruiert wurde und wird.[8] Der weibliche Körper etwa wurde bis ins 18. Jahrhundert hinein als gleichsam unvollkommene oder schlechtere Ausgabe des männlichen interpretiert. Weibliche und männliche Geschlechtsorgane erschienen in dieser Zeit als strukturell identisch, nur daß die weiblichen innerhalb und die des Mannes außerhalb des Körpers (und damit besser) plaziert waren. Erst mit dem Beginn der Moderne wurde diese »Biologie der Hierarchie« durch eine »Biologie der Inkommensurabilität zwischen zwei Geschlechtern« abgelöst, trat an die Stelle des »Ein-Geschlecht-Modells« das heute geläufige »Zwei-Geschlechter-Modell«.[9]

Frauengeschichte, Männergeschichte

Wenn in diesem Band Geschlechtergeschichte als Männergeschichte präsentiert wird, so ist das zumindest für die deutschen Verhältnisse nicht selbstverständlich.[10] Geschlechtergeschichte hat sich konstituiert als Frauengeschichte. Sie war zunächst an Forschung über Männer nicht sonderlich interessiert, sondern bezog ihren Impetus hauptsächlich daraus, Frauen als das »unsichtbare« Geschlecht sichtbar zu machen. Sie wollte und konnte zeigen, daß Frauenerfahrungen und Frauengeschichten nicht in dem aufgehen, was die moderne, exklusiv männliche Human-, Geistes- und Sozialwissenschaft seit ihrer Begründung um 1800 über »den« Menschen herausgefunden zu haben glaubte, indem sie Menschen allzu oft, allzu schnell und allzu unreflektiert mit Männern gleichsetzte. Mit der Wende vom 18. zum 19. Jahrhundert konstituierte sich dieses Verständnis von männlich als allgemein-menschlich (und vom Weiblichen als Geschlechtlich-Besonderen). In Lexikonverweisen von »Mann« auf »Mensch« und in Formulierungen wie der vom »allgemeinen« (tatsächlich aber nur männlichen) Wahlrecht schlug es sich in besonders sinnfälliger Form nieder. Die Beharrungskraft und Wirkungsmacht dieser Vorstellung läßt sich an der geschlechtsneutralen Deklarierung geschlechtshalbierter Wahrheiten und Blickrichtungen in allen wissenschaftlichen Disziplinen, nicht nur der historischen, ablesen.[11]

Sowohl als Subjekte wie als Objekte der Wissenschaft waren Frauen marginalisiert, und weithin sind sie es bekanntlich immer noch. Sowohl im Hinblick auf die Ökonomie der Forschungsthemen wie auf die Politik der Stellenbesetzung war und ist es also nachvollziehbar, wenn Frauen sich in erster Linie für Frauen interessieren. Männer, Mannsein, Männlichkeit spielten zunächst für die Entwicklung differenzierter Fragenkataloge keine Rolle. Männlichkeit wurde »als das generalisierte Andere« wahrgenommen, ohne daß »ein Gespür für seine enorme Variationsbreite« entwickelt worden wäre.[12] Männer wurden und werden als kollektive Vorteilsnehmer des »Patriarchats« kategorisiert, die primär oder ausschließlich durch die Herrschaft über Frauen definiert sind, als nicht weiter untersuchenswerte »Täter« im Gegensatz zu den weiblichen »Opfern«. So verständlich diese bewußte Parteinahme für die (weiblichen) Unterdrückten und gegen die (männlichen) Unterdrücker in politischer Hinsicht sein mag, so problematisch ist die ihr zugrundeliegende Schwarz-Weiß-Kategorisierung für den wissenschaftlichen Ertrag der auf ihr aufbauenden Forschungen.

Die Ausblendung der Innenperspektive männlicher Macht wurde freilich von Wissenschaftlerinnen der Frauenbewegung schon früh in Frage gestellt, zunächst im angloamerikanischen Forschungsraum, wo die Geschlechter-,

Frauen – und eben auch Männergeschichte zuerst Fuß gefaßt hat.[13] Anstöße für einen genaueren Blick auf das männliche Geschlecht vermittelte die Einsicht, daß nicht nur Frauen, sondern auch Männer durch das System des »Patriarchats« unterdrückt wurden, und ebenso, daß die bloße Untersuchung der Erfahrung der Unterdrückten immer nur unzulängliche Erkenntnisse über Herrschaftsstrukturen zeitigt, wenn sie nicht gleichzeitig auch die Perspektive der Herrschenden und damit das Beziehungssystem zwischen diesen und jenen ausleuchtet. Natalie Z. Davis forderte denn auch eine Erweiterung der historischen *Frauen*-forschung schon in deren Entstehungsphase: »Mir scheint, daß wir uns für die Geschichte von Frauen wie von Männern interessieren sollten, daß wir nicht ausschließlich über das unterdrückte Geschlecht arbeiten sollten, ebensowenig wie ein Historiker, der sich mit Klassenkategorien beschäftigt, sich ausschließlich auf Bauern konzentrieren kann.«[14] Und ähnlich betrachtete Gerda Lerner 1977 die Frauengeschichte nur als eine – wenn auch unabdingbare – Zwischenetappe auf dem Weg zu einer »holistischen«, die historischen Erfahrungen beider Geschlechter vergleichenden und ihre Interaktionen thematisierenden, neuen Universalgeschichte.[15]

Konkrete Forschung freilich ließ noch auf sich warten. Sie verdankte ihre Anfänge, zumal in den USA und in Großbritannien, auch nicht nur der Frauenbewegung, sondern ebenso zwei anderen gesellschaftlichen Emanzipationsbewegungen, der Homosexuellen- und der Männerbewegung. Die Homosexuellenbewegung richtete sich gegen die Unterdrückung durch die heterosexuelle Homophobie, sie suchte und fand alternative Bewertungen des Verhältnisses von Homosexualität und Heterosexualität in anderen Kulturen und Epochen: Die weibliche Konnotation von Homosexualität erscheint danach geradezu als Kennzeichen der modernen westlichen Industriegesellschaften. In anderen und früheren Kulturkreisen galt und gilt sie als etwas Normales, etwa als selbstverständlicher Initiationsritus, der aus Jungen Männer macht.[16] Und ähnlich versuchte die Männerbewegung das enge Korsett der heute als selbstverständlich und natürlich geltenden Männlichkeitsideale von Härte, Selbstbeherrschung abzuschütteln, indem sie deren historische Relativität sichtbar machte. Auch sie suchte und fand – mitunter freilich mythisch verklärte – Alternativen zu diesen als Urgrund emotionaler Entfremdung von Männern begriffenen Leitbildern in anderen Zeiten und anderen Räumen.[17]

Männlichkeit im Wandel der Moderne

Männlichkeit als Kategorie der Relationen

Nicht nur Frauen haben ein Geschlecht, sondern auch Männer, und beide Geschlechter stehen in einer unauflöslichen Beziehung zueinander, sind nicht ohne das jeweils andere faßbar. »Mannsein« und »Männlichkeit« werden definiert in Abgrenzung von »Frausein« und »Weiblichkeit«. Männergeschichte tritt daher auch nicht als Konkurrenzunternehmen zur Frauengeschichte auf, sondern als deren notwendige Ergänzung – und umgekehrt gilt das gleiche. Das Verständnis von Geschlecht als kulturellem Konstrukt verlangt immer eine doppelte Perspektive auf Männer und Frauen, Männlichkeit und Weiblichkeit.

Geschlecht ist also eine Kategorie der Relationen. Von welcher Art aber sind diese Relationen? Karin Hausen hat in ihrem wegweisenden Aufsatz bereits 1976 auf den polaren Charakter des »modernen«, Ende des 18. Jahrhunders gestifteten Geschlechtersystems hingewiesen. Dieser Polarität entspricht die Vielzahl kultureller Kodierungen, die zumal die westlich-bürgerliche Kultur prägen: Natur vs. Kultur, Seele vs. Geist, Gefühl vs. Vernunft, Passivität vs. Aktivität. Diese Kategorien fügen sich in die Konstruktion des Geschlechtergegensatzes ein, deuten auf dessen alle Lebens- und Denkbereiche durchdringende Bezüge.

»Den als Kontrastprogramm konzipierten psychischen ›Geschlechtseigenthümlichkeiten‹ zu Folge ist der Mann für den öffentlichen, die Frau für den häuslichen Bereich von der Natur prädestiniert. Bestimmung und zugleich Fähigkeiten des Mannes verweisen auf die gesellschaftliche Produktion, die der Frau auf die private Reproduktion. Als immer wiederkehrende zentrale Merkmale werden beim Mann die Aktivität und Rationalität, bei der Frau die Passivität und Emotionalität hervorgehoben, wobei sich das Begriffspaar Aktivität-Passivität vom Geschlechtsakt, Rationalität und Emotionalität vom sozialen Betätigungsfeld herleiten.«

Diesen Hauptkategorien werden eine Reihe von Zusatzmerkmalen angefügt. Zu den als naturgegeben gedachten Wesensmerkmalen der Männlichkeit zählen seit dem Anbruch der Moderne im späten 18. Jahrhundert unter anderem Willenskraft, Tapferkeit, Zielstrebigkeit, Selbstständigkeit, Gewaltbereitschaft, Kompromißlosigkeit, Verstand. Zu den ebenso verstandenen Wesensmerkmalen der Frau zählt jeweils das Gegenteil: Schwäche, Bescheidenheit, Wankelmut, Abhängigkeit, Güte, Nachgiebigkeit, Gefühl.[18] Diese dichotomische Anordnung der »Geschlechtscharaktere« ist ein ideologisches Konstrukt, ein Ordnungsprogramm. Es kann nicht einfach für die »Realität« genommen werden, sondern ist mit der Praxis der Geschlechterkonfigurationen zu vergleichen.[19] In diesem Sinne dient es auch den meisten Beiträgen dieses Bandes als forschungsstrategischer Bezugspunkt. Die Wirkungsmacht dieses Konstrukts im 19. Jahrhundert wird demonstriert, aber auch nach der Funktion partieller Abweichungen davon in der sozialen Praxis gefragt. Ncht zuletzt wird gezeigt, wie das polare Geschlechtermodell im 20. Jahrhundert an Überzeugungskraft verlor. Wir stellen die Beiträge vor, ordnen sie in den Forschungskontext ein und werfen dabei unsystematische und unvollständige, aber möglicherweise künftige HistorikerInnen anregende Seitenblicke auf die Ergebnisse bisheriger, meist angloamerikanischer Studien zum Wandel der Männlichkeit in der Moderne.

Den Anfang macht Anne-Charlott Trepp. Eine günstige Quellenlage erlaubt ihr genaue Einblicke in das Innenleben einiger Hamburger Familien um die Wende vom 18. zum 19. Jahrhundert. Die Polarisierung der Geschlechtscharaktere war noch nicht festgeschrieben. Väter definierten sich geradezu über ihre emotionale und private Lebenswelt. Körperliche und »sogar kindliche Ausgelassenheit« stand keineswegs im Widerspruch zu ihren Identitäten als Männer. Diese Skizzen aus dem Hamburger Familienleben um 1800 deuten den fundamentalen Wandel der Männeridentitäten im Zeitalter des Bürgertums an. Genaueres über diesen Wandel allerdings wird sich für Deutschland erst sagen lassen, wenn das Stereotyp von dem der Privat- und Gefühlssphäre enthobenen Vater für das 19. und 20. Jahrhundert eingehender (und auch schichtenspezifisch) untersucht ist.[20] Für England konnte – vor allem durch Leonore Davidoffs und Catherine Halls Buch *Family Fortunes* – gezeigt werden, daß Männer im 19. Jahrhundert in den privaten, emotionalen Bereich weitaus stärker eingebunden waren als der normative Diskurs über den autonomen, »öffentlichen« Mann Glauben macht.[21]

Ebenso wie Trepp mit ihrem erfahrungsgeschichtlichen Ansatz nimmt auch Sabina Brändli mit ihrem auf Diskurs und Habitus gerichteten Beitrag den relationalen Charakter der Kategorie Gechlecht sehr ernst, wenn sie die Konstruktion bürgerlicher Männlichkeit im 19. Jahrhundert im Spiegel der Männermode untersucht, ohne dabei den Bezug zur Frauenmode aus dem Auge zu verlieren. Der Blick auf den Wandel der Modediktate zeigt, wie sehr das polare Geschlechtermodell im 19. Jahrhundert die männlichen und weiblichen Habitusformen bestimmte. Die Männer »stahlen« sich in der zweiten Hälfte des Jahrhunderts aus der Mode. Denn die verwies auf den Körper, auf Geschlechtlichkeit, auf all das, was nun mit Frau und Weiblichkeit assoziiert wurde. Die Betonung der Geschlechtsmerkmale wurde für Männer obsolet. Sie flüchteten sich in die vermeintlich vernünftige »zivile Uniform« des legeren Sakkos, die zusammen mit steifen Hemden und anderen Attributen den männlichen Körper tabuisierte, symbolisch stählte und optisch disziplinierte.

Brändlis Beobachtungen weisen auf ein Strukturmerkmal des polaren Geschlechtersystems, das der zeitgenössische Diskurs gern zu verschleiern suchte: Es ist nicht symmetrisch, sondern asymmetrisch konfiguriert. Weiblichen Defiziten stehen in seinen Kodierungen männliche Überlegenheiten gegenüber. Männlichkeit und Weiblichkeit stehen nicht parataktisch nebeneinander, sondern hypotaktisch über- und untereinander. Während die Männer ihre variationsreiche, aber oft unbequeme Garderobe auszogen und sich mit ihren Sakkos Bewegungs*freiheit* verschafften, also ihren »Aktionsradius« (i.e. Einflußbereich) erweiterten, blieben die Frauen in ihrem Korsett *gefangen*, waren »verdammt zum passiven Zuhause-Sitzen«.

Geschlecht ist nicht nur eine kulturelle, sondern immer auch eine politische Kategorie. Geschlechtersysteme sind Systeme strukturierter Ungleichheiten, sie bestehen nicht etwa nur aus zwei äquivalenten Geschlechterrollen – wie es die von der Sozialpsychologie ausgehende Rollentheorie suggeriert.[22] Ebenso wie die Kategorien Klasse, Schicht, Rasse (*race*), in gewisser Hinsicht auch Konfession oder Generation, hebt Geschlecht auf den Aspekt der Herrschaft und Unterdrückung in sozialen Beziehungen ab. Die Herrschaft der Starken über die Schwachen und der Schutz der Schwachen durch die Starken ist ein Legitimationsmuster autoritärer politischer Systeme, dessen geschlechtliche Kodierung leicht zu erkennen ist. Aber auch die demokratischen Regierungssysteme des 20. Jahrhunderts haben ihre politischen Ideologien und ihre Politik auf dem Geschlechtersystem aufgebaut. An der paternalistischen Begründung wohlfahrtsstaatlicher Schutzmaßnahmen zugunsten von Kindern und Frauen ist das ablesbar.[23]

Mitunter sind Männlichkeitsideale einem raschen Wechsel von politischen Interessen unterworfen und dann selbst nicht sehr langlebig. Ein extremes und geographisch zwar etwas entlegenes, die Machbarkeit von Geschlechterkonstruktionen jedoch überaus anschauliches Beispiel bietet die neuseeländische Geschichte. Unter den Bedingungen des Männlichkeitsüberschusses in der kolonialen Siedlungsphase war hier eine maskuline Subkultur entstanden, deren soziale Problematik der Staat jedoch bald erfolgreich aufzufangen versuchte, indem er die Männlichkeit durch die Förderung von Familienansiedlungen in der Landwirtschaft ›domestizierte‹, an die Ehe und eine ›ordentliche‹ Lebensführung band. Diese Domestizierung der Männer und des Männlichkeitsideals war, begünstigt durch politische und soziokulturelle Faktoren (Ausgleich des Geschlechterverhältnisses, Urbanisierung, Bezwingung der autochthonen Kriegerstämme) um die Wende zum 20. Jahrhundert weitgehend abgeschlossen. In dieser Zeit freilich wurde sie schon wieder dysfunktional. Sie kollidierte mit neuen politischen Interessen. Die Mobilisierung der Männer für die britischen Kolonialkriege und die britischen Armeen der beiden Weltkriege wurde daher abgesichert durch die staatlich geförderte Konstruktion einer gewaltsamen Männlichkeit. Dabei kam der Ausbreitung des organisierten (also kontrollierten) Sports, vor allem des Rugby, die Funktion zu, eben diesem Ideal zum Durchbruch zu verhelfen, ohne doch die alten Probleme unkontrollierter Gewaltbereitschaft erneut aufleben zu lassen.[24]

Aber Männlichkeitskonstruktionen waren nicht nur in der Kolonialgeschichte ein Herrschaftsinstrument, sondern sie sind dies grundsätzlich, wenn auch nicht immer nur als Resultat kurzfristiger und leicht durchschaubarer Manipulationsstrategien. Auch die bürgerlich-monarchische Herrschaftssymbiose des europäischen Konstitutionalismus wurde durch ein spezifisches Geschlechtersystem abgesichert, dessen Untergründe Ute Frevert in diesem Band in ihrem Beitrag über den Zusammenhang von Wehrpflicht und Wahlrecht in Deutschland im 19. Jahrhundert aufdeckt. Die Polarisierung der »Geschlechtscharaktere« im 19. Jahrhundert, die dem Mann die öffentliche, der Frau die private Sphäre zuwies, wurde mit einem besonders ausgefeilten Legitimationsmuster staatlich unterfüttert. Die gerade im Bürgertum reserviert beäugte allgemeine Wehrpflicht (die die in die Pflicht Genommenen ja nicht nur mit einem *möglichen* Tod, sondern auch mit dem *sicheren* zeitweisen Erwerbsausfall bedrohte) wurde als Voraussetzung der politischen Partizipation, des Stimmrechts, symbolisch stilisiert. So machte sie gleichzeitig den Ausschluß der Frauen (deren militärische Tauglichkeit indiskutabel war) von eben diesen Rechten sinnfällig. Die allgemeine Wehrpflicht war die Grundlage der militarisierten Männlichkeit, die die deutsche Geschichte bis in die Mitte des 20. Jahrhunderts entscheidend prägte – freilich nicht nur die deutsche.[25] Und sie war die Grundlage des männlichen Politikmonopols, das in Deutschland de jure bis 1918, de facto aber viel länger bestand.[26]

Männlichkeit, Klasse, sozialer Wandel

Geschlechtergeschichte muß, das zeigen diese Beispiele, gleichsam hinter das Geschlecht zu sehen, will sie Geschlechterverhältnisse verstehen. Die angloamerikanische Forschung allerdings hat nicht nur das im engeren, nämlich staatlichen Sinne politische Koordinatensystem ins Blickfeld genommen, um das Relationsgefüge der Kategorie Männlichkeit zu erfassen, sondern auch das soziokulturelle und sozioökonomische. Die Auswirkungen der Industrialisierung auf Männlichkeitskonstruktionen sind dabei in vielfältiger (wenn auch alles andere als erschöpfender) Weise untersucht worden. Eine besondere Rolle spielten bei diesem Zusammenhang handwerkliche und technische Fertigkeiten als Ausweis von Männlichkeit und als »Material männlicher Macht« (Cockburn).[27] Der geschlechterpolitische Wert dieser Fertigkeiten wurde und wird immer wieder durch technische Innovationen bedroht, die sie nicht nur überflüssig machen, sondern auch den Ersatz von Männern durch Frauen und Kinder in bestimmten Arbeitsbereichen befördern – und so kompensatorische Prozesse in Gang setzen. Deren Ziel ist die Bewahrung der tradierten Geschlechterhierarchie. Vor dem Hintergrund dieses Ziels erklären sich so verschiedenartige, aber eben doch miteinander zusammenhängende Entwicklungen wie die Einführung des Familieneinkommens oder Ernäherlohns und der Massenzulauf von Geheimbünden, Bruderschaften, Freimaurerlogen und anderen »Männerbünden«. Die Konstruktion des Familieneinkommens wertete die männliche Arbeit symbolisch auf und stiftete so einen Ersatz für die Deprivationen, die die Industriearbeiter nicht zuletzt durch paternalistische Unternehmensstrategien hinnehmen mußten.[28] Und folgt man etwa Mary Ann Clawsons Studie über den Zusammenhang von Klasse, Geschlecht und Fraternalismus in den USA im 19. Jahrhundert, so erklärt sich die außerordentliche Attraktivität der Bruderschaften, besonders der Freimaurer, durch das von ihnen im Rahmen exklusiver Männlichkeit gepflegte Gegenmodell gegen die Realität der kapitalistischen Industriegesellschaft, das um ein symbolisch-rituell vermitteltes Handwerksideal und eine klassenübergreifende soziale Utopie kreiste.[29]

Welcher Zusammenhang besteht zwischen Geschlecht und Klasse, ethnischer Gruppe und anderen sozialen Hierarchien, und wie versteht sich der Wandel dieser Konfliktebenen und Deutungssysteme? Fungiert Geschlecht dabei immer als abhängige Variable, oder wirkt Geschlecht auch als unabhängige Variable? Erklären sich Verschiebungen etwa im Koordinatensystem des Männlichkeitsideals einer Epoche oder Sozialgruppe immer durch ›exogene‹ Faktoren wie staatspolitische Interessen oder sozioökonomische Strukturveränderungen? Oder entfaltet der Wandel von Geschlechtersystemen auch eine Eigendynamik? Generalisierende Antworten auf dieses Fragebündel sind vorerst und vielleicht überhaupt nicht möglich, will man auf die genaue Analyse der jeweiligen historischen Konstellationen nicht verzichten.

In den eben skizzierten amerikanischen wie auch in den meisten anderen untersuchten Beispielen wird der instrumentelle Charakter des Geschlechtersystems betont. Auch wenn aller Wandel in ein politisches, gesellschaftliches und kulturelles Interdependenzsystem eingebunden ist, entfalten Geschlechtersysteme aber doch auch eine Eigendynamik. So sind eine Reihe von »Krisen der Männlichkeit« diagnostiziert worden, Phasen also, in denen überkommene männliche Leitbilder und Werte in Frage gestellt werden, in denen das, was als männlich gilt, unsicher und unbestimmt wird.[30] Kompensatorische Übersteigerungen eben der in Frage gestellten Leitbilder mögen sich dann als vermeintliche ›Flucht nach vorne‹ anbieten. So hat man den Kult des »outdoorsman«, der in den USA nach der Jahrhundertwende Platz griff, als Reaktion auf die ersten Anfänge der Frauenemanzipation, besonders der Frauenstimmrechtsbewegung, interpretiert. Der Zulauf der Pfadfinderorganisationen (die aus männlichen Kindern »echte« Männer zu machen versprachen), die Attraktivität des Footballs und Baseballs, die Idolfunktion Theodore Roosevelts, das Come-Back des Cowboys als männlicher Leitfigur, nicht zuletzt die begeisterte Teilnahme am Ersten Weltkrieg in eben dieser Zeit wurden als Ausdruck der Furcht vor der »Verweiblichung« und »Verweichlichung« der Kultur gedeutet.[31] Und in ähnlicher Weise wurde der paramilitärische Kult, der in den USA auf den Vietnamkrieg und die Diskreditierung der heroischen Männlichkeit durch den verlorenen Krieg folgte, interpretiert. Susan Jeffords zeigte in ihrer Diskursanalyse mit dem aussagekräftigen Titel »The Remasculinization of America«, wie die Ursachen der Niederlage von den Soldaten weg auf »verweiblichte« Politiker und politische Entscheidungen geschoben wurden, wie im übrigen der politische Kontext des Krieges zugunsten der Stilisierung »reiner« männlich-militärischer Leistungen und Gemeinschaften ausgeblendet wurde und wie auf dem Untergrund dieser ›Kriegsbewältigung‹ patriarchalische Geschlechterbeziehungen zu neuem Leben erweckt wurden.[32]

Einem ähnlichen Interpretationsrahmen folgte auch jene Studie, die wohl den Beginn der Männergeschichte als Geschlechtergeschichte in Deutschland markiert und sicherlich nach wie vor als bekanntester Beitrag dazu gelten dürfte: Klaus Theweleits *Männerphantasien*. Die übersteigerte Virilität der Freikorpsmänner und frühen Nationalsozialisten erklärt Theweleit allerdings nicht nur und nicht primär historisch (als Kompensation des verlorenen Krieges), sondern psychoanalytisch als Ausdruck von Ich-Schwäche und sexueller Probleme.[33] Die sozial- und besonders geschlechtergeschichtliche Bedeutung des männerbündischen Diskurses der Zeit in Deutschland nach 1918 ist unverkennbar und doch noch längst nicht hinreichend erforscht. Einen wichtigen Beitrag dazu liefert Nicolaus Sombart in diesem Band.[34] Er übersieht nicht die kulturanthropologischen Dimensionen und psychologischen Relationen des Männerbundes. Aber vor allem geht es ihm um die historische und kulturelle Bedingtheit der Männerbundideologie. Mit ihrer »Exaltierung .des Männlich-Martialischen« und »Ablehnung und Unterdrückung der Frau und alles ›Weiblichen‹«, mit ihrem elitären und antidemokratischen Impetus, mit ihrer Kompromißfeindschaft und ihrem dezisionistischen »Alles-oder-Nichts-Denken« konnte sie besonders in der deutschen Politischen Kultur schon vor dem Ersten Weltkrieg Fuß fassen. Der Männerbund wurde als Keimzelle des Staates beschworen, Männerbund und Staat galten als wesensmäßig identisch.[35]

Militarisierte Männlichkeit

Wenn man den historischen Blick noch einmal rund 100 Jahre weiter zurückschweifen läßt, verfestigt sich das Bild vom Auf und Ab, dem bestimmte Männlichkeitsideale in der Geschichte unterworfen sind. Aus unterschiedlichen Perspektiven und ausgehend von unterschiedlichen Quellengruppen befassen sich in diesem Band neben Ute Frevert auch Karen Hagemann und Dan McMillan mit den geschlechtergeschichtlichen Folgen des militärischen Zusammenbruchs Preußens 1806 und dem politischen, sozialen und mentalen Umbruch in den Jahren vor und während der Befreiungskriege von 1813/15. Karen Hagemann zeigt am Massenmedium Befreiungslyrik, wie das Konzept »patriotisch-wehrhafter Männlichkeit« ausformuliert wurde. »Wehrhaft« und »teutsch« wurden mit »männlich« gleichgesetzt und von den ähnlich einheitlich gefaßten, aber als weiblich definierten Epitheta »nicht-teutsch«, »welsch« und »feige« abgegrenzt. Die Demokratisierung und Nationalisierung des Heldenkultes erweist sich hier als eine der Grundlagen, auf der die Zustimmung zur allgemeinen Wehrpflicht und massenhaften männlichen Opferbereitschaft errichtet wurde. Die andere beschreibt Ute Frevert in ihrem schon vorgestellten Text: die auf die Männer begrenzte Demokratisierung der politischen Partizipation, die so in Verbindung mit dem ebenso männlich exklusiven Wehrdienst die langfristige Auseinanderentwicklung der Geschlechtersphären in die Wege leitete.

In dem Umbruch der napoleonischen Ära entstand auch die deutsche Turnerbewegung, deren geschlechtergeschichtliche Dimension von McMillan verortet wird. Standen im Zentrum des turnerischen Männlichkeitsideals im 19. Jahrhundert immer, wie McMillan es ausdrückt, die als »urmännlich«

geltenden Maximen von körperlicher Stärke, Mut, Härte gegen sich selbst, so war dieser männliche Kern umlagert von einem Kranz gleichsam sekundärer männlich kodierter Tugenden. Sie wandelten sich mit dem politischen Kontext. Zunächst gehörte dazu die Wehrwilligkeit, dann im Vormärz und in der Revolution von 1848/49 die Parteinahme für den »Fortschritt« und später, nach der Reaktion, die Anpassung an die bestehenden politischen Verhältnisse, der »Gehorsam«.

Ähnlich wie das auf der allgemeinen Wehrpflicht beruhende Militär gehörte auch die Turnerbewegung zu jenen Institutionen, die durch ihren sozial übergreifenden Charakter *tendenziell* als Bremsschuh des gleichwohl säkularen Klassenbildungsprozesses wirkten. Inwieweit der klassenübergreifende Anspruch nur eine Fiktion war, ist im Einzelfall zu klären. Die geschlechtliche Exklusivität solcher Institutionen und Organisationen übte jedenfalls eine kaum zu überschätzende Anziehungskraft (auf Männer) aus. Lynn Blattmann berichtet in ihrem Beitrag über die Ausstrahlung, die der militärisch-männliche Habitus im Verbindungswesen des deutschen Kaiserreichs auf dessen schweizerisches Pendant hatte. Blattmann betont den männerbündischen Charakter der Studentenverbindungen. Sie untersucht denn auch deren Rituale unter kulturanthropologischen Gesichtspunkten als Inszenierungen von Männlichkeit: Mensur und Trinkzwang schienen die geeigneten Gelegenheiten zu sein, Verfügungsgewalt über den Körper und damit männliche Macht und Stärke zu demonstrieren. Diese Rituale waren aber nur ein Teil jenes Symbolgefüges, das die Männerbünde der Schweizer Studenten konstituierte. Dazu gehörte ebenso die familienanaloge Struktur, das Lebensbundprinzip und die esoterische Aura des Geheimnisvollen.

Männerbünde solcher Art stehen in einem bewußten Gegensatz zur Familie, einem Gegensatz, den die deutsche Männerbundideologie in exaltierter Form beschwor. Ihrem Selbstverständnis nach waren Männerbünde nicht etwa Ersatzfamilien, sondern standen in der Hierarchie der Gemeinschaftsformen als Kondensate egalitärer, jugendlich-erotischer Vitalität und als Brutstätten charismatischer Männerhelden über der »verweichlichten« und patriarchalisch organisierten Familie, in der Alte und Frauen den Ton angaben.[36] Als reales Vorbild stilisierte der deutsche Männerbund-Diskurs der Zwischenkriegszeit die Frontkameradschaft der Schützengräben des Ersten Weltkrieges. Die – häufig untersuchte – Heroisierung der Soldatengemeinschaft in der Literatur und Publizistik nach 1918 ist freilich ein besonders sinnfälliges Beispiel für die Notwendigkeit, Diskurs und Erfahrung, Idee und Praxis, Norm und Identität, Gesellschaft und Psyche auseinanderzuhalten oder besser noch: zu vergleichen. Der Ästhetisierung und Erotisierung des Kriegserlebnisses in der Variante Ernst Jüngers oder der von Theweleit untersuchten Freikorpsliteratur stehen Neurosen und Psychosen, seelische und körperlichen Verkrüppelungen einer Masse von Kriegsteilnehmern gegenüber. Das freilich ist wie viele andere Ebenen der Wahrnehmung, Verarbeitung und Erinnerung der Massenvernichtungskriege des 20. Jahrhunderts erst in Ansätzen untersucht.[37]

Gebrochene und rivalisierende Männlichkeiten

Die angloamerikanische Männergeschichte – und noch mehr die gegenwartsorientierte, sozialwissenschaftiche, vor allem psychologische Männerforschung – hat daher neuerdings verstärkt die Fragilität von Männlichkeit auf der Ebene der Psyche und die synchrone Konkurrenz verschiedener Männlichkeiten akzentuiert.[38] Beides hängt miteinander zusammen und scheint geradezu konstitutiv zu sein für den Gegenstand der Männergeschichte. Der (im Geschlechtersystem der westlichen Industriegesellschaften so begriffene) Gegensatz von Heterosexualität und Homosexualität ist nur ein besonders signifikantes Beispiel für jene Rivalität verschiedener Männlichkeiten. Ihre Konfliktträchtigkeit auf der individuellen Ebene wird evident, wenn man sich von der – lange Zeit dominanten – Auffassung löst, daß Homosexualität und Heterosexualität sich gegenseitig ausschlössen. Die angloamerikanische Männergeschichte hat darüber hinaus aber für andere Bereiche – Arbeitsplatz, Jugendkultur – die Rivalität verschiedener Männlichlichkeitsvorstellungen herausgearbeitet. Oft hängen sie mit unterschiedlichen soziokulturellen Identitäten zusammen, also mit den Beziehungen zwischen Geschlecht und sozialen, konfessionellen, ethnischen oder landsmannschaftlichen Konflikten. Aber sie können auch institutionell bedingt sein. Letzteres gilt z.B. für Männlichkeitskonstruktionen in jugendlichen Subkulturen, die aus Opposition gegen Männlichkeits-»Dikate« autoritärer Schulen heraus entwickelt werden; sie erfassen keineswegs alle Schüler, sondern führen bei vielen zu Cross-pressure-Konflikten, zur Unentschiedenheit also, welcher Männlichkeitsnorm sie sich wann unterordnen sollen.[39]

Geschlecht ist eine politische Kategorie nicht nur durch den hierarchischen Gegensatz zwischen Männern und Frauen, sondern auch durch die konfliktträchtige Rivalität verschiedener Männlichkeits- (oder auch: Weiblichkeits-)Vorstellungen – in einer Zeit, in einer Gesellschaft, in einem Mann.[40] Mit der bloßen Feststellung, daß Männlichkeit nicht nur historisch, sondern auch zeitgleich in einer Gesellschaft oder sogar einer Person verschieden ausgeformt sein kann, ist es aber nicht getan. Es muß immer auch danach gefragt werden, in welcher Beziehung diese Männlichkeiten zueinanderstehen, welche Hierarchien und Hegemonien wirksam sind, welche Koalitionen und Konflikte zwischen ihnen bestehen, und wie sich dieses komplexe Beziehungsgefüge verändert (oder warum es sich nicht verändert). Und dahinter steht immer auch die Frage, ob und in welcher Weise jene Vielfalt als »Motor« der Geschlechter*geschichte* arbeitet.

Kehren wir noch einmal zum Verhältnis von Kriegserfahrung und Männlichkeit zurück, das jene Rivalität und die damit zusammenhängende Fragilität von Männlichkeit besonders deutlich vor Augen führt und in unserem Band in zwei Beiträgen beleuchtet wird. Jürgen Reulecke führt seine früheren Arbeiten zum Verhältnis von Jugendbewegung und Männlichkeit im ersten Drittel dieses Jahrhunderts[41] weiter, indem er den melancholischen Gehalt des (männer-)bündischen Liedgutes der Frontwandervögel untersucht und daran die Gebrochenheit der Kriegserfahrung veranschaulicht. Anders als die älteren Soldatenlieder und anders als auch die Lieder der nicht mehr am Ersten Weltkrieg beteiligten Generation sind die Lieder der jugendbewegten Kriegsteilnehmer durch eine eigentümliche Mischung männlich-heroischer und melancholisch-sentimentaler Elemente geprägt. Eine »unbestimmte Grundsehnsucht, das Erahnen des Todes und des eigenen oder fremden Leids« verbinden sich mit dem »soldatisch-männlichen ›Wir‹«, mit den männlichen Tugenden von »Stärke, Kraft, Standhaftigkeit«. Reulecke deutet diese Mischung als Strategie der Bewältigung des Kriegserlebnisses: Die Erfahrung der Grauen des Krieges und die damit verbundenen Gefühlsebenen werden nicht verdrängt, sondern »zugelassen«. Gleichzeitig aber wird auch gezeigt, wie man sie »männlich in den Griff bekommt« – durch die Flucht nach vorn: »Wie reiten die Sehnsucht tot«.

Die Erfahrung des Grauens des Ersten Weltkrieges reichte nicht aus, um die Kriegsgeneration selbst oder die folgende Generation gegen das heroisch-martialische Männlichkeitsideal zu imprägnieren. Erst durch den und nach dem Zweiten Weltkrieg wurde die zu Beginn des 19. Jahrhunderts inaugurierte militarisierte Männlichkeit so nachhaltig diskreditiert, daß sie zumindest ihre hegemoniale Stellung auf Dauer verlor. Thomas Kühne geht dem Wandel des Leitbildes der Kameradschaft als *dem* männlichem Vergemeinschaftungsmodell seit dem Ersten Weltkrieg nach. Für die Entwicklung in Deutschland nach 1918 war charakteristisch, daß Kameradschaft als Leitbild einer staats-, gesellschafts- und geschlechterpolitischen Umwälzung inauguriert wurde, und als solches der Verbreitung des heroisch-martialischen, männerbündischen und familienfeindlichen Männlichkeitsideals bis in den Nationalsozialismus hinein den Weg ebnete. Wiewohl von grundlegender Bedeutung für die Kriegsmotivation der Soldaten des Zweiten Weltkrieges, hielt es doch der Realität der Kriegsalltags nicht stand. Es wurde im Bewußtsein und in der sozialen Praxis der Soldaten von dem »weichen«, familienanalogen, Geborgenheit vermittelnden Kameradschaftssystem verdrängt. In der Erinnerung »überlebte« diese Variante als die dominante. Die nach außen gerichteten, aggressiven Momente des kameradschaftlichen Zusammenhalts wurden in der kollektiven Erinnerung ebenso wie die Verwicklung der deutschen Soldaten in das Kriegsgrauen und die Kriegsgreuel marginalisiert. Aber auf der Basis eben dieses Verdrängungsprozesses war es auch möglich, die Hegemonie des heroisch-martialischen Männlichkeitsbildes zu verabschieden.

Diesen säkularen Wandel der Männlichkeitsideale in Deutschland trugen nicht etwa nur jene Kriegsteilnehmer, die den antimilitaristischen Strömungen der Nachkriegszeit folgten, sondern auch die »alten Kameraden«, die sich in Veteranenverbänden und -treffen organisierten und noch einmal an die als überzeitlich begriffene Tradition des Soldatentums (Opferbereitschaft, Pflichtbewußtsein, Kameradschaft) anknüpften. Erst unter den nachfolgenden Generationen wurde diese Tradition insgesamt diskreditiert, jedenfalls verlor sie männer-bildenden Status. Dabei spielte das Ende des »deutschen Sonderwegs« nach 1945, die kulturelle Internationalisierung und besonders Amerikanisierung eine entscheidende Rolle. Kaspar Maase widmet sich der Verbreitung und den Varianten des Leitbildes der Lässigkeit, das das Männlichkeitsideal des »modernen« Teils der Jugend der 50er Jahre bestimmte, jener Generation also, die ab 1938 geboren und nicht mehr von den Sozialisationsinstanzen des NS-Systems erfaßt wurde. Dieses Leitbild stand in bewußter Opposition zum Ideal des »zackigen« Jungen, der Vorstufe des soldatischen Mannes, und damit zum Ideal der Vätergeneration. Und die Vielfalt der »lässigen« Kleidungsformen signalisierte die Abkehr von jener den Körper tabuisierenden Modefeindlichkeit, deren Genese im 19. Jahrhundert Sabina Brändli verfolgt. Mode wurde nun wieder ein Thema für Männer. Der lässige Habitus als »körpersprachliches Erkennungszeichen« vereinte Jazzfans, Halbstarke, Teenager und Twens und damit unterschiedliche soziale Schichten. Er formte in diesen Gruppen aber auch durchaus verschiedene Männlichkeiten aus. Sie verdeutlichen »das Changieren, die Momente von Polyvalenz und Gebrochenheit von Männlichkeitsvorstellungen«, aber auch die Elemente der Kontinuität im Wandel der Geschlechtersysteme. Der »neue Mann« wurde in den 50er Jahren noch nicht geboren. »Unübersichtlichkeit im Feld des doing gender und Verwischung eindeutiger Gechlechterpolarität blieben zweifellos subdominant.«

Männergeschichte: Verallgemeinerungen

Unschärfe und Gebrochenheit der Geschlechtervorstellungen machen den Gegenstand der Männergeschichte ebenso wie den der Frauengeschichte schwer faßbar. Aus dem bisher Gesagten ergibt sich dreierlei, das im Auge behalten werden sollte: die Historizität, die Komplexität und die Fragilität des Gegenstandes von Männergeschichte. *Erstens*: Vorstellungen von Männlichkeit, Definitionen des Mannseins, Erscheinungsformen des männlichen Habitus sind grundsätzlich historischer Natur, also historisch zu verorten und zu erklären. Der Anspruch der Selbstverständlichkeit und Überzeitlichkeit, mit dem solche Vorstellungen auftreten, macht schon die bloße Beschreibung dieses Wandels – also dessen, was überhaupt als männlich und weiblich galt – wichtig. Überzeitliche Erklärungsansätze – der wichtigste kreist um das »Patriarchat« – sind mitunter eher geeignet, den Wandel und den Blick für historische Möglichkeiten und Alternativen zu verstellen als ihn zu schärfen.[42] Entstehung und Erneuerung, Tradierung und Untergang von Geschlechterkonstruktionen sind politische Prozesse, die gesellschaftliche Interessen und kulturelle Identitäten beeinflussen und von diesen beeinflußt werden. Zu fragen ist nach den Ursachen und Wirkungen solcher Prozesse in und auf Wirtschaft, Gesellschaft und Kultur.[43]

Geschlechtersysteme sind also – *zweitens* – in ein komplexes Gefüge von Macht-, Produktions- und Bedürfnisstrukturen, Dependenzen und Interdependenzen eingebunden. Und auch das Geschlechtersystem selbst ist ein komplexes und hierarchisches Relationsgefüge. Mann-Sein bedeutet Abgrenzung – gegen Frauen und Weiblichkeit, aber auch gegen andere Männer und anders gestaltetes Mann-Sein.[44] Vorstellungen vom Mann-Sein wirken (entstehen und verschwinden) nicht nur in Männern, sondern auch in Frauen. Männlichkeit ist nicht nur eine Sache von Männern, sondern auch von Frauen, und für Weiblichkeit gilt umgekehrt dasselbe. Zwischen Männern und Frauen und zwischen Männlichkeit und Weiblichkeit besteht kein gleichrangiges Verhältnis (jedenfalls nicht in dem Zeitraum, der in diesem Band beleuchtet wird). Macht von Männern über Frauen konstituiert männliche Identität und die Erfahrung von Männlichkeit.[45] Aber auch das Verhältnis von Männern und Männern ist nicht gleichrangig, und ebensowenig das verschiedener Männlichkeitsideale in einer Zeit und einem Raum. Mannsein ist untrennbar verbunden mit Hierarchien und mit Hegemonien. Die Aufgabe der Männergeschichte ist es, die Komplexität dieses Beziehungsgefüges in ihrem historischen Wandel sichtbar zu machen, Gründe und Folgen der Konkurrenz verschiedener Männlichkeitsnormen (und das heißt immer auch: verschiedener Relationen zwischen Mannsein und Frausein) begreifbar zu machen.

Normen, Ideale, Bilder von Männlichkeit verändern sich, aber sie werden nicht nur durch den historischen Wandel immer wieder in Frage gestellt. Mann-Sein ist – *drittens* – nicht nur in diachroner Perspektive fragil, sondern auch in synchroner Hinsicht. Leitbilder von Männlichkeit stehen in einem mehr oder weniger starken, latenten oder manifesten Spannungsverhältnis zur subjektiven Erfahrung des Mann-Seins, zur männlichen Identität, zur sozialen Praxis, zur Produktion und Reproduktion von Geschlechterbeziehungen. Auf dieses Spannungsverhältnis zwischen kulturellen Diskursen und individuellen Lebensläufen muß Männergeschichte reflektieren. Wie wird aus kulturellen Normen subjektive Identität? In welchem Verhältnis stehen subjektive Identitäten und konkurrierende Bilder vom Mann-Sein? Und was bedeutet es, wenn sich individuelle und kollektive Erfahrungen, Wünsche, Hoffnungen und Erwartungen der Implementierung überkommener Leitbilder verweigern?

Werden diese Fragen ernst genommen, so bedeutet das forschungspraktisch, daß Männergeschichte drei Ebenen gleichzeitig bearbeiten sollte: 1. die kulturellen Leitbilder, die Diskurse, 2. die soziale Praxis, die praktische Reproduktion des Geschlechtersystems, und 3. die subjektive Wahrnehmung, Erfahrung und Identität. Forschungsökonomisch läßt sich das oft nur schwer realisieren, und es gibt, nicht nur im deutschen, sondern auch im angloamerikanischen Sprachraum bisher nur wenige Beispiele solcher integrativ angelegten Studien.[46] Die Situation der Männergeschichte gleicht der einer Tabula rasa. Sie definiert ein Forschungsfeld, das einerseits nicht auf ein Schattendasein beschränkt sein kann und will, sondern alle Bereiche einer wie auch immer definierten »allgemeinen« Geschichte durchdringt, dessen Arbeitsprogramm aber zumindest in Deutschland ebenso wie in der Schweiz und in Österreich größtenteils »bei Null« beginnt. Daher müssen Historikerinnen und Historiker sich aus pragmatischen Gründen oft damit begnügen, Teilaspekte zu untersuchen, und sie müssen dabei oft von Ansätzen mit begrenzter Reichweite ausgehen. Also haben Studien, die sich auf Verkehrskreise beschränken, in denen Männer unter sich sind, ihre Berechtigung, auch wenn solche Arbeiten dann dazu neigen, die Perspektive der Frauen zu marginalisieren. Und dasselbe gilt für diskurs- oder begriffsgeschichtlich beschränkte Forschungsgebiete, die der Gefahr unterliegen, Diskurse, Symbole, Metaphern absolut zu setzen und ihren genetischen Zusammenhang mit Erfahrungen und Praktiken auszublenden.

Auch die Beiträge dieses Bandes können und wollen keine umfassende oder gar abschließende Geschichte der Männlichkeit(en) in Deutschland oder des deutschsprachigen Kulturraumes bereitstellen. Sie erheben auch nicht den Anspruch, die thematische Vielfalt, die die angloamerikanische

Männergeschichte mittlerweile erreicht hat, abzudecken.[47] Ihr Ziel ist bescheidener. Sie stammen zum größten Teil aus laufenden, also noch nicht abgeschlossenen Forschungsvorhaben[48] und verstehen sich als Essays, als »Versuche«:[49] Sie wollen nicht am Ende, sondern am Beginn einer Diskussion und möglichst vieler und vielfältiger Männergeschichten stehen.

Anmerkungen

1 Hermann Bullinger, *Wenn Männer Väter werden*, Reinbek bei Hamburg 1983; Loren E. Pedersen, *Die Frau im Mann. Wiederentdeckung der weiblichen Kräfte, die aus einem halben Menschen einen ganzen Mann machen*, Zürich 1992; Walter Hollstein, *Nicht Herrscher, aber kräftig. Die Zukunft der Männer*, Hamburg 1988; Uta Mende, *Mann, wie siehst Du aus! Personality-Styling*, Düsseldorf 1994. Mary Spillane, *Image-Guide für den Mann. Erfolgreich in Beruf und Öffentlichkeit*, Ostfildern 1994.

2 Elisabeth Badinter, *Ich bin Du. Auf dem Weg in die androgyne Gesellschaft*, München 1987 (franz. Orig. 1986). Hermann Bullinger (Hg.), *Männer erwachen. Gefühle neu entdecken – Beziehung neu erleben*, Freiburg i. Brsg. 1994.

3 *DER SPIEGEL* Nr. 22 vom 25. Mai 1992, Titelgeschichte S. 68-84, Zitatmontage aus Titelblatt und S. 68f.

4 Ebd., S. 80, Interview mit einem »Männer-Trainer«.

5 Ein »Klassiker« des Soziobiologismus ist Lionel Tiger, *Men in Groups*, London 1969 (dt.: *Warum die Männer wirklich herrschen*, München 1972). Aber auch der Frauenbewegung verpflichtete Autorinnen wie etwa Susan Brownmiller, *Against Our Will: Men, Women and Rape*, New York 1975, konstruieren ähnliche Zusammenhänge, etwa den zwischen Körpergröße und Vergewaltigungsbereitschaft.

6 James A. Doyle, *The Male Experience*, Dubuque, Iowa 1989, S. 46-99, hier S. 46f. Für eine differenzierte Erörterung der damit zusammenhängenden Fragen Anne Fausto-Sterling, *Gefangene des Geschlechts? Was biologische Theorien über Mann und Frau sagen*, München/Zürich 1988, und Heinz Meyer, *Emanzipation von der Männlichkeit. Genetische Dispositionen und gesellschaftliche Stilisierungen der Geschlechtsstereotype*, Stuttgart 1993.

7 Ein neuerer ethnologischer Überblick: David D. Gilmore, *Mythos Mann. Wie Männer gemacht werden. Rollen, Rituale, Leitbilder*, München 1993 (engl. Orig. 1990).

8 Ute Frevert, »*Mann und Weib, und Weib und Mann«. Geschlechter-Differenzen in der Moderne*, München 1995, S. 13f., beide Zitate.

9 Thomas Laqueur, *Auf den Leib geschrieben. Die Inszenierung der Geschlechter von der Antike bis Freud*, Frankfurt/New York 1992 (engl. Orig. 1990).

10 Für die ersten wichtigeren Forderungen nach einer Integration der Männer und Männlichkeit in die Geschlechtergeschichte in Deutschland vgl. Ute Frevert, Bewegung und Disziplin in der Frauengeschichte. Ein Forschungsbericht, in: *Geschichte und Gesellschaft* 14, 1988, S. 240-262, bes. S. 260-262; Gisela Bock, Ge-

schichte, Frauengeschichte, Geschlechtergeschichte, in: ebd., S. 364-391, bes. S. 379-383; Hanna Schissler, Männerstudien in den USA, in: *Geschichte und Gesellschaft* 18, 1992, S. 204-220; zudem Karin Hausen/Achatz von Müller, Manns-Bilder, in: *Journal für Geschichte*, Heft 1, 1990, S. 10-13; Ute Frevert, Männergeschichte oder die Suche nach dem »ersten« Geschlecht, in: Manfred Hettling/Claudia Huerkamp/Paul Nolte/Hans-Walter Schmuhl (Hg.), *Was ist Gesellschaftsgeschichte? Positionen, Themen, Analysen*, München 1991, S. 31-43, ferner dies., Männergeschichte als Provokation?!, in: *WerkstattGeschichte*, Heft 6, 1993, S. 9-11. In diesem Heft auch einige Beispiele konkreter Forschung.

11 Vgl. Karin Hausen/Helga Nowotny, *Wie männlich ist die Wissenschaft?*, Frankfurt a. M. 1986. Formulierung nach Hanna Schissler, Einleitung: Soziale Ungleichheit und historisches Wissen. Der Beitrag der Geschlechtergeschichte, in: dies. (Hg.), *Geschlechterverhältnisse im historischen Wandel*, Frankfurt/New York 1993, S. 9-36, hier S. 18.

12 Ute Frevert, Klasse und Geschlecht – ein deutscher Sonderweg? in: Logie Barrow/Dorothea Schmidt/Jutta Schwarzkopf (Hg.), *Nichts als Unterdrückung? Geschlecht und Klasse in der englischen Sozialgeschichte*, Münster 1991, S. 259-270, hier S. 268.

13 Für die amerikanische Männergeschichte vgl. u.a. die älteren, noch essayistischen Synthesen von Joe L. Dubbert, *A Man's Place. Masculinity in Transition*, Enlewood Cliffs, New Jersey 1979; Peter N. Stearns, *Be a Man! Males in Modern Society*, 2. Aufl., New York/London 1990 (zuerst 1979); Peter G. Filene, *Him/Her/Self. Sex Roles in Modern America*, 2. Aufl., Baltimore/London 1988 (zuerst 1974), die allerdings jetzt für die Zeit des »langen« 19. Jahrhunderts durch E. Anthony Rotundo, *American Manhood. Transformations in Masculinity from the Revolution to the Modern Era*, New York 1993, abgelöst werden. Vgl. im übrigen, auch zur britischen Geschichte, die Sammelbände: J.A. Mangan/James Walvin (Hg.), *Manliness and Morality. Middle-class Masculinity in Britain and America 1800-1940*, Manchester 1987; Harry Brod (Hg.), *The Making of Masculinities. The New Men's Studies*, Boston 1987; Mark C. Carnes/Clyde Griffen (Hg.), *Meanings for Masculinity in Victorian America*, Chicago 1991; jetzt vor allem: Michael Roper/John Tosh (Hg.), *Manful Assertions. Masculinities in Britain since 1800*, London/New York 1991; ferner Michael S. Kimmel (Hg.), *Changing Men. New Directions in Research on Men and Masculinity*, Newbury Park/Beverly Hills/London/New Dehli 1987. Weitere Literatur findet sich in folgenden Forschungsberichten und -programmen nachgewiesen: David H. J. Morgan, Men Made Manifest: Histories and Masculinities, in: *Gender & History* 1, 1989, S. 87-91; Cynthia Cockburn, Forum: Formations of Masculinity. Introduction, in: ebd., S. 157-163; Michael Roper/John Tosh, Introduction. Historians and the politics of masculinity, in: dies., *Manful Assertions*, S. 1-24; John Tosh, What Should Historians do with Masculinity? Reflections on Nineteenth-century Britain, in: *History Workshop* 38, 1994, S. 179-202.

14 Natalie Zemon Davis, Women's History in Transition: The European Case, in: *Feminist Studies* 3, 1976, S. 83-103, hier zit. nach der dt. Übersetzung: dies., Gesellschaft und Geschlechter. Vorschläge für eine neue Frauengeschichte, in: dies.,

Frauen und Gesellschaft am Beginn der Neuzeit, Berlin 1986, S. 117-132, hier S. 126.

15 Gerda Lerner, *The Majority Finds Its Past*, New York 1979, S. 178-180 (Vortrag von 1977) (dt.: Die Mehrheit findet ihre Vergangenheit, in: dies., *Frauen finden ihre Vergangenheit. Grundlagen der Frauengeschichte*, Frankfurt/New York 1995, S. 156-162).

16 Vgl. z.B. Gilbert H. Herdt, *Rituals of Manhood. Male Initiation in Papua Neuguinea*, Berkeley 1982; ders., *Ritualized Homosexuality in Melanesia*, Berkeley 1984; ders., *Gay Culture in America. Essays from the Field*, Boston 1992. Für positive Haltungen in der westeuropäischen Geschichte vgl. z.B. John Boswell, *Christianity, Social Tolerance and Homsexuality*, Chicago 1980. Vgl. auch Jeffrey Weeks, *Coming Out. Homosexual Politics in Britain from the Nineteenth Century to the Present*, London 1977; Kenneth Plummer (Hg.), *The Making of the Modern Homosexuality*, London 1981. Für Deutschland vgl. den Aufriß von Rüdiger Lautmann (Hg.), *Homosexualität. Handbuch der Theorie- und Forschungsgeschichte*, Frankfurt/New York 1993; ders. (Hg.), *Seminar: Gesellschaft und Homosexualität*, Frankfurt a.M. 1977; ders., Homosexualität? Die Liebe zum eigenen Geschlecht in der modernen Konstruktion, in: Helmut Puff (Hg.), *Lust, Angst und Provokation. Homosexualität in der Gesellschaft*, Göttingen/Zürich 1993, S. 15-37. In diesem Band auch weitere historische Beiträge. Vgl. zudem Rüdiger Lautmann/Angela Taeger (Hg.), *Männerliebe im alten Deutschland. Sozialgeschichtliche Abhandlungen*, Berlin 1992, sowie Rüdiger Lautmann, »Hauptdevise; bloß nicht anecken«. Das Leben homosexueller Männer unter dem Nationalsozialismus, in: Johannes Beck u.a., *Terror und Hoffnung in Deutschland 1933-1945. Leben im Faschismus*, Reinbek bei Hamburg 1980, S. 366-390.

17 Vgl. dazu differenziert Roper/Tosh, Introduction, S. 6f. Vgl. auch Michael Kaufman (Hg.), *Beyond Patriarchy. Essays by Men on Pleasure, Power, and Change*, Toronto/New York 1987.

18 Karin Hausen, Die Polarisierung der »Geschlechtscharaktere« – Eine Spiegelung der Dissoziation von Erwerbs- und Familienleben, in: Werner Conze (Hg.), *Sozialgeschichte der Familie in der Neuzeit Europas. Neue Forschungen*, Stuttgart 1976, S. 363-393, bes. S. 367-369, Zitat S. 368.

19 Zur kontroversen Debatte um das »public-private«-Konzept vgl. Karin Hausen, Öffentlichkeit und Privatheit. Gesellschaftliche Konstruktionen und die Geschichte der Geschlechterbeziehungen, in: Karin Hausen/Heide Wunder (Hg.), *Frauengeschichte – Geschlechtergeschichte*, Frankfurt/New York 1992, S. 81-88.

20 Vgl. dazu neben der bei Trepp für das 19. Jahrhundert nachgewiesenen Literatur zum 20. Jahrhundert die Ansätze bei Heidi Rosenbaum, *Proletarische Familien. Arbeiterfamilien und Arbeiterväter im frühen 20. Jahrhundert zwischen traditioneller, sozialdemokratischer und kleinbürgerlicher Orientierung*, Frankfurt a.M. 1992, und als Resümee der ausbaufähigen Forschung zur deutschen Nachkriegszeit Rosemarie Nave-Herz, *Familie heute. Wandel der Familienstrukturen und Folgen für die Erziehung*, Darmstadt 1994, bes. S. 30-56.

21 Leonore Davidoff/Catherine Hall, *Family Fortunes. Men and women of the English middle class, 1780-1850*, London u.a. 1987. Vgl. auch John Tosh, Dome-

sticity and Manliness in the Victorian Middle Class. The family of Edward White Benson, in: Roper/Tosh, *Manful Assertions*, S. 44-73. Weitere Arbeiten zur Rolle von Männern in Ehe und Familie: Lorna McKee/Margaret O'Brien (Hg.), *The Father Figure*, London/New York 1982; A. Anthony Rotundo, Patriarchs and Participants. A historical Perspective on Fatherhood, in: Kaufman (Hg.), *Beyond Patriarchy*, S. 64-80; A. James Hammerton, *Cruelty and Companionship. Conflict in nineteenth-century married life*, London/New York 1992; Mary P. Ryan, *Cradle of the Middle Class. The family in Oneida County, New York, 1790-1865*, Cambridge 1981. Für Frankreich Yvonne Knibiehler, *Les pères aussi ont une histoire*, Paris 1987.

22 Zur Kritik daran vgl. R. W. Connell, *Masculinities*, Cambridge/Oxford 1995, S. 21-27 und passim

23 Joan Wallach Scott, *Gender and the Politics of History*, New York 1988, S. 47.

24 J.O.C. Phillipps, Rugby, war and the mythology of the New Zealand male, in: *New Zealand Journal of History* 18, 1984, S. 83-103; ders., *A Man's Country? The Image of the Pakeha Male. A History*, Auckland 1987.

25 Siehe z.B. Michael C. G. Adams, *The Great Adventure. Male Desire and the Coming of World War I*, Bloomington/Indianapolis 1990; speziell für England, um nur eine neue Arbeit zu zitieren, Graham Dawson, *Soldier Heroes. British adventure, empire and the imagining of masculinities*, London/New York 1994. Anregend auch die Beiträge in *L'Homme* 3, 1992, Heft 1. Weiteres unten.

26 Vgl. auch Ute Frevert, »Unser Staat ist männlichen Geschlechts«. Zur politischen Topographie der Geschlechter vom 18. bis frühen 20. Jahrhundert, in: dies., »*Mann und Weib*«, S. 61-132.

27 Cynthia Cockburn, *Brothers. Male Dominance and Technological Change*, London 1983; dies., *Die Herrschaftsmaschine. Geschlechterverhältnisse und technisches Know-how*, Berlin/Hamburg 1988 (engl. Orig. 1985); dies., Das Material männlicher Macht, in: Barrow/Schmidt/Schwarzkopf (Hg.), *Nichts als Unterdrückung?* S. 67-84.- Bisher wenig untersucht ist ein anderer Aspekt des Verhältnisses von Männlichkeit und Technik, der das 20. Jahrhundert prägte, der »automobile« Inidividualverkehr, vgl. neben den kursorischen Bemerkungen bei Wolfgang Sachs, *Die Liebe zum Automobil. Ein Rückblick in die Geschichte unserer Wünsche*, Reinbek bei Hamburg 1984, auch Eva Brücker, Auto-Biographie: »Erst zwei, dann drei, dann vier.«, in: *WerkstattGeschichte*, Heft 6, 1993, S. 57-60.

28 Sonya Rose, *Limited Livelihoods. Gender and Class in Nineteenth-Century England*, Berkeley 1992; Wally Seccombe, Patriarchy stabilized: the construction of the male breadwinner wage norm in nineteenth-century Britain, in: *Social History* 2, 1986, S. 53-75. Weitere Arbeiten zum Zusammenhang von Industrialisierung, Klassenbildung und Männlichkeit: Mary H. Blewett, *Men, Women, and Work. Class, Gender and Protest in the New England Shoe Industry 1780-1920*, Urbana 1988; dies., Deference and Defiance: Labor Politics and the Meanings of Masculinity in the Mid-Nineteenth-Century New England Textile Industry, in: *Gender & History* 5, 1993, S. 398-415; Joy Parr, *The Gender of Breadwinners. Women, Men, and Change in Two Industrial Towns 1880-1950*, Toronto/Buffalo/London 1990.-

27

Beiträge zur deutschen Entwicklung z.B. in Karin Hausen (Hg.), *Geschlechter-hierarchie und Arbeitsteilung. Zur Geschichte ungleicher Erwerbschancen von Männern und Frauen*, Göttingen 1993.

29 Mary Ann Clawson, *Constructing Brotherhood. Class, Gender, and Fraternalism*, Princeton, N. J. 1989. Vgl. auch Mark Carnes, *Secret Ritual and Manhood in Victorian America*, New Haven/London 1989.

30 Elisabeth Badinter, *XY. Die Identität des Mannes*, München/Zürich 1993 (franz. Orig. 1992), S. 23-36. Vgl. auch Annelise Maugue, *L'Identite masculine en crise. Au tournant du siècle 1871-1914*, Marseille/Paris 1987.

31 Michael Kimmel, The Cult of Masculinity. American Social Character and the Legacy of the Cowboy, in: Kaufman (Hg.), *Beyond Patriarchy*, S. 235-249. Jeffrey P. Hantover, The Boy Scouts and the Validaton of Masculinity, in: *Journal of Social Issues* 34, 1978, S. 184-195. Filehne, *Him/Her/Self*, S. 69-114. Dubbert, *Man's Place*, S. 80-190 passim. Rotundo, *Manhood*, S. 222-246. Vgl. für England auch J. A. Mangan, *Athleticism in the Victorian and Edwardian Public School. The Emergence and Consolidation of an Educational Ideology*, 2. Aufl., London/New York/Philadelphia 1986.- Allgemein zum Verhältnis von Männlichkeit und Sport Michael A. Messner, *Power at Play. Sports and the Problem of Masculinity*, Boston 1992, mit weiterer Literatur.

32 Susan Jeffords, *The Remasculinization of America. Gender and the Vietnam War*, Bloomington/Indianapolis 1989; James William Gibbson, *Warrior Dreams. Paramilitary Culture in Post-Vietnam America*, New York 1994. Vgl. allerdings auch Cynthia Enloe, Beyond Steve Canyon and Rambo: Feminist Histories of Militarized Masculinity, in: John R. Gillis (Hg.), *The Militarization of the Western World*, New Brunswick, N.J./London 1989, S. 119-140.

33 Klaus Theweleit, *Männerphantasien*, Bd. 1: *Frauen, Fluten, Körper, Geschichte*, Bd. 2: *Männerkörper – Zur Psychoanalyse des Weißen Terrors*, Frankfurt a.M. 1977/78. Vgl. auch Waltraud Amberger, *Männer, Krieger, Abenteurer. Der Entwurf des ›soldatischen Mannes‹ in Kriegsromanen über den Ersten und Zweiten Weltkrieg*, 3. Aufl., Frankfurt a.M. 1991.

34 Dieser Beitrag erschien zuerst in: Joachim H. Knoll/Julius H. Schoeps (Hg.), *Typisch deutsch: Die Jugendbewegung. Beiträge zu einer Phänomengeschichte*, Opladen 1988, er wird hier im wesentlichen unverändert wieder abgedruckt. Vgl. im übrigen Jürgen Reulecke, Das Jahr 1902 und die Ursprünge der Männerbund-Ideologie in Deutschland, in: Gisela Völger/Karin v. Welck (Hg.), *Männerbünde – Männerbande. Zur Rolle des Mannes im Kulturvergleich*, 2 Bde., Köln 1990, hier Bd. 1, S. 3-10 (sowie die unten, Anm. 36, zitierten Aufsätze). Vgl. auch die übrigen Beiträge dieser Begleitbände einer Ausstellung des Kölner Rautenstrauch-Joest-Museums für den kulturanthropologischen Ansatz der Männerbund-Forschung. Zur deutschen Männerbund-Diskussion noch Ulfried Geuter, *Homosexualität in der deutschen Jugendbewegung. Jungenfreundschaft und Sexualität im Diskurs von Jugendbewegung, Psychoanalyse und Jugendpsychologie am Beginn des 20. Jahrhunderts*, Frankfurt a.M. 1994, ferner auch Bernd Widdig, *Männerbünde und Massen. Zur Krise männlicher Identität in der Literatur der Moderne*, Opladen 1992.

35 Vgl. auch Nicolaus Sombart, *Die deutschen Männer und ihre Feinde. Carl Schmitt – ein deutsches Schicksal zwischen Männerbund und Matriarchatsmythos*, München/Wien 1991. Gerade hier – in der Idee vom männerbündischen Charakter des Staates und in der Verabsolutierung der »Entscheidung«, der Carl Schmitt die Weihe der politischen Theorie verliehen hat, durch die politischen Eliten – wäre ein ausgezeichneter Ansatzpunkt für weitere Studien, die die bisher geschlechtergeschichtlich nicht sehr ambitionierte Forschung zur politischen Kultur und Mentalität Deutschlands zwischen Reichsgründung und Machtergreifung in neue Bahnen leiten könnte. Vgl. dazu auch Thomas Kühne, Historische Wahlforschung in der Erweiterung, in: Simone Lässig/Karl Heinrich Pohl/James Retallack (Hg.), *Modernisierung und Region. Studien zu Wahlen, Wahlrecht und Politischer Kultur im Wilhelminischen Deutschland*, Bielefeld 1995, S. 39-67.

36 Vgl. Jürgen Reulecke, Männerbund versus Familie, in: Thomas Koebner/Rolf-Peter Janz/Frank Trommler (Hg.), *»Mit uns zieht die neue Zeit«. Der Mythos Jugend*, Frankfurt a.M. 1985, S. 199-223, sowie John Remy, Patriarchy and fratriarchy as forms of androcracy, in: Jeff Hearn/David Morgan (Hg.), *Men, Masculinities and Social Theory*, London/Boston/Sydney/Wellington 1990, S. 43-54.

37 Für die britische Forschung zum Ersten Weltkrieg vgl. das Referat bei Roper/Tosh, Introduction, S. 15, dazu zum Zweiten Weltkrieg die Hinweise bei Detlef Berentzen, Allierte Traumata. 50 Jahre nach Kriegsende wurden nun die Leiden der Sieger untersucht, in: *Psychologie heute* 22, 1995, Heft 4, S. 8-9.

38 Vor allem ersteres thematisieren die meisten Beiträge des Bandes von Roper/Tosh, *Manful Assertion*.

39 Vgl. allgemein Carnes/Griffin, *Meanings*, S. 6, 179f., 229ff. u.ö. Zur »Boy Culture« vgl. z.B. E. Anthony Rotundo, Boy Culture: Middle Class Boyhood in Nineteenth Century America, in: ebd., S. 15-36, und Rotundo, *Manhood*, S. 31-55. Vgl. auch Christine Heward, *Making a Man of Him. Parents and their Sons' Education at an English Public School*, London 1988.

40 Dazu Connell, *Masculinities*, S. 35-39, 73, 76-81, sowie Tim Carrigan/Bob Connell/John Lee, Towards a new Sociology of masculinity, in: *Theory and Society* 14, 1985, S. 551-604; skeptisch Mike Donaldson, What is hegemonic masculinity?, in: *Theory and Society* 22, 1993, S. 643-657.

41 Reulecke, Männerbund; ders., 1902; ders., Vom Kämpfer zum Krieger. Zur Visualisierung des Männerbildes während des Ersten Weltkrieges, in: Siegfried Quandt (Hg.), *Der Erste Weltkrieg als Kommunikationsereignis*, Gießen 1993, S. 158-175.

42 In diesem Sinne auch Scott, *Gender*, S. 30-34, und Roper/Tosh, Introduction, S. 8-11.

43 Vgl. Frevert, Männergeschichte oder die Suche nach dem »ersten« Geschlecht, S. 37.

44 Vielleicht läßt sich »Mannsein« überhaupt nicht so sehr über den Gegensatz zu »Frausein« definieren als vielmehr genereller über die »Abgrenzung gegenüber einem ›Anderssein‹, das z.B. auch Homosexualität und/oder die Zugehörigkeit zu anderen Ethnien (›race‹) einbezieht«, so Eva Brücker/Manuela Goos, Editorial, in: *WerkstattGeschichte* Heft 6, 1993, S. 5-8, hier S. 5, im Anschluß an Roper/Tosh,

Introduction. Vgl. dazu auch Catherine Hall, *White, Male and Middle Class. Explorations in Feminism and History*, Cambridge 1992.

45 Vgl. z.B. Arthur Brittan, *Masculinity and Power*, Oxford/New York 1989.

46 Ein Beispiel: Ute Frevert, *Ehrenmänner. Das Duell in der bürgerlichen Gesellschaft*, München 1991; dazu auch dies., Weibliche Ehre, männliche Ehre. Das kulturelle Kapital der Geschlechter in der Moderne, in: dies., »*Mann und Weib*«, S. 166-222.

47 Zur männlichen Sexualität z.B. Lesley A. Hall, *Hidden Anxieties. Male Sexuality, 1900-1950*, Cambridge 1991.

48 Das gilt nur für die Beiträge von Trepp, Sombart und Maase nicht, vgl. die Hinweise auf eigene Arbeiten bei Trepp und Maase, zu Sombart siehe oben, Anm. 34.

49 Und verzichten daher auch weitgehend auf detalliertere Auseinandersetzungen mit der Forschung und extensive Nachweise weiterführender Literatur.

Männerwelten privat: Vaterschaft im späten 18. und beginnenden 19. Jahrhundert

Anne-Charlott Trepp

»Sie haben Berufsgeschäfte, können nicht jede Stunde des Tages Ihren Kindern widmen; und doch muß, wer Kinder erziehen will, darauf Verzicht thun, irgend etwas Anderes nebenher zu treiben.«[1] Die radikale Forderung des Staatsdieners und Schriftstellers Adolph Freiherr von Knigge aus dem Jahre 1784 bewegte sich zwischen bürgerlichen Vaterschaftsutopien und tatsächlich gelebter Vaterschaft. Sie wurde erhoben in einer Zeit, in der sich Knigge und seine Zeitgenossen intensiv um die Verbesserung des Ehe- und Familienlebens in den höheren bürgerlichen Schichten bemühten und in zahlreichen Schriften die notwendigen Voraussetzungen für die sogenannte »häusliche Glückseligkeit« oder auch »das Glück eines ruhigen häuslichen Lebens« als anvisierte Lebensqualität in der Familie beschrieben.[2] Im Zentrum des bürgerlichen Familienideals standen die auf Liebe gegründete Ehe und die gefühlsbetonte Beziehung zwischen Eltern und Kindern. Im Unterschied zur traditionellen Familie im Sinne einer vorrangigen Produktions- und Reproduktionsgemeinschaft galten Kinder nicht mehr als Zweck der Ehe, sondern idealiter als Produkt und »höchster Ausdruck«[3] der Liebe eines Mannes und einer Frau. Kindheit an sich wurde, wenn auch nicht entdeckt, so doch neu bewertet und mit geschärftem Bewußtsein als eigene Entwicklungsphase wahrgenommen. Ein Kind war ein Wesen, das in seiner Eigenheit erkannt, angenommen, gefördert und erzogen sein wollte. Die gesellschaftliche Bedeutung der Kindererziehung schien so grundlegend, daß sie keineswegs länger den Ammen und anderen weiblichen Dienstboten überlassen werden konnte, sondern die Eltern selbst sollten für das Wohlergehen ihrer Kinder sorgen. Gefordert war eine bewußte Erziehung, und das hieß für damalige Verhältnisse eine Erziehung, die sich an den pädagogischen Leitvorstellungen der Aufklärung orientierte.[4]

Erster Adressat der aufklärerischen Erziehungsempfehlungen war der

Vater, nicht die Mutter. Der angebliche »Geschlechtscharakter« des Mannes[5] prädestinierte ihn wegen der ihm eigenen Charakterfestigkeit und Verstandesbegabung geradezu zu der verantwortungsvollen Aufgabe eines Erziehers, während der Frau angesichts ihrer biologischen Funktionen und ihrer »natürlichen« Emotionalität die Zuständigkeit für die Pflege und Erziehung im Säuglingsalter und in der frühen Kindheit zugewiesen wurde.[6] Doch selbst zur sachgerechten Pflege von Säuglingen und Kleinkindern schien den Theoretikern die Anleitung der Frau durch den Mann unerläßlich. Die Dominanz des Vaters in den aufklärerischen Erziehungskonzepten[7] wird dann vollends bei der sittlich-moralischen und intellektuellen Erziehung deutlich, die in erster Linie ihm obliegen sollte. Als Gesprächspartnerin spielt die Mutter nur für die kleineren Kinder eine Rolle, die aber mit dem Älterwerden, das heißt mit dem sechsten oder siebten Lebensjahr, vom Vater übernommen wird. Die mütterliche Erziehung soll die väterliche nur vorbereiten; dabei ist die Frau wie in der ersten Zeit ganz von den Anweisungen des Vaters abhängig, sie ist lediglich das »Ausführungsorgan« des Vaters.[8] Auch bei den Kindern muß nach Geschlechtern getrennt werden. Das eigentliche »Erziehungsobjekt« ist der Sohn; er steht nach dem Willen der Pädagogen im Mittelpunkt des Interesses des Vaters; die Tochter spielt hingegen eine Nebenrolle; sie wird bloß in die Erziehungsgespräche des Vaters einbezogen.

Hinter der Fokussierung auf den Vater stand die Idee, die Maximen der Aufklärung über die Autorität des Vaters zu verwirklichen. Das Erziehungsziel war der normengeleitete, vernünftig und sittlich handelnde Mensch, der seine Begierden und Leidenschaften stets erfolgreich zu kontrollieren wußte.[9] Die angemessene Erziehung erforderte nach Ansicht der Pädagogen – geistig wie auch körperlich – eine deutliche Distanz zwischen Zögling und Erzieher, die letzterem besondere Autorität verlieh. Der Erzieher mußte so dem Typus des mindestens ebenso geliebten wie gefürchteten Vaters entsprechen. Das Gegengewicht zur Strenge des Vaters verkörperte die Mutter, die gemeinhin als der mildere und gefühlvollere Elternteil gedacht wurde.[10]

An diesen Entwürfen wird klar, daß Vaterschaft den zeitgenössischen Konzepten, aber zumeist auch den bisherigen Forschungen zufolge weitgehend auf Erziehung reduziert und in offensichtlichem Kontrast zur Rolle der Frau konzipiert wurde. Wie indes Vater-Sein im ausgehenden 18. und beginnenden 19. Jahrhundert erlebt wurde, welche Hoffnungen und Gefühle, aber auch Ängste und Konflikte damit verbunden waren, darüber wissen wir kaum etwas.[11] Auch die Frage, in welcher Weise Vaterschaft die zeittypischen Männer-Identitäten reflektiert, ist bisher kaum ernsthaft behandelt worden und kann aufgrund ihrer Komplexität auch hier nur in Form eines

Zwischenergebnisses beantwortet werden. Letzteres gilt auch für die Frage nach den Wandlungen von Vaterschaft im Laufe des 19. Jahrhunderts. Auf der Basis einer systematischen Auswertung von Selbstzeugnissen Hamburger Bürger und Bürgerinnen[12] sollen in diesem Sinne primär subjektive Wahrnehmungen und Erfahrungen untersucht, in einem weiteren Schritt die typischen Merkmale bürgerlichen Vater-Seins herausgefiltert und nach eventuellen Wandlungen des Vaterschaftsprofils gefragt werden. Im Vordergrund werden hier die ersten Jahre der Vaterschaft bzw. die frühen Kinderjahre stehen, wodurch die konfliktreicheren Seiten der Vater-Kind-Beziehung, wie sie auch in den damaligen Bürgerfamilien typischerweise in späteren Jahren zu Tage traten, nicht zur Sprache kommen.

Der empathische Statist

Zur Zeit der Schwangerschaft und der Geburt hatten die Männer eher die Rolle eines Statisten inne, die sie aber mit großem Verantwortungsbewußtsein, mit Anteilnahme und auch Einfühlungsvermögen erfüllten. Diese Haltung wird verständlich, wenn man sich vor Augen führt, daß es bei der Geburt für Mutter und Kind fast immer um Leben und Tod ging. Die Frauen wußten sehr genau um die Gefahren der Entbindung und sahen ihr oft voller Angst entgegen. Hier nun waren die Ehemänner gefordert, die sich, wie es scheint, aufmerksam und liebevoll um ihre Frauen kümmerten: »Schwerlich kann die Ankündigung der Schwangerschaft einer Königin eine solche Freude verursachen, als die von meiner. Milow liebte mich nun beynahe noch inniger, hertzlicher wie vorher, wandte nun alles, was mir schädlich seyn möchte, von mir ab, sorgte so sehr für mich«[13], schreibt Margarethe Elisabeth Milow geb. Hudtwalcker in ihren autobiographischen Aufzeichnungen aus dem Jahre 1778 über das Verhalten ihres Mannes, dem Pastor Johann Nikolaus Milow. Zur Sorge um die Schwangere gehörte auch diejenige um das Wohl des Kindes im Mutterleib, das für die Ehemänner und zukünftigen Väter schon ganz lebendig und gegenwärtig zu sein schien. Der 1774 geborene Advokat Ferdinand Beneke vermerkte sechs Wochen vor der Geburt, daß er und seine Frau Karoline nun nicht mehr ganz um den Wall gingen, »seit ein drittes Wesen mit uns geht«.[14] Das aktive Miterleben der Schwangerschaft der Frau läßt erahnen, wie bewußt die Männer um 1800 tatsächlich Väter wurden. Das demonstriert auch Benekes ebenso dramatisch geschilderte wie literarisch überformte »Wahrnehmung« der ersten Geburt seiner Frau:

»Endlich kam Regine [seine Schwester] herunter. Der Arzt hatte ihr gesagt, wenn die Glocke nun wieder schlüge, würde das Kind da seyn. Regine schien sehr angegriffen. Ich warf mich auf meine Kniee, und betete für meine Caroline, und für Dich, Fremdling, und nun bald mein mir anvertrautes geliebtes Kind, daß Du gut werden mögst, – gut, liebend, und unsterblichen Wesens – Da schlugs – auf sechs, – mir war, als hörte ich einen Schrey des Schmerzes von meiner Line, – da vernahm ich meiner Mutter Stimme von oben herab ›Ferdinand!‹ rief es im Tone des Entzückens. Ich flog hinauf – der Augenblick war da, ich stürzte am Bette meiner Caroline nieder, ich sah nur sie, – sie war außer sich, fürchterlich erhitzt, aber voll Freude – da hörte ich das kräftige Geschrey eines Kindes – O Gott! Ist das möglich! – Das unser Kind! Ganz neue nie geahndete Gefühle beklemmten meine Brust – nur verstohlen sah ich der Hebamme nach, die mit dem Ebengebohrenen davon lief. ›Ein Mädchen, ein gesundes, starkes, wolgestaltetes Mädchen‹ rief man von allen Seiten – Nun trat ich herzu. Es schrie. Es schien mich aus seinen blauen Augen anzusehen, und verstummte – Dieser Augenblick war entscheidend; er gebahr meine Vaterliebe. Sey es Täuschung, aber dieser erste Blick, und dein Verstummen vergeße ich ewig nicht, du Namenlose!«[15]

Es war »Vaterliebe« auf den ersten Blick. Beneke nahm in seiner Haltung zum Kind das spezifische Wesen der »Mutterliebe« an, das heißt, er machte sich das Muster der sich – angeblich – spontan und bedingungslos einstellenden »Mutterliebe« zu eigen und identifizierte sich auf diese Weise sofort mit seiner Vaterschaft.

Der passionierte Vater und seine Grenzen

Schon lange vor der Geburt verständigten sich die Ehepaare über gemeinsame Erziehungsziele, die ihr Handeln gegenüber dem Kind in Zukunft bestimmen sollten. Das Ehepaar Beneke hatte sich sogar schon bei der Heirat »ähnliche Erziehung der Wesen, welche vielleicht unser Bund ins Daseyn ruft«[16], geschworen. Ob sie zur Vorbereitung auf ihre Elternrolle auch zusammen medizinische Ratgeber und Erziehungsschriften lasen, läßt sich nicht mit Gewißheit sagen; aufschlußreich ist hier aber ein Blick auf die Bücherverzeichnisse privater Bibliotheken wie das des Senators und Aufklärers Johann Heinrich Bartels; zu seinem Besitz – und, wenn man so will, zu dem seiner Frau Marietta – gehörten Werke von Funke, Hufeland, Basedow, Campe und Rousseau[17], die von den Bartels wenigstens zum Teil gelesen worden sein dürften. Indessen berichten der Kaufmann Johann Michael Hudtwalcker und andere Männer allein von ihren Frauen, daß sie in dieser Hinsicht aktiv geworden seien: »Sie fing nun an, Rousseau und Basedow zu studieren, und wollte kein Kind gebähren, ohne vorher über die Erziehung derselben nachgedacht zu haben«[18], schreibt Hudtwalcker im Jahre 1804 über seine Frau. Wenngleich die Ehepaare zusammen die Grundlinien der Kindererziehung festlegten, waren es am Ende doch wohl eher die Frauen, die gezielt medizinische und pädagogische Abhandlungen zur Vorbereitung auf ihre Elternrolle lasen.

Was beiden Elternteilen jedoch von Anfang an am Herzen lag, war das Stillen durch die Mutter. Im Rahmen der in der zweiten Hälfte des 18. Jahrhunderts einsetzenden Aufklärungskampagne zur Senkung der hohen Kindersterblichkeit wurde das Selbststillen zum Hauptanliegen. In Hamburg ist der Erfolg der Stillkampagne geradezu schlagend zu nennen. Die Mehrzahl der Frauen versuchte tatsächlich, bis ans Ende ihrer Kräfte eine »gute« Mutter zu sein und selbst zu stillen. Aufschlußreich ist die Haltung der Männer und Ehemänner zum Selbststillen. In diesem Punkt zeigt sich, wie unerläßlich es ist, zwischen Diskurs und sozialer Praxis zu unterscheiden. Geradezu dogmatischen Charakter hatten die Ansichten der Pädagogen, wenn sie das Selbststillen zur moralischen Pflicht und Schuldigkeit gegenüber dem Kind stilisierten. Und auch von der Kanzel wurde mit allem Nachdruck an die »heiligste« aller Mutterpflichten erinnert.[19] Die Ehemänner waren in der Regel auch für das Selbststillen, aber sie machten es nicht zum Dogma. Vielmehr setzten sie sich intensiv mit dem Für und Wider des Stillens auseinander und nahmen die »Erfolge«, aber auch die auftretenden Probleme ihrer selbststillenden Frauen sehr genau wahr. Karoline Beneke geb. von Axen stillte nur unter größten Mühen und vielen Schmerzen selbst, da sich ihre Brüste entzündeten: »Wahrlich! Von den gepriesenen Rosen der Mutterliebe hält Line noch nichts in der blutigen Hand, als spitze Dornen.«[20] Ihren Ehemann bedrückten ihre Leiden sehr, und über Wochen und Monate waren das Stillen und Karolines Gesundheitszustand die zentralen Themen seiner Tagebuchaufzeichnungen. Darüber hinaus zeigt sich, daß die Männer das Stillen durch die Mutter nur insoweit für notwendig hielten, als es die Gesundheit ihrer Frauen nicht gefährdete. Der Pastor Rudolph Jänisch, der nach seinen Angaben vom ersten Tag der Schwangerschaft an um das Leben seiner Frau fürchtete und miterleben mußte, wie sie gleich bei der Geburt im Jahre 1783 starb, äußerte sich sehr zurückhaltend über die Notwendigkeit des Stillens:

»Sie hielt dies so sehr für die erste Pflicht einer Mutter, daß ich, der ich es gar nicht für [die] eigentliche Pflicht, das heißt für etwas, dessen Unterlassung Unrecht ist, halten kann, und es Ihr um so weniger gern zugeben wolte, da ich wußte, daß Sie alsdann Sich so sehr an Ihr Kind würde gefesselt haben, daß Sie Sich nicht allein fast jedes Vergnügen entzogen, sondern auch keine selbst noch so grosse Beschwerden gescheut, ja so gar Ihre mir so theure Gesundheit für Ihr Kind aufgeopfert hätte.«[21]

Dem Leben der Mutter war das Selbststillen und mithin auch das Wohlergehen des Kindes untergeordnet. Doch nicht nur das, den Männern ging es auch um die Lebensqualität ihrer Frauen, insofern, als sie sich nicht auf ihre rein biologischen Funktionen reduzieren lassen sollten.

Die Stillfrage konnte zwischen den Eheleuten aber unter einem ganz anderen Aspekt virulent und bis hin zum offenen Konflikt diskutiert werden, nämlich dann, wenn der Ehemann seine Ansprüche an die Frau vernachlässigt sah. In diesem Punkt setzte der Buchhändler Friedrich Perthes seiner Frau Karoline Perthes geb. Claudius ernsthaft zu, wobei er aber letztlich doch bereit war, sich nach ihren Wünschen zu richten:

»Das Auffüttern[22], so sehr ich sonst dafür bin, paßt jetzt für unsere Einrichtung gar nicht. Nicht in Anschlag zu bringen, daß dadurch wieder ein Jahr der schmähligsten Unruhe u[n]d Sklaverey für dich entspringen würde, so bringt es uns auch wieder um eben so langes *Miteinanderseyn*, was ich weniger, wie du glaubst, erdulden kann, ohngeachtet der so echten Proben und Erfahrungen. ... Daß mein Entschluß, du müßtest Clemens nicht selbst stillen fest war, dazu hatte ich die bekannten Gründe und habe auch dir noch unbekannte. Daß ich auch gegen meine Ueberzeugung deiner Meinung folgen kann, habe ich dir in unseren jetzigen Kalamitäten zweymal bewiesen.«[23]

Perthes thematisiert den alten Konflikt zwischen Stillen und Sexualität, denn Geschlechtsverkehr während der Stillzeit war tabuisiert. Seine Identität als Mann und Ehemann geriet offensichtlich mit der des Vaters in Konflikt. Schon beim ersten Kind kam es deswegen zu heftigen Auseinandersetzungen. Als Karoline Perthes im Juli 1799 mit der einjährigen Agnes vermutlich zur Inokulation der Kuhpocken für mehrere Wochen wegfuhr, schrieb der zurückgelassene Ehemann ihr (zuerst) die glühendsten Liebesbriefe:

»Meine Karoline! Du Herz, du mein Erstes und Zweytes, du kannst zufrieden seyn! Was ich nie als Liebhaber that, ich schmachte außer mir nach dir ... An dir hab ich mich verloren! ... Ach Karoline! Gott kann nicht so grausam seyn, er kann uns nicht necken wollen – er muß uns ewig beysammen lassen! *Hier vernichten wir uns beyde um außer uns einem dritten das Leben zu geben!*«[24]

Je länger die Trennung andauerte, desto größer wurde sein Unmut, aber auch sein Wunsch, sich ihr zu erklären:

»Ja wohl weiß ich's, daß du nichts anders konntest ..., auch war der Brief nur Ausdruck meines Schmerzes – und wie tief ich diesen fühlte ... du sollst nicht gekränkt seyn, aber ich muß dir's doch schreiben, wie tief ich leide! ... *Das es mit Agnes so gut zu gehen scheint freut mich um deinetwillen unsäglich – von Agnes selbst kann ich nichts schreiben, ich habe jetzt für das kleine Ding durchaus keinen Sinn!* ... Ich fühle es, daß du mich fürchterlich in deiner Gewalt hast.«[25]

Das Kind als Zerstörer der Einheit der Paares. In solchen Beziehungen, die primär aus Zuneigung geschlossen wurden – was seit dem ausgehenden 18. Jahrhundert zweiffellos häufiger vorkam – und in denen die Frau mehr um ihrer selbst willen im Zentrum der Ehe stand, konnte der Ehemann die enge und in gewisser Weise auch exklusive Beziehung zur Frau durch das Kind gefährdet sehen. In der Geliebten mußte Perthes auch die Mutter erkennen. Die Identifikation mit der Vaterschaft konnte also mit der als Ehemann derart konkurrieren, daß Prioritäten gesetzt und die Vaterschaft (zeitweise) zweitrangig wurde. Diese Identitäts- und Rollenkonflikte, die so gar nicht zu den zeitgenössischen Vaterschaftsideologien passen wollten, waren gewiß nicht untypisch – auch wenn sie nur sehr selten zu Papier gebracht wurden.

Trotz solcher, letztlich allein um das Wohlergehen des Kindes willen geführten Kämpfe und des allgemein geschärften Bewußtseins für seine Bedürfnisse blieb es vielen Müttern und Vätern nicht erspart, wenigstens eines ihrer Kinder im Säuglings- oder Kleinkindalter sterben zu sehen. Der Verlust eines Kindes wurde als eine der bittersten, schmerzhaftesten, für manche aber auch unverständlichsten Erfahrungen im Leben überhaupt empfunden; der Tod eines Kindes rief eine Lebenskrise hervor,[26] die nur im Vertrauen auf Gott und seine Fügung zu bewältigen möglich schien. In dieser unbedingten Gottesgewißheit erfuhr der Jurist und Senator Martin Hieronymus Hudtwalcker den Tod seines Jungen:

»13. März 1821. Schwer liegt die Hand meines Gottes auf mir. In der vorigen Woche ward meine Tochter Marie von heftigem Brustfieber befallen. Ein fortwährender sopor, der drei und mehr Tage anhielt, erregte die größten Besorgnisse. Kaum ist sie genesen, so kommt mein elf Monate alter Eduard, der Abgott meiner Seele, an die Reihe. Seit vierundzwanzig Stunden liegt er in Krämpfen, die zuweilen sehr lange anhalten. Bis drei Uhr diese Nacht blieben Lotte [seine Ehefrau] und ich bei ihm, dann erlag meine Kraft, und ich ging zu Bette, natürlich nur zu unruhigem Schlummer.«

Nicht allein die Mutter, auch der Vater saß bis tief in die Nacht am Bett des kranken Kindes, denn auch in schlechten, zermürbenden Zeiten war Hudtwalcker als Vater präsent. Weiter schrieb er über sein totkrankes Kind:

»Trotz der heftigsten Mittel kommen die Krämpfe immer wieder, und wir sind auf das Schlimmste gefaßt, mit Angst an schwachen Hoffnungen hängend. Daß ich ihn zu lieb habe, sagte ich mir schon früher selbst, er erwiederte es auch, und war bei niemand so gern als bei mir. ... Dienstag den 15. März. ... Erst einige Minuten nach Zehn ist er entschlafen. Gott sei mit seiner Seele, er kannte noch keine Leidenschaften, selbst seine Unarten waren immer leicht zu beschwichtigen. Den Tag nach seinem Tod ist sein Antlitz wieder sanft und lieblich geworden, wie ein Engel. Er sieht aus wie ein kluges Kind von sechs bis acht Jahren. Gewiß reift ein solch zartes Wesen im

Schmerz des Todeskampfes während einiger Tage mehr wie Mancher in einem ganzen Leben zu dem höheren Dasein, in das er nun eingetreten ist. Wer weiß, was da in der Seele eines solchen Kindes vorgeht. So, in diesem Gedanken, erhält auch der räthselvolle Tod eines so kleinen Kindes seine rechte Bedeutung, und der Schmerz seinen rechten Werth und Sinn.«[27]

Die Aufzeichnungen Hudtwalckers und anderer Väter lassen erkennen, welchen zentralen Platz ein Kind im Leben der Männer einnehmen konnte und wie existentiell sie durch den Tod eines geliebten Kindes betroffen waren. Deutlich wird aber auch, in welch hohem Grade sie ein einzelnes Kind idealisiert und fast zu sehr geliebt haben (»der Abgott meiner Seele«) und sich von ihm ebenfalls außerordentlich geliebt fühlten.

Das von Hudtwalcker besonders geliebte Kind war männlichen Geschlechts. Diese exklusive Beziehung ist indes wohl weniger mit der spezifischen Vater-Sohn-Konstellation zu erklären, als damit, daß sich ein Elternteil eben die Zuneigung vom Kind »holte«, die er beim Ehepartner nicht finden konnte; denn Hudtwalckers Ehe zählte nicht zu den glücklichsten. Er hatte nicht aus Liebe geheiratet und fühlte nach seinen Angaben auch später nicht soviel für seine Ehefrau, wie er für eine Frau hätte empfinden können.

Väter wie Hudtwalcker übten nicht bewußt Zurückhaltung, um die nötige »pädagogische Distanz« zu wahren und gaben der Mutter etwaige »Erziehungspläne« (Germershausen) vor; es waren Väter zum Anfassen, es waren zärtliche Väter. Für sie waren die Kinder oder gar die Söhne nicht erst interessant, wenn sie – gemäß den Maximen der Aufklärung – »vernünftig« mit ihnen reden und sie belehren konnten, selbst den Kleinsten schenkten sie volle Aufmerksamkeit und bemühten sich, eine innige Beziehung herzustellen, denn Vatersein begann für sie schon im Babyalter. Martin Hieronymus Hudtwalckers Sohn war gerade elf Monate alt, und Johann Michael Hudtwalcker schrieb über seine kleine, ebenfalls gestorbene Tochter, daß sie, als sie »uns schon kennen und zulächeln konnte, in dem 11ten Monate uns an dem Zahnen entrissen wurde«.[28] Als Tochter Emma noch keinen Monat alt war, notierte Ferdinand Beneke am 18. Dezember 1808: »Die Kleine dagegen ist munter, und gesund. Zu mir scheint sie eine besondere Instinktmäßige Neigung zu haben. Wenn keiner die Schreiende beschwichtigen kann, so brauche ich sie nur auf den Arm zu nehmen, u. ihr vorzusingen, so ist sie still, und sogar voll Behagens; fast glaube ich schon Musik Sinn bey ihr zu spüren.«[29]

Die letzten Beispiele machen zudem evident, daß die Zuneigung und Aufmerksamkeit des Vaters – etwa mit Blick auf die Patrilinearität und unter dem Einfluß der Heraushebung des Vater-Sohn-Verhältnisses durch die Pädagogen – kein Privileg der Jungen war.[31] Nach zwei Mädchen bekam

Abbildung 1: Illustration zu Theodor Gottlieb von Hippels Buch *Über die Ehe* von Daniel Nikolaus Chodowiecki, 1791[30]

Karoline Beneke einen Sohn, was als solches von Ferdinand nicht besonders kommentiert wurde; vielmehr notierte er fünf Tage nach der Geburt des Jungen: »Herr Otto Adalbert sah mich gestern zum ersten Mal mit gar träumerischen Augen an. Ich finde ihn ein wenig unhübsch; noch ist die Vaterliebe nicht recht erwacht; bey den andern Kindern entstand die sehr schnell.«[32] Auch der Platz in der Geschwisterreihe dürfte hier eine nicht unerhebliche Rolle spielen. So galt die ganze Liebe des Schulrektors Karl Friedrich Kraft seiner (lange Zeit) jüngsten Tochter Adelheid.[33] Andere Männer wünschten sich intensiv eine Tochter. Als sein langersehnter Kinderwunsch unerfüllt blieb, träumte der 1812 geborene Otto Beneke nicht allein, er wäre schwanger – ein wahrlich »toller Traum«[34] –, sondern auch, er hätte ein »klein anmuthiges Töchterlein«, das auf dem Schoß der Mutter säße und gar wunderbar sänge.[35]

Vatersein war indes noch mehr als die Mädchen und Jungen in sein Herz zu schließen; es bedeutete, die Kinder in ihrer Kindlichkeit, in ihrer »Unvollkommenheit« anzunehmen, auf ihre kindliche Psyche einzugehen und sich in sie hineinzuversetzen. Wenn Martin Hieronymus Hudtwalcker sich fragt, »wer weiß, was da in der Seele eines solchen Kindes vorgeht,« unterstreicht das sein Einfühlungsvermögen. Ebensolches wird in Ferdinand Benekes »Entwicklungsbericht« seiner Tochter Emma vom 22. November 1810, am Tag ihres zweiten Geburtstages, sichtbar. In diesem geht er genauestens auf ihre körperlichen und geistigen Merkmale, auf ihr Wesen wie auch auf ihren Intellekt und ihr Verhalten ein, kurz: Er zeigt Emma in der »Totalen«. Dabei spricht sich Beneke allerdings von vornherein vom Vorwurf der unmäßigen, blindmachenden Liebe frei, vor der so viele seiner Zeitgenossen warnten. Deutlich wird in seinen Ausführungen auch, daß sich die Erziehungsziele nicht allein auf die sogenannten bürgerlichen Tugenden wie Ordnung und Folgsamkeit, eingebettet in christliche Glaubensvorstellungen, beschränkten, sondern auch die Entwicklung von Mitgefühl, Güte, Herzlichkeit und Intellekt eine überaus große Rolle spielte:

»Unsere Emma ist heute zwey Jahre alt. Alle meine Bekannten sprechen mich frey von jener verblendeten Elternliebe ... Desto mehr Anspruch mache ich auf Glauben, wenn ich bezeuge, daß unsere Emma in dißem zweyten Jahr ihres Lebens sich so entwickelt hat, wie wir es kaum zu wünschen gewagt. ...
Ihr Temperament (ist) ungemein lebhaft, rasch, und sanguinisch feurig. Aber ihre daraus entstehende Heftigkeit erliegt sehr schnell einem Gemüth voll schöner Menschlichkeit, voll Liebe, Güte, und Folgsamkeit. Ein gegen Menschen, und Thiere, selbst gegen leblose Gegenstände immer reges Mitleiden, und freudiges Hingeben, und Mitteilen ihrer kleinen Güter verbürgen das beste Herz. In ihren Spielen zeigt sich schon eine sinnreiche Phantasie, und für alle Dinge scharfe Aufmerksamkeit, und ungemeines Gedächtnis. Entgegenkommend freundlich gegen Alle kennt sie

keine Blödigkeit, aber eine gewaltige Furcht vor Dunkelheit, und Geräusch unsichtbarer Ursachen kontrastirt sonderbar damit. Eine gewiße kindliche Schlauheit, und völlig freye oft genialische Beurteilung läßt für die Entwicklung ihres intellektuellen Wesens alles hoffen. ... In der Art, wie sie sich an Mond, und Sterne ergözt, liegt schon ein Keim zu Religiosität. Wir suchen nun die Ausdrücke lieber Gott im Himmel, Engel, Christkindchen, u.s.w. daran zu knüpfen, und der nächste Weihnachts Abend soll das erste zarte Zauberlicht auf diße ihre dunklen Ideen werfen. – Auch soll sie dann Morgens, u. Abends kindliche Gebete (ein paar Verse von mir) sprechen lernen – In ihrer drolligen Laune ist sie einzig. Man kann nicht schalkhafter seyn. So hat sie bemerkt, daß ich die, ihr von der Amme angeschwatzten, Hamburgischen Vokalverziehungen auszumärzen suche. Obwol sie nun sehr gut, Maler Aale, Matador ... sagen kann, und gewöhnlich sagt, so stellt sie sich doch zuweilen mit einer drollig wichtigen Mine vor mich hin, und widerholt solange im ärgsten Hamburgischen Dialekt: Mooler, Oole, Matadaur, biß ich sie hasche, und mit Küßen bestrafe. – In dem ihr geheißnen, und nun von selbst nachgemachten Weglegen ihres Spielzeuges zeigen sich schon die ersten OrdnungsSpuren. Das wollen wir vor allen Dingen zu entwicklen suchen, denn Ordnung ist die Mutter der Heiterkeit, und Freyheit.

Ihre Sprache gewinnt täglich an Umfang. Sie spricht Hochdeutsch, selten ein plattes Wort. Ihre Pronunciazion (z. B. Mahete, für Margrethe, hein für herein, Joja f. Joseph, Dokker Jis f. Dr. Gries, Pißh f. Fritz) ist noch kindisch, aber sie redet schon oft zusamenhängend (z. B. Emma ›nach Backhaus will gehn‹) Auch bedient sie sich oft seltsamer Ausdrücke; sinnig sagt sie oft, ich glaube, der oder jener kommt usw. – Sonderbar! ruft sie ein andermal völlig passend. ... Musik, und Tanz liebt sie über alles. ›Pilen! Pilen! Pater‹ ruft sie mir, nicht nachlassend, zu, wenn wir von Tisch aufstehn. Dann hat das Tanzen kein Ende. Auch schlägt sie wol einmal selbst das fortepiano und singt dazu ganz andächtig.«[36]

Auf diesen »Entwicklungsbericht« folgten noch unzählige andere, jeweils unter der Rubrik »Kinder«; Ferdinand Beneke versuchte in diesen Charakterisierungen jedes seiner später insgesamt sechs Kinder in seiner Eigenheit und Entwicklung zu erfassen. Die Berichte vergegenwärtigen nicht allein, wie sehr auch er seine Kinder idealisierte, sie sind auch ein Abbild der Aufmerksamkeit, Liebe und Zärtlichkeit, die er ihnen schenkte. Andere Väter mögen nicht so detaillierte Charakterisierungen ihrer Kinder vorgenommen haben, gaben ihnen aber dennoch viel Zuwendung.

Um die Haltung dieser Männer als Väter besser verstehen zu können, ist es wichtig, sich ihre spezielle Lebenssituation vor Augen zu führen. Die meisten Männer wurden nicht vor ihrem 30. Lebensjahr Väter, was mehr Vorteile als Nachteile mit sich bringen konnte. Viele Männer hatten zum Zeitpunkt der Heirat gesellschaftlich und beruflich schon viel erreicht, Krisen überwunden, ihre Persönlichkeit hatte an Konturen und innerer Stabilität gewonnen, so daß sie ihre Energie, ihre Geduld und überhaupt ihre ganze Persönlichkeit in die Vaterschaft einbringen konnten. Ebenfalls günstig wirkte sich der Umstand aus, daß die Männer im Unterschied zum späteren 19. Jahrhundert bei weitem noch nicht primär berufs- und leistungsorientiert waren und ein auffallend großes Interesse dem Privatleben, der »häuslichen Glückseligkeit« galt. Sie waren häufig bewußt eine Liebes- oder zumindest Neigungsehe eingegangen und pflegten enge Kontakte zu ihren Freunden. Außerdem hatten sie ihr Kontor oder ihre Kanzlei in der Regel noch im Haus und konnten sich hinreichend Zeit nehmen, um zusammen mit der Familie ausgedehnte Mittagspausen zu machen und anschließend vielleicht noch kleine Ausflüge zu unternehmen. Die sich erst langsam vollziehende Ausdifferenzierung von Familien- und Berufsleben wirkte sich von daher noch nicht negativ auf die Vaterschaft aus. Auf der anderen Seite wurden dem engagierten Vater und Ehemann durch seine beruflichen, besonders aber durch seine zahlreichen bürgerlichen und zuzeiten auch militärischen Pflichten immer wieder Grenzen gesetzt. Insofern sah sich der Mann ebensolchen Rollenkonflikten ausgesetzt wie die Frau.

Die Pädagogen des 18. Jahrhunderts mochten die Bedeutung des Vaters in der Familie noch so sehr in den Mittelpunkt stellen, in der Realität konnte er viel weniger Einfluß auf die Entwicklung und Erziehung der Kinder nehmen als die Mutter. Selbst Ferdinand Beneke, den man durchaus als passionierten Vater bezeichnen könnte und der wahrlich versuchte, regen Anteil an der Entwicklung seiner Kinder zu nehmen, ja mit seiner Frau sogar darüber stritt, ob die Kinder mittags schlafen sollten oder nicht, konnte letztlich nicht soviel Zeit mit den Kindern verbringen wie seine Frau. So stellte Karoline Beneke im Sommer 1809, als er auf Reisen war, betrübt fest: »Unsere Emma schlief schon ach sie ist solch ein kleiner Engel sehst du sie doch so oft wie ich, ihr Männer habt doch lange nicht den Genuß von [den] Kindern wie wir die wir sie wachsen und entwickeln sehen.«[37] Es waren denn doch immer wieder die Frauen, die betonten, wie interessant und erfüllend es für sie sei, die Kinder wachsen zu sehen.

Entscheidend ist, daß die Ehefrauen und Mütter vieles taten, um ihren Kindern die Väter gegenwärtig sein zu lassen, und sie umgekehrt ihren Männern alles über die Kinder berichteten. Auf diese Weise konnten die Väter die Entwicklung ihrer Kinder selbst bei längerer Abwesenheit verfolgen. Als Georg Christian Lorenz Meyer im Juli des Jahres 1820 auf einer Geschäftsreise war, betonte seine Frau, daß sie es ihm schon mitgeteilt hätte, wenn ihr Jüngstes einen Zahn bekommen hätte.[38] Sobald die Kinder etwas schreiben konnten, hielten die Mütter sie dazu an, ihren Vätern ein paar Worte zu schreiben. Zur Vermittlung zwischen Vätern und Kindern gehörte auch, daß die Frau ihrem Mann schilderte, wie die Kinder mit seiner Abwesenheit fertig wurden. »Ich habe es wohl gefürchtet,« schreibt Karoline Perthes ihrem Mann,

»daß es schwer wäre mit dem Ostwind fort zu kommen u[n]d habe die Wellen jeden Tag, u[n]d ich mögte sagen, jede Stunde mit Angst u[n]d Sorge angesehen. Clemens ist immer zu mir gekommen u[nd] hat mir treuherzig versichert: ich solte doch nicht bange u[n]d betrübt seyn, du wärst ›vörwahr noch nicht up die Sah, ick hev eben gesehen‹. Leonore fängt, so wie sie deinen Nahmen hört, mörderlich an zu schreien. Sie ist überhaubt noch gar nicht vergnügt und wohl und sitzt Tag und Nacht fort. Bernhard aber ist köstlich u[n]d sucht dich noch immer an deiner Schatulle.« [39]

Als Perthes in der Zeit der Befreiungskriege seine Familie nur sehr selten sehen konnte, wurde die Sehnsucht nach seinen Kindern oft so groß, daß ihm schon Tränen kamen, wenn er kleine Kinder nur ansah.[40] Selbst wenn die Männer wegen ihrer bürgerlichen oder beruflichen Verpflichtungen zeitweise nur sehr wenig Zeit für die Familie hatten, hatte das nicht notwendigerweise auch eine *innere* Distanzierung zwischen Vätern und Kindern zur Folge.

Das Vorlesen von Gute-Nacht-Geschichten oder die Fähigkeiten eines Erziehers

Elternschaft bedeutete in den ersten Jahren, vor allem für das leibliche und seelische Wohl der Kinder zu sorgen. Später kam verstärkt die Verantwortung für die geistig-moralische und intellektuelle Bildung und Erziehung[41] hinzu, die zu einem Großteil allerdings an öffentliche Institutionen, an Privatlehrer und Gouvernanten abgegeben wurde, jeweils abhängig von der Prosperität der Familie, dem Geschlecht und dem Alter des Kindes.

Die innerfamiliäre Erziehung der Kinder sollte nach Maßgabe der Aufklärer in erster Linie dem Vater obliegen. Insofern ist es aufschlußreich, das »Lehrverhalten« der Väter näher zu betrachten. Diese verwandten auffallend häufig ihre Talente auf die Erziehung. Das soll heißen: sie unterrichteten die Kinder in eben den Disziplinen, die sie besonders beherrschten und an denen ihnen persönlich viel lag. Der 1771 geborene Kaufmann Johann Wilhelm Duncker führte seine Kinder an die Musik heran, noch bevor sie lesen konnten, und erteilte ihnen zum Teil auch selbst Musikunterricht.[42] Doch auch die Mütter unterrichteten ihre Kinder. Die begeisterte Zeichnerin und Malerin Elisabeth Hudtwalcker geb. Moller bildete ihre Kinder im Zeichnen aus,[43] und Marianne Lappenberg geb. Baur, die Ehefrau eines Archivars, vermittelte ihrer neunjährigen Tochter die englische Sprache.[44] Damit hatten die Frauen nach Ansicht der Pädagogen ihre Kompetenzen eigentlich schon überschritten; sollte doch der Vater der Lehrer der Jungen und Mädchen sein. Aber diese Dominanz des Vaters war ein bloßer theoretischer Entwurf ohne Aussicht auf Realisierung. Die Mutter stand dem Vater als Lehrerin in nichts nach, besonders nicht, was den Unterricht der Mädchen betraf. Denn in welchem Umfang sich die Väter und Mütter konkret um die Ausbildung der Kinder kümmern konnten, hing, abgesehen von den jeweiligen Begabungen und der eigenen Ausbildung, von ganz unterschiedlichen Faktoren ab; bei den Männern markierten hauptsächlich die Bürger- und Berufspflichten die Grenzen ihres Engagements als Lehrer, und bei den Frauen spielten die Aufgaben im Haushalt und die Anzahl der Kinder eine maßgebliche Rolle. Dabei waren – unabhängig von der außerhäuslichen Ausbildung – die Männer eher für die Erziehung der Jungen, die Frauen eher für diejenige der Mädchen verantwortlich; doch auch diese geschlechtsspezifische Zuständigkeit wurde nicht strikt gehandhabt, zumal Erziehung nicht allein im Unterrichten bestand und nicht jeder die gleiche Fähigkeit zum Lehren mitbrachte. Ferdinand Beneke notierte am Ende des Jahres 1817 über den Unterricht des fünfjährigen Otto und der beiden Mädchen im Alter von sieben und neun Jahren: »In Welt, und Erdkunde, wie in Geschichte versuchte ich sie zu unterrichten; da ich aber fand, daß mir dazu alles Talent fehlt, so überließ ich es Karolinen, die es wenigstens mit den Mädchen versucht.«[45] Bei dem 1805 geborenen Juristen und Senator Nikolaus Ferdinand Haller verhinderten es wiederum seine zahlreichen geschäftlichen Aufgaben sowie seine »angeborene Bequemlichkeit«[46], daß er sich mehr um die Bildung seiner Kinder kümmerte; deshalb verlegte er sich primär auf das Vorlesen von Gute-Nacht-Geschichten, das ohnehin meist den Vätern vorbehalten blieb. Da Haller zudem »ein angenehmes Organ« besaß, sang er ihnen auch »Arien und Lieder vor, die er selbst am Klavier mit einigen Akkorden begleitete«.[47] Seine fast gelehrt zu nennende Frau Philippine Adele Haller nahm auf die Bildung der Kinder weit mehr Einfluß: »Aber auch wir anderen [gemeint sind die Jungen] fanden bei ihr – die einem wandelnden Konversationslexikon glich – reiche Belehrung. ... Daß unsere häusliche Erziehung nicht zur Pedanterie ausartete, dafür sorgte schon der köstliche Humor unseres Vaters.«[48] Diese Beispiele widersprechen auch der dichotomischen Rollenaufteilung von »Herz und Verstand« zwischen den Eltern.

Charlotte Amalie Hudtwalcker und der Kaufmann Nikolaus Hudtwalcker versuchten beide, die Erziehung ihres heranwachsenden Sohnes zu beeinflussen. Als dieser im Jahre 1803 nach Gotha in Kost gegeben wurde, entstand zwischen ihnen ein reger Briefwechsel, der, aus den Erinnerungen des Sohnes Martin Hieronymus zu schließen, in erster Linie von ihm und der Mutter bestritten wurde. Mit ihr diskutierte er in späteren Jahren auch Denker und Pädagogen wie Fichte und Pestalozzi. Deutlich wird insgesamt, welche geistig-intellektuelle Nähe zwischen Mutter und Sohn in späteren Jahren möglich war. Ein mehr emotionaler Grundton herrschte zwischen Vater und Sohn. So war es der Vater, der den Sohn von der Notwendigkeit der Wärme im menschlichen Umgang überzeugen wollte und der seinem Sohn somit auch seine Gefühle und Empfindungen offenlegte:

»Du nennst mich deinen besten Freund, und hattest kein Vertrauen zu mir, nun ich gesteh, du mußt von Freundschaft eine ganz andre Ansicht haben wie ich, und auch dies thut mir leid, denn ich habe einen gar eignen Begriff von Freundschaft. Aufrichtigkeit und völliges hingebendes Zutrauen sind meiner Einsicht nach die ersten Grundsäulen, worauf sie gebauet werden muß. Oder hat vielleicht gar Philosophie dich kalt gemacht? In diesem Fall bitte ich dich, laß diese Philosophie nie laut gegen mich werden, denn die eine schöne Stelle von Gellert ›Wann gab der Vater einen Stein – Dem Sohn, der Brod begehrte‹, ist mir lieber, als jeder Ausspruch eines kalten Philosophen. Herzlichkeit und nur Herzlichkeit allein kann uns glücklich machen. Kenntnisse und Wissenschaften sind vorzügliche Dinge, und sie können viel, sehr viel zu unserem Glücke beitragen, aber ohne Herzlichkeit können sie nicht den innern Drang eines jeden Menschen befriedigen.«[49]

Resümee und Ausblick

Versuchen wir zum Schluß, die typischen Vaterschaftsprofile im Wandel des 18. und 19. Jahrhunderts am Beispiel des Verhaltens der Väter am Mittagstisch, dem zentralen Treffpunkt der Familie, nachzuzeichnen. Der 1747 geborene Johann Michael Hudtwalcker erinnert sich an die Mittagsmahlzeit in seiner Kindheit:

»Jedes Kind, sobald es wenn auch nicht lesen, nur sprechen konnte, hatte sein Tischgebet zu sagen. Diese Gebete waren größtenteils unverständlich ... Unsere gute Mutter hatte ein sehr sorgsames Auge für unsere Portionen und Teller. Wenn nur erst ›die Begierde des Hungers befriedigt war‹, fing mein Vater die *belehrenden, patriarchalischen Tischgespräche* an, die späterhin den größten und wichtigsten Teil unserer Erziehung ausmachten.«[50]

Die Männer um die Mitte des 18. Jahrhunderts zeigten sich kraft ihrer unbestrittenen Autorität in der Familie und unter dem Einfluß der Aufklärung tendenziell als strenge, primär normvermittelnde Väter. Die Kinder standen vermehrt unter Kontrolle und mußten »beständig arbeiten und lernen«[51]. Zum Ende des 18. und in den ersten Jahrzehnten des 19. Jahrhunderts wurden die Kindheiten zweifelsohne freier erlebt; der Umgang der Väter mit ihren Kindern wurde weniger steif und ungezwungener, und auch am Mittagstisch ging es »natürlicher« zu. Georg Christian Lorenz Meyer schrieb seiner Frau am 20. August 1822 über das Zusammensein mit den Kindern: »Unsere Kinder sind alle sehr wohl und lustig. Lorenz spricht viel von Mutter, aber ohne sich dadurch traurig stimmen zu lassen. Bei Tisch ward er so lebendig, dass er endlich unter den Tisch kroch und Carolinchen die Schuhe auszog.«[52] Meyer zeigte sich – nicht allein bei Tisch – als verständiger, toleranter Vater, indem er nicht in erster Linie zu disziplinieren versuchte und die Verhaltensnormen der Erwachsenen als Maßstab für die Kinder anlegte, sondern sich auf das kindliche Verhalten einließ und sogar seine Freude daran hatte. Dazu paßt, daß Johann Georg Kirchenpauer seiner Frau im November 1801 von seinem (geschäftlichen) Rußlandaufenthalt berichtete, wie er auf einer Gesellschaft vergnügt mit zwei Kindern herumgetobt sei:

»Also gestern kann ich nichts Interessantes für Dich auffinden und muß zu vorgestern Abend meine Zuflucht nehmen, wo ich bei Schröders war und die ganze Einrichtung ganz nach Hamburger Manier fand, eine Menge Gerichte, die Damen höchst pompös ... Aber zwei allerliebste Kinder von zwey und vier Jahren, mit denen ich viel herumgetollt, diese Gören blieben bis elf Uhr auf und waren so vergnügt und munter als ob sie bis dahin geschlafen hätten.«[53]

Der zu Beginn der 70er Jahre geborene Ferdinand Beneke tanzte mit seiner zweijährigen Tochter herum, sobald sie sich vom Tisch erhoben hatten, und ließ sie auf dem Klavier klimpern. Entgegen den Konzepten der Pädagogen der Aufklärung standen weder die Jungen im Mittelpunkt des Interesses der Väter, noch waren sie darauf bedacht, »pädagogische Distanz« zu wahren; es waren Väter zum Anfassen, Väter, die ihren Kindern in Worten und Gesten viel Zärtlichkeit schenkten. Gleichzeitig waren auch sie darauf bedacht, ihren Kindern von klein auf die bürgerlichen Werte und Verhaltensnormen zu vermitteln; so mußte die kleine Emma Beneke schon lernen, ihr Spielzeug ordnungsgemäß wegzuräumen. Die Gewichtung von Disziplinierung auf der einen Seite und Verständnis und Anpassung des Vaters an das kindliche Verhalten auf der anderen Seite gilt es insofern mehr als bisher im Kontext zeitgenössischer bürgerlicher und geschlechtsspezifischer Mentalitäten offenzulegen und auszudeuten.

Überhaupt scheinen Emotionalität, Offenheit wie auch Körperlichkeit und sogar kindliche Ausgelassenheit mit den Männer-Identitäten im Bürgertum um 1800 durchaus vereinbar, wenn nicht gar signifikant für einen spezifischen Typus Mann gewesen zu sein, der sich verstärkt über seine emotionale, seine private Lebenswelt definierte.[54] In den letzten Jahrzehnten des 18. und zu Beginn des 19. Jahrhunderts waren Männern offensichtlich noch andere Verhaltensweisen und Selbstwahrnehmungen möglich, solche, die sich in keinem Lexikonartikel unter dem Stichwort »Mann« finden lassen, wohl aber in Selbstzeugnissen, in der Literatur und in der bildenden Kunst. Hier zeigt sich, daß die isolierte Suche nach spezifischen Männlichkeitsvorstellungen und -konstruktionen bestimmte, zeittypische Variationen von Mann-Sein – vor allem solche, die in der Retrospektive mit dem Ausgangspunkt Moderne außerhalb unseres Erwartungshorizontes liegen – kaum erkennen läßt.

Um 1850 schien sich ein erneuter Wandel im Vater-Kind-Verhältnis und mithin auch im bürgerlichen Mann-Sein anzubahnen. Wortlos, gehorsam und diszipliniert nahmen die Kinder bei Petersens das Essen ein: »Jede unnütze Unterhaltung [wurde] vermieden u. nur das Nothwendigste besprochen ... Wir Kinder durften lediglich auf Fragen antworten.«[55] Ferner berichtet Rudolph Petersen über seinen Vater Carl Friedrich Petersen, einen vielbeschäftigten Advokaten, daß ihn seine Berufsarbeit »von Morgens früh bis in die Nacht ohne Ruhepause in Anspruch« genommen hätte und er und seine Geschwister »stets eine große Scheu« vor ihm gehabt hätten. Obwohl auch Petersen ein liebevoller Vater sein konnte, unterschied er sich merklich von den vorangegangenen Väter- und Männergenerationen. Er steht am Beginn der Entwicklung eines »bürgerlichen Typus«, der sich mit der Dynamisierung des öffentlichen Lebens, mit dem Durchbruch der Industriellen Revolution in Deutschland erst herauszubilden begann. Unter dem stetig wachsenden Konkurrenz- und Leistungsdruck hatte er sein Leben in erster Linie auf seine Arbeit ausgerichtet; zeitlich und mental war er fast gänzlich von seinen Berufsplichten in Anspruch genommen. Die »schwierige Balance zwischen Beruf und Familie« verschob sich in der zweiten Jahrhunderthälfte deutlich zugunsten der Berufspflichten.[56] Jetzt erst begann sich der Mann primär über seinen Beruf zu definieren; die Spielräume der Männer wurden enger und andere männliche Verhaltensmuster erforderlich. Diesen entsprechend demonstrierten die Väter im späteren 19. Jahrhundert emotionale Distanziertheit, Ernsthaftigkeit und Strenge. Während die Väter um 1800 einen ganz zentralen Platz in der Familie einnahmen und den Kindern ungezwungene Emotionalität vorlebten bzw. wie selbstverständlich in die emotionalen Beziehungen mit eingeschlossen waren, traten sie im Laufe des 19. Jahrhunderts mehr und mehr an ihre Peripherie, bis sie als strenge, unnahbare Autoritäten im Hintergrund der Familie standen.[57] Auch sie hatten natürlich Gefühle, aber sie zeigten sie nicht; gefühlvoll waren allein die Mütter, nicht aber die Väter und Männer – das hatte Folgen, bis heute.

Anmerkungen

1 Adolph Freiherr von Knigge, *Sämtliche Werke*, hg. v. Paul Raabe (Photomechanischer Nachdruck der Erstausgabe), Nendeln/Lichtenstein 1978, Bd. 16: *Gesammelte poetische und prosaische kleinere Schriften* (Frankfurt a.M. 1784), Teil 2: Briefe über Erziehung, S. 155. – Zu den Grenzen und Gefahren der konzeptionellen Dichotomie von Öffentlichkeit und Privatheit siehe Leonore Davidoff, Alte Hüte. Öffentlichkeit und Privatheit in der feministischen Geschichtsschreibung, in: *L'Homme* 4, 1993, Heft 2, S. 7-36; Anne-Charlott Trepp, The Emotional Side of Men in Late Eighteenth-Century Germany (Theory and Example), in: *Central European History* 27, 1994, S. 127-152.

2 Vgl. Karin Hausen, »... eine Ulme für das schwanke Efeu.« Ehepaare im Bildungsbürgertum. Ideale und Wirklichkeiten im späten 18. und 19. Jahrhundert, in: Ute Frevert (Hg.), *Bürgerinnen und Bürger. Geschlechterverhältnisse im 19. Jahrhundert*, Göttingen 1988, S. 85-117.

3 Irene Hardach-Pinke, Zwischen Angst und Liebe. Die Mutter-Kind-Beziehung seit dem 18. Jahrhundert, in: Jochen Martin/August Nitschke (Hg.), *Zur Sozialgeschichte der Kindheit*, Freiburg/München 1986, S. 525-590, hier S. 555.

4 Jürgen Schlumbohm (Hg.), *Kinderstuben. Wie Kinder zu Bauern, Bürgern, Aristokraten wurden, 1700-1850*, München 1983, S. 14.

5 Siehe dazu u. a. Carl Friedrich Pockels, *Der Mann. Ein anthropologisches Charaktergemälde seines Geschlechts. Ein Gegenstück zu der Charakteristik des weiblichen Geschlechts*, 4 Bde., Hannover 1805-1808, hier besonders Bd. 1 und 2.

6 Dieter Lenzen, *Vaterschaft. Vom Patriarchat zur Alimentation*, Reinbek bei Hamburg 1991, S. 180.

7 Vgl. Jean Delumeau/Daniel Roche (Hg.), *Histoire des pères et de la paternité*, Paris 1990, S. 235ff.

8 Reiner Wild, *Die Vernunft der Väter. Zur Psychologie von Bürgerlichkeit und Aufklärung am Beispiel ihrer Literatur für Kinder*, Stuttgart 1987, S. 220.

9 Rudolf Trefzer, *Die Konstruktion des bürgerlichen Menschen. Aufklärungspädagogik und Erziehung im ausgehenden 18. Jahrhundert am Beispiel der Stadt Basel*, Zürich 1987.

10 Schlumbohm (Hg.), *Kinderstuben*, S. 15ff., S. 306ff.

11 Allgemein zur Geschichte der Vaterschaft siehe vor allem Yvonne Schütze, Mutterliebe-Vaterliebe, Elternrollen in der bürgerlichen Familie des 19. Jahrhunderts, in: Frevert (Hg.), *Bürgerinnen*, S. 118-133; Irene Hardach-Pinke, *Kinderalltag. Aspekte von Kontinuität und Wandel der Kindheit in autobiographischen Zeugnissen 1700-1900*, Frankfurt 1981; aufschlußreich ist auch die Überblicksdarstellung von Delumeau/Roche (Hg.), *Histoire des pères*. Für das spätere 19. Jahrhundert siehe besonders John Tosh, Domesticity and Manliness in the Victorian Middle Class. The Family of Edward White Benson, in: Michael Roper/John Tosh (Hg.), *Manful Assertions. Masculinities in Britain since 1800*, London 1991, S. 44-73.

12 Siehe dazu ausführlicher Anne-Charlott Trepp, *Sanfte Männlichkeit und selbständige Weiblichkeit. Frauen und Männer im Hamburger Bürgertum zwischen 1770 und 1840*, Göttingen 1996.

13 Margarethe Elisabeth Milow, *Ich will aber nicht murren*, hg. von Rita Bake und Birgit Kiupel, Hamburg 1993, S. 133.

14 Staatsarchiv Hamburg (im folgenden StA Hbg.), Fa. Beneke C 2, *Tagebuch mit Briefen, Gedichten, Skizzen und anderen Einlagen von Ferdinand Beneke, 1792-1848*, Eintrag vom 4. Oktober 1808.

15 StA Hbg., Fa. Beneke C 2, 22. November 1808.

16 Ebd., »Unser Gelübde«, Juli 1807.

17 StA Hbg., Fa. Bartels III k, Bibliothek, *Verzeichnis der nachgelassenen Bücher von Johann Heinrich Bartels*, Hamburg 1851, siehe insbesondere die Titel unter den Nummern 2255, 2290, 2701ff., 3511-47.

18 Johann Michael Hudtwalcker, *Elisabeth Hudtwalcker geb. Moller. Eine Biographie*, Hamburg 1804, S. 13.

19 So von Johann Hinrich Nölting, *Predigt für Ehemänner, Ehefrauen und Kinder, über die Worte unsers Herrn: Eine Frau, wann sie gebiehrt, hat Traurigkeit: denn ihre Stunde ist gekommen. Wann sie aber das Kind gebohrn hat, denkt sie nicht mehr an die Angst um der Freude willen, daß ein Mensch zur Welt gebohrn ist.* Gehalten am 24. April 1780 in der Hauptkirche zu Altona. Gedruckt bey Gottlieb Friedrich Schniebes. O.O. o.J., S. 27.

20 StA Hbg., Fa. Beneke C 2, 6. Dezember 1808.

21 Rudolph Jänisch, *Zum Gedächtnis meiner unvergeslichen [sic] früh vollendeten Gattin Frau Maria Sophia Jänisch geb. Encke*, Hamburg 1783, S. 57f.

22 Mit »Auffüttern« muß Perthes Stillen gemeint haben, das er explizit im zweiten Absatz seines Briefes im Zusammenhang mit ihrem Sohn Clemens erwähnt, der zu diesem Zeitpunkt auch erst einen Monat alt war.

23 StA Hbg., Fa. Perthes I 27 Fasc. c, *Briefwechsel zwischen Friedrich Perthes und Karoline Perthes geb. Claudius*, Brief vom 4. April 1809, Hervorhebung im Original.

24 StA Hbg., Fa. Perthes I 27 Fasc. b, Brief vom 19.(?) Juli 1799, Hervorhebung von mir.

25 Ebd., Brief vom 23. Juli 1799.

26 Zur angeblichen Gleichgültigkeit gegenüber den Kindern in früherer Zeit, die sich besonders im Gleichmut gezeigt haben soll, mit dem der Tod eines Kindes »registriert« wurde, siehe bes. Philippe Ariès, *Geschichte der Kindheit*, 5. Aufl., München 1982, S. 99ff.

27 Martin Hieronymus Hudtwalcker, *Ein halbes Jahrhundert aus meiner Lebensgeschichte*, 3 Bde., Hamburg 1862-1864, Bd. 3, S. 70ff.

28 Hudtwalcker, *Elisabeth Hudtwalcker*, S. 14f.

29 StA Hbg., Fa. Beneke C 2.

30 Hier aus: Theodor Gottlieb von Hippel, *Über die Ehe*, fünfte viel vermehrte Aufl., Berlin 1825, Frontispiz.

31 Vielleicht konnten die Väter zu ihren Töchtern sogar leichtere Gefühle entwickeln, wie Michelle Perrot vermutet; Philippe Ariès/Georges Duby (Hg.), *Geschichte des privaten Lebens*, Bd. 4: *Von der Revolution zum Großen Krieg*, hg. von Michelle Perrot, Frankfurt a.M. 1992, S. 162.

32 StA Hbg. Fa. Beneke C 2, 10. Oktober 1812.

33 StA Hbg., Fa. Kraft 3, *Aufzeichnungen des Rektors des hamburgischen Johanneums Friedrich Karl Kraft,* u. a. im Jahr 1830, bes. S. 774; bei dieser Angabe ist seine häufig falsche Seitenzählung zu beachten.

34 StA Hbg., Fa. Beneke F 7, *Tagebücher von Otto Beneke,* Heft 2: 1849, 16. März 1849.

35 Ebd., 28. Januar 1849.

36 StA Hbg., Fa. Beneke C2, 1810, Beilage Nr. 38.

37 Ebd., Brief von Karoline Beneke, Beilage Nr. 16.

38 StA Hbg., Fa. Lorenz Meyer C VII b 2, *Briefwechsel zwischen Georg Christian Lorenz Meyer und seiner Frau Caroline, geb. Gerste, 1816 – 1829,* masch. Abschrift von 1946 in Auswahl, Brief vom 21. Juli 1820.

39 StA Hbg., Fa. Perthes I 27 Fasc. d, Brief vom 18. Juli 1813.

40 Ebd., besonders Perthes' Briefe vom 30. Juli und 10. Oktober 1813.

41 Zur Definition und Abgrenzung der Begriffe »Bildung« und »Erziehung« siehe Rudolf Vierhaus, Bildung, in: *Geschichtliche Grundbegriffe,* hg. von Otto Brunner, Werner Conze, Reinhart Koselleck, Bd. 1, Stuttgart 1972, S. 508-551.

42 StA Hbg., Fa. Nölting 2, *Memoiren von Henriette Nölting geb. Duncker (1800-1888),* masch. Abschrift, S. 10.

43 Hudtwalcker, *Elisabeth Hudtwalcker,* S. 18.

44 StA Hbg., Fa. Lappenberg C 5, *Briefe von Johann Martin Lappenberg an seine Frau Marianne, geb. Baur, 1832-1848,* Brief vom 30. August 1837; in diesem berichtet er ihr, daß er die Tochter stellvertretend für sie unterrichtet hat.

45 StA Hbg., Fa. Beneke C 2, Jahresübersicht 1817.

46 Martin Haller, *Erinnerungen an Kindheit und Elternhaus,* bearb. von Renate Hauschild-Thiessen, Hamburg 1985, S. 40.

47 Ebd.; seine Ehefrau Philippine Adele Haller war dagegen völlig unmusikalisch; auch bei anderen Ehepaaren, wie bei den erwähnten Benekes, ist es der Mann, der im Hause bevorzugt Klavier spielt und nicht die Frau, wie es meist vor dem Hintergrund des späteren 19. Jahrhunderts unterstellt wird.

48 Ebd., S. 38ff.

49 Hudtwalcker, *Ein halbes Jahrhundert,* Bd. 1, Brief von Nikolaus Hudtwalcker aus dem Jahre 1807, S. 207f.

50 Hudtwalcker, *Mittheilungen,* S. 168; Hervorhebung von mir.

51 Milow, *Ich will,* S. 20; vgl. Richard van Dülmen, *Kultur und Alltag in der Frühen Neuzeit,* Bd. 1, München 1990, S. 102.

52 StA Hbg., Fa. Lorenz Meyer C VII b 2.

53 Brief von Johann Georg Kirchenpauer an seine Frau vom 15. November 1801; abgedr. in: Hildegard von Marchtaler, *Aus Alt-Hamburger Senatorenhäusern,* 2. Aufl., Hamburg 1966, S. 74.

54 Dazu Trepp, The Emotional Side of Men.

55 StA Hbg., Fa. Petersen D 47, *Aufzeichnungen von Rudolph Petersen über seinen Vater Carl Friedrich Petersen und sein Elternhaus um 1900;* masch. Abschrift.

56 Hausen, »... eine Ulme für das schwanke Efeu.«, S. 113.

57 Vgl. Schütze, Mutterliebe-Vaterliebe; Hardach-Pinke, *Kinderalltag,* S. 115f.; Tosh, Domesticity and Manliness.

»Heran, heran, zu Sieg oder Tod!«

Entwürfe patriotisch-wehrhafter Männlichkeit in der Zeit der Befreiungskriege

Karen Hagemann

»Wer ist ein Mann?« fragte 1813 der bekannte Historiker und Publizist Ernst Moritz Arndt in einem Gedicht gleichen Titels. Diese Frage beschäftigte nicht nur ihn, sondern auch seine gebildeten Zeitgenossen in einem uns heute nicht mehr vorstellbaren Ausmaß. In den Jahren vor und während der Befreiungskriege 1813-15 wurden im Zuge der ideologischen Mobilmachung für den Kampf gegen die französische Fremdherrschaft die verschiedensten Bilder von patriotischer Männlichkeit entworfen. In deren Mittelpunkt stand – wie auch in dem Arndtschen Gedicht – meist die immergleiche Forderung nach männlicher »Wehrhaftigkeit«. Darunter wurde allgemein die Bereitschaft und Fähigkeit eines Mannes verstanden, die »Freiheit« des »Vaterlandes« mit der Waffe in der Hand zu verteidigen und dabei sein Leben zu riskieren.[1] Arndt gab auf die Frage in dem Gedicht aus dem Liedanhang zum »Katechismus für den deutschen Kriegs- und Wehrmann« vom August 1813 folgende Antwort:

> »Dies ist ein Mann, der sterben kann
> Für Freiheit, Pflicht und Recht:
> Dem frommen Mut deucht alles gut,
> es geht ihm nimmer schlecht...
>
> Dies ist der Mann, der sterben kann
> Für Gott und Vaterland,
> Er läßt nicht ab bis an das Grab
> Mit Herz und Mund und Hand.«[2]

Von ähnlichen Formulierungen strotzen Lyrik und Prosa der zeitgenössischen Publizistik, die einem wahren »Männlichkeitsrausch«[3] huldigten.

In der breiten historischen Forschung zu den Jahren der antinapoleonischen Erhebung 1806-15 hat dieses Phänomen bisher kaum Interesse gefunden.[4] Die hervorragende Bedeutung von Geschlechterbildern bei der diskur-

51

siven Konstruktion nationaler Ideologien, bei der Konstituierung nationaler Bewegungen wie bei der Mobilisierung nationaler Kriegsbereitschaft wurde wenig beachtet.[5] Dies erstaunt umso mehr, als im damaligen Diskurs die erstrebte nationale Identität immer auch geschlechtsspezifisch entworfen wurde. Ein enger Zusammenhang von »Patriotismus« – verstanden als selbsttätige und opferbereite »Vaterlandsliebe«[6] – »Wehrhaftigkeit« und Männlichkeit war den Zeitgenossen selbstverständlich.

Die Jahre zwischen 1806 und 1815 waren die zentrale Phase in einem von zahlreichen Kriegen begleiteten, dabei extrem beschleunigten und krisenhaft zugespitzten historischen Umbruchprozeß, der die Zeitgenossen »binnen kurzem die grundstürzende Neugestaltung der territorialen und herrschaftlichen Verhältnisse, die Auflösung des alten Reiches und seiner Kirchen, die Ingangsetzung einzelstaatlicher Modernisierungs- und Reformprogramme, den Zusammenbruch der napoleonischen Hegemonie und schließlich die Neuordnung Deutschlands und Europas auf dem Wiener Kongreß erleben ließ«[7]. Dieser Wandel führte offenbar insbesondere bei gebildeten Zeitgenossen zu einer mentalen Desorientierung und Verunsicherung, die die Suche nach neuen Leitbildern und Werten forcierte. Vor allem Männer aus dem aufkommenden Bildungsbürgertum, aber auch aufgeklärte Adelige bemühten sich um die diskursive Konstruktion einer neuen kollektiven Identität. »Volk« und »Nation« – je geschlechterspezifisch definiert – entwickelten sich zu deren Leitbegriffen. Herrschten am Anfang des 19. Jahrhunderts zunächst noch Vorstellungen von einer deutschen »Kultur-« bzw. »Volksnation« vor, so wandelte sich das Verständnis von »Nation« nach der vernichtenden preußisch-sächsischen Niederlage 1806/07 im Zuge der immer intensiver betriebenen ideologischen Kriegsmobilisierung gegen die französische Fremdherrschaft mehr und mehr zu einem »militärischen Kampfverband«, den es zu einem »heiligen Krieg« gegen den »napoleonischen Usurpator« zu bewegen galt.[8] Dieser Wandel zeigte sich besonders deutlich in Preußen, das Zentrum der antinapoleonischen Bewegung war. Mit der Einführung der Allgemeinen Wehrpflicht 1813/14, die in der preußischen Monarchie ohne Konskription und Stellvertretung erfolgte, verpflichtete der Staat die männlichen »Bürger«[9] im wehrfähigen Alter zur »Vaterlandsverteidigung« und versprach ihnen gleichsam als Gegenleistung mehr »staatsbürgerliche Freiheitsrechte«.[10] Die »Nation« wurde in der Folge als männlich-militärischer Raum definiert und der »Nationalkrieg« als Bewährungsprobe »wahrer« Männlichkeit stilisiert.[11] Zugleich ›militarisierten‹ sich nicht zuletzt zwecks mentaler und ideologischer Absicherung der Allgemeinen Wehrpflicht auch die Vorstellungen von Männlichkeit. Es entstand ein neuer patriotisch-militärischer

Männlichkeitsentwurf, der um solche Schlüsselbegriffe wie »Ehre«, »Freiheitssinn«, »Frömmigkeit«, »Kraft«, »Kameradschaft«, »Mannszucht«, »Mut«, »Ruhm«, »Treue«, vor allem aber »Patriotismus« und »Wehrhaftigkeit« kreiste. Dieser vorrangig von patriotisch gesinnten Bildungsbürgern und reformorientierten Militärs diskursiv entwickelte Entwurf verband alte Werte preußischer Soldatenehre, adeliger Offizierstugend und christlich-bürgerlicher Ethik mit neuen Vorstellungen von männlich-staatsbürgerlicher Partizipation. Mit dem Ziel einer breiten Kriegsmobilisierung wurde er generations- und schichtenspezifisch ausgestaltet.

Stützen konnte sich diese ›Militarisierung‹ der Vorstellungen von Männlichkeit auf ein gewandeltes Geschlechterbild, das im Zuge der intensiven Bemühungen um eine diskursive Neubestimmung der Geschlechtsunterschiede seit dem Ende des 18. Jahrhunderts immer populärer geworden war. Wurden Geschlechterdifferenzen vorher wesentlich als soziale Differenzen begriffen, d.h. die Unterschiede zwischen Mann und Frau abgeleitet aus der jeweiligen Position und den je spezifischen Aufgaben im Gefüge der Ständegesellschaft[12], so wurden sie nun ›biologisiert‹, d.h. begründet mit den körperlichen Differenzen zwischen Mann und Frau, vor allem ihrer unterschiedlichen Anatomie sowie ihrer jeweiligen biologischen Funktion im Zeugungsprozeß. Deduziert wurden aus diesen damit als »naturgegeben« und zugleich universal gedachten Geschlechterdifferenzen dichotomische »Geschlechtscharaktere«. Als zentrale Merkmale des Mannes schlechthin galten jetzt Aktivität, Aggressivität, Kraft, Kreativität, Leidenschaftlichkeit, Mut, Stärke und Tapferkeit. Der Frau wurden demgegenüber die »Charaktereigenschaften« Friedfertigkeit, Fürsorglichkeit, Schönheit, Sanftheit, Sittlichkeit und Passivität zugeschrieben.[13] Den männlichen Tugendkatalog dieses neuen dichotomischen Geschlechterbildes bestimmten so im Kern bereits »kriegerisch-aktive« Eigenschaften.[14]

Die Jahre der antinapoleonischen Erhebung waren also sowohl für die Bestimmung der Nation als geschlechtsspezifischem Raum als auch für die Konstruktion einer dichotomisch-hierarchischen, den nationalen Bedürfnissen entsprechenden Geschlechterordnung von zentraler Bedeutung. Die Befreiungskriege beschleunigten und verstärkten gleichsam als »Katalysator« nicht nur die Entstehung einer nationalen Identität[15], sondern auch den Prozeß der »Polarisierung der Geschlechtscharaktere«[16].

Im folgenden soll der diskursiv konstruierte Zusammenhang von »Patriotismus«, »Wehrhaftigkeit« und Männlichkeit am Beispiel preußischer Kriegspropaganda näher betrachtet werden. Die Beschränkung auf Preußen erscheint nicht zuletzt deshalb sinnvoll, weil es in den Befreiungskriegen auf deutscher Seite eine führende Rolle spielte. Die Analyse stützt sich primär auf Lyrik, die zwischen 1812 und 1815 ein außerordentlich beliebtes und verbreitetes publizistisches Medium war und einen entscheidenden Beitrag zur ideologischen Kriegsmobilisierung wie zur Propagierung nationaler Ideen und polar-hierarchisch geordneter Geschlechterbilder leistete.[17] Im Mittelpunkt stehen patriotisch-nationale Lieder und Gedichte aus der Anfangszeit der Befreiungskriege. Da Lyrik in der Geschichtswissenschaft bisher eine relativ selten benutzte Quelle ist, wird die Untersuchung durch einige kursorische Bemerkungen zu ihrer Bedeutung in der Befreiungskriegszeit eingeleitet.

»Befreiungslyrik« als publizistisches Medium

Tausende von patriotisch-nationalen Liedern und Gedichten wurden zwischen 1812 und 1815 auf Flugblättern, in kleinen Broschüren sowie in Zeitungen und Zeitschriften verbreitet.[18] Abgedruckt wurde diese »Befreiungslyrik« meist ohne Noten, aber mit Angabe bekannter und beliebter geistlicher und weltlicher Melodien, auf die sie dann als Kontrafaktur gesungen werden konnten.[19] Für die Verbreitung sorgte nicht nur der Buchhandel, sondern wie bei anderer populärer und politischer Literatur auch die Kolportage. Der Verkaufserlös wurde sehr häufig der Ausrüstung, Einkleidung und Versorgung der Kriegsfreiwilligen gewidmet. Erheblich befördert wurde die Verbreitung zudem durch die kostenlose Verteilung im Heer.[20]

Hauptverbreitungsgebiet der »Befreiungslyrik«, die überwiegend von anonymen oder unbekannten Autoren stammte, war zwar Preußen, im Verlauf der Kriegshandlungen verbreitete sie sich jedoch schnell in allen deutschen Staaten.[21] Ihre Verfasser scheinen mehrheitlich jüngere, akademisch gebildete Männer aus dem Bürgertum gewesen zu sein, von denen viele als Freiwillige in den Befreiungskriegen mitkämpften.[22] Diese meist nur als »Gelegenheitsdichter« publizierenden Autoren wandten sich primär an ein männlich gedachtes breites Publikum. Ihre Produktionen wurden, anders als die der kleinen Zahl bekannter und als »Dichter« von der Literaturwissenschaft anerkannter Autoren, zu denen u.a. Ernst Moritz Arndt und Theodor Körner gehören, von der Forschung bisher weitgehend ignoriert.[23]

Übersehen wurde so, welche spezifischen Funktionen die Lyrik als Massenmedium zwischen 1812 und 1815 erfüllte.[24] Sie formulierte mit dem Ziel der nationalen Befreiung eine gemeinsame patriotische Aufgabe, versuchte das Gefühl einer alle gesellschaftlichen Gruppen übergreifenden nationalen Identität zu vermitteln und bot individuelle wie kollektive Empfindungs-,

Verhaltens- und Wertmuster an. Dabei thematisierte sie stärker als alle anderen Mittel der patriotischen Publizistik Geschlechterbilder und Geschlechterbeziehungen. Vor allem war sie anknüpfend an die literarische Tradition der Heldenepen und Soldatenlieder der zentrale Ort, in dem ein neues patriotisch-militärisches Männlichkeitsbild entworfen wurde. Ihre wichtigste Funktion scheint darin bestanden zu haben, emotional eingängige ›Pathosformeln‹ – ›Geschlechter- und Nationalstereotype‹ – für die kollektive Selbstverständigung bereitzustellen. Sie half so zwischen »Heimat« und »Front«, vor allem aber innerhalb des Heeres, in dem sehr verschiedene Männergruppen erstmals in einer für sie neuen Situation zusammentrafen – einem »deutschen Volkskrieg« gegen eine fremde Besatzungsmacht – eine gemeinsame Sprache zu finden, die über alle sozialen und regionalen Grenzen hinweg den neuen Erfahrungen Ausdruck verlieh. Durch die »Befreiungslyrik« wirkten der Gedanke einer nationalen Einheit Deutschlands ebenso wie die Vorstellung von einer der »Natur gemäßen« polar-hierarchischen Geschlechterordnung vermutlich erstmals über den kleinen Kreis der Gebildeten hinaus.[25]

Die Breitenwirkung der »Befreiungslyrik« wurde in starkem Maße durch ihren spezifischen Gebrauch gefördert. Die Gedichte und Lieder entstanden für die verschiedensten konkreten Anlässe und waren überwiegend für das laute Vorlesen und das gemeinsame Singen gedacht. Sie sollten auf diese Weise nicht nur Bevölkerungsgruppen erreichen, die schlecht oder gar nicht lesen konnten, sondern auch eine Möglichkeit kollektiver Selbsterfahrung schaffen.[26] Vor allem die Sangbarkeit vieler Gedichte und ihre schnelle, weite Verbreitung im Rahmen kriegsbedingt entstandener Gebrauchssituationen scheinen in erheblichem Maße zu ihrer Popularität beigetragen zu haben. Militärmusik und Lied kamen in den Befreiungskriegen nicht nur bei Parade, Marsch, Feldlager und Gefecht eine große Bedeutung zu, sondern auch bei den Vereidigungsfeierlichkeiten von Freiwilligen, Landwehr und Landsturm, bei Feldgottesdiensten sowie militärischen und zivilen Siegesfeiern.

Die populärsten Lieder aus der Zeit der Befreiungskriege wurden bis in das 20. Jahrhundert hinein gesungen. Nicht nur im Rahmen der politischen Festkultur[27] kam der »Befreiungslyrik« eine Schlüsselrolle zu, sondern auch im bürgerlich-nationalen Vereinswesen der Sänger und Turner, Krieger und Schützen.[28]

»Wehrhafte, echt teutsche Männer«

Im Februar 1813 erschien in Königsberg, dem damaligen Zentrum der antinapoleonischen Bewegung Preußens, eine anonyme Flugschrift mit dem Titel *Kurzer Katechismus für teutsche Soldaten, nebst zwei Anhängen von Liedern*. Verfasser war Ernst Moritz Arndt.[29] Zu den 29 Gedichten im Anhang gehört auch das »Vaterlandslied«, dessen erste Strophe lautet:

> »Der Gott, der Eisen wachsen ließ,
> Der wollte keine Knechte,
> Drum gab er Säbel, Schwert und Spieß
> Dem Mann in seine Rechte,
> Drum gab er ihm den kühnen Mut,
> Den Zorn der freien Rede,
> Daß er bestände bis aufs Blut,
> Bis in den Tod die Fehde.«[30]

Arndt war im Juli 1812 dem Freiherrn vom Stein nach Petersburg gefolgt und verfaßte in dessen Auftrag Propaganda-Material gegen Napoleon. Das Scheitern des französischen Rußlandfeldzuges ermöglichte Arndt und Stein die Rückkehr nach Preußen. Als beide im Januar 1813 in Königsberg eintrafen, schien erreichbar, worauf preußische Patrioten seit Jahren hingearbeitet hatten: ein antinapoleonischer Volkskrieg.[31]

Dieses Ziel wollte Arndt mit allen Mitteln propagandistisch unterstützen. Eine der zahlreichen Flugschriften, die er zu diesem Zweck veröffentlichte, war der *Kurze Katechismus*. In ihm entwirft Arndt einen Verhaltenskatalog für den Soldaten als Bürger in »Mondur«, der gebunden an die bürgerliche, christliche Ethik für sein Vaterland und damit letztlich für sich selbst, seine Familie und sein Eigentum kämpft. Soldat und Bürger erscheinen in der Schrift als austauschbar: der Soldat sollte »wehrhafter« Bürger und der Bürger potentieller Soldat sein. Beide seien zur Verteidigung des »teutschen Vaterlandes« verpflichtet und müßten bereit sein, hierfür gegebenenfalls auch zu sterben. Damit wirbt Arndt, wie in vielen anderen Flugschriften aus dem Frühjahr 1813 – etwa seiner mit 80-100 000 Exemplaren außerordentlich weit verbreiteten Broschüre *Was bedeutet Landsturm und Landwehr?*[32] –, für den Gedanken der Allgemeinen Wehrpflicht. Alle deutschen Männer im wehrfähigen Alter sollten gemeinsam das Vaterland befreien und damit zugleich ihre Männlichkeit beweisen, denn nur ein »wehrhafter« Mann sei ein »wahrhaft männlicher« Mann.

Das »Vaterlandslied«, das zu den berühmtesten Gedichten Arndts gehört, war bereits 1812 entstanden und sehr schnell überaus populär geworden. In ihm, wie auch in anderen Liedern des Anhangs zum *Kurzen Katechismus*, der in der überarbeiteten Form vom August 1813, dem *Katechismus für den teutschen Kriegs- und Wehrmann*, eine Auflage von 60-80 000 Exemplaren erreichte[33], ist der Zusammenhang von Patriotismus, »Wehrhaftigkeit« und Männlichkeit lyrisch hergestellt. Es finden sich viele Bilder, Metaphern und Abfolgen von Adjektiven, die die politische Publizistik der Befreiungskriegszeit prägen. Der deutsche Mann sollte Gottes Willen gemäß ein »freier«, »kühner«, »wehrhafter« Mann sein, der in »Liebe« und »Treue« seinem »heiligen Vaterland« ergeben, gemeinsam mit den »Brüdern« aus allen Teilen Deutschlands zum Rachekampf gegen den »welschen Feind« auszieht. Denn dieser Feind habe infolge seines unchristlichen, unmoralischen und damit undeutschen Lebensstils »Schande« über deutsche Lande gebracht. Allen Männern, die ehrlos weiter als »Knechte« dem französischen »Tyrannen« dienten, wurde die Männlichkeit abgesprochen. Sie galten als »Buben« und sollten geächtet werden. Nur die »wahrhaft« deutschen Männer wurden zum »süßen« Rachefeldzug aufgerufen. In beschworener alter germanischer Tradition[34] sollten sie bereit sein, unter der Parole »Sieg oder Tod« als »Helden für das Vaterland« zu sterben. Charakteristisch für Arndts lyrisches Werk war zum einen die historische und religiöse Legitimierung des »Freiheitskampfes«[35], zum anderen die betont deutsch-nationale Tendenz, die mit einem extremen Franzosenhaß einherging.[36]

Das »Vaterlandslied« wurde in vielen Liedsammlungen der Zeit nachgedruckt und entwickelte sich zu einem Prototyp der »Befreiungslyrik«. Arndt war 1812/13 einer der ersten, der für die breite Propagierung seines patriotischen Programmes gezielt Lieder und Gedichte einsetzte. Seine Lyrik in volkstümlicher Sprache wandte sich an alle Generationen und Schichten und bediente sich dabei des kollektiven Wissens und anerkannter Normen. Sie wurde zum Modell aller nachfolgenden »Befreiungslyrik«, bei der sich drei Gruppen unterscheiden lassen: die deutsch-national ausgerichtete Lyrik Arndtscher Prägung, die sogenannte »Freiwilligenlyrik«, die überwiegend ebenfalls eine mehr deutsch-national orientierte Position vertrat, und die landespatriotisch gesinnte Lyrik.

Als eine erste Antwort der 1813 in den Krieg ziehenden jungen Männer auf die Gedichte und Lieder Arndts kann die »Freiwilligenlyrik« verstanden werden. Die erste und zugleich erfolgreichste Sammlung dieser für Freiwillige und zu einem erheblichen Teil von Freiwilligen geschriebene Lyrik war *Deutsche Wehrlieder für das Königlich-Preussische Frei-Corps*[37], die von Friedrich Ludwig Jahn zu Ostern 1813 in Berlin herausgegeben wurde. Der als Publizist, Pädagoge und Turnvater bekannte Jahn gehörte zu den Gründern und Propagandisten des von Major Lützow geführten Königlich

Preußischen Freicorps. Während traditionelle Sammlungen von Soldatenliedern, die auch zwischen 1812 und 1815 weiter erschienen und sich vor allem an die Soldaten des stehenden Heeres richteten, das Militär ungebrochen als »Stand« beschrieben[38], charakterisierten die neuen Sammlungen der »Freiwilligenlyrik«, wie die »Wehrlieder«, den Waffendienst für das bedrohte Vaterland als Pflicht eines jeden »wehrfähigen« Mannes. Dementsprechend zielten sie vorrangig auf die Werbung von Kriegsfreiwilligen und deren ›geistig-moralische Aufrüstung‹ für den bevorstehenden Kampf. So beginnt der Aufruf »An die wehrbare Deutsche Jugend« des Lützower Freiwilligen Mill aus den *Wehrliedern*:

> »Heran, heran, zu Sieg oder Tod!
> Jugend! das Vaterland ist in Not.
> Nie kommt ihm der Tag der Rettung wieder,
> Kämpfst du nicht diesmal den Feind darnieder.
> Jugend! mach gut, was die Alten versahn,
> Der Ehre Thor ist Dir aufgethan.«[39]

In diesem Aufruf werden, wie in vielen anderen Liedern der »Freiwilligenlyrik«, explizit junge Männer angesprochen, die den allergrößten Teil der Kriegsfreiwilligen, aber auch der Landwehrmänner stellten. Ihnen wird die Aufgabe zugewiesen, den Feind zu besiegen und das Vaterland zu befreien. Eine Aufgabe, zu deren erfolgreicher Lösung – so die Anspielung des Liedes – die »Alten« 1806/07 nicht fähig waren. Wie dieser Aufruf so lassen sich auch andere Gedichte der »Freiwilligenlyrik« als Ausdruck eines Generationskonfliktes lesen. Die ›jungmännlichen‹ Autoren betonten durch Form und Inhalt ihrer Lieder in dezidierter Abgrenzung zur Generation ihrer Väter eine gefühlsstarke, tatbereite und virile Männlichkeit.

Dies zeigt sich besonders deutlich in den vielen lyrischen Kampfaufrufen, daneben aber auch in den bei Freiwilligen besonders beliebten und dementsprechend verbreiteten »Jägerliedern«. In den *Wehrliedern* zählten hierzu allein fünf der zwölf Gedichte. Das bekannteste aus dieser Sammlung ist »Die Freischaar« von Theodor Körner, einem aus Sachsen stammenden Theaterdichter, der als Freiwilliger im Lützowschen Freicorp mitkämpfte und Ende August 1813 fiel. Körner ging als jugendlicher »Heldensänger«[40] der Befreiungskriege in die Annalen der Literaturgeschichte ein. Die erste Strophe des Liedes »Die Freischaar« lautet:

> »Frisch auf, ihr Jäger, frei und flink,
> Die Büchsen von der Wand!
> Der Mutige befreit die Welt,
> Frisch auf den Feind! frisch in das Feld
> Für's deutsche Vaterland!«[41]

Körners Gedichte waren wie die Arndts im gesamten 19. Jahrhundert außerordentlich populär. Während der Befreiungskriege gehörten seine Lieder zum alltäglichen Gesangsrepertoire der Freiwilligen.[42] Nach einhelliger Ansicht von Zeitgenossen fühlte sich von ihnen besonders der »gebildete Theil der deutschen Jugend« angesprochen.[43]

Auch das Lied »Die Freischaar« dürfte ein Kriegs- und Kriegerbild gezeichnet haben, das in starkem Maße den Empfindungen und Vorstellungen junger Freiwilliger entsprach. Mit der vielschichtig ausgestalteten Metapher der Jagd, die ähnlich in vielen anderen »Jägerliedern« verwendet wurde, entwirft Körner ein Bild des Krieges als sportlichem Wettkampf, als spielerischem Vergnügen. Der Feind erscheint als unterlegenes Tier, das von den Jägern »frisch«, »flink« und »mutig« erlegt wird. Auf diese Weise werden die Greuel und Gefahren des Krieges, nicht zuletzt das Risiko des eigenen Todes, verdrängt und zugleich ethische Skrupel gegen das kriegerische Töten zerstreut. Gleichzeitig zeichnet diese Metapher das Bild eines freien ungebundenen Feldlebens in einer brüderlichen Männergemeinschaft. Die Aufnahme in diesen kameradschaftlichen »Männerbund«[44] kommt der Initiation in den Status der erwachsenen selbstbestimmten Männlichkeit gleich. Dementsprechend wird der freiwillige Kriegsdienst als Weg einer Befreiung aus väterlicher Kontrolle und Vorherrschaft, eines Ausbruchs aus dem reglementierten alltäglichen Einerlei angeboten.

Zu den nicht nur in den »Jägerliedern« avisierten »Abentheuern des Kriegers« gehört auch der freie Umgang mit dem weiblichen Geschlecht, der jedoch, so die Botschaft der Lyrik, »Ehre und Unschuld« achten sollte. In dem als Flugblatt im Frühsommer 1813 in Berlin anonym publizierten Lied »Der brave Soldat« heißt es dazu:

> »Was ist wohl Süßres auf der Welt
> Als unsere jungen Schönen!
> In ihrem Arm mag sich der Held
> nach seinen Siegen krönen.
> Ein Küßchen, das ist Kriegsgebrauch,
> Giebt man das nicht, so nehm ich's auch,
> Den Streiter muß man lohnen:
> Doch Ehr' und Unschuld schonen,
> Ist jeden braven Kriegers Pflicht,
> Die schützt mein Arm,
> Die raub' ich nicht.«[45]

Lieder wie dieses umspielten zugleich die Vorstellung von der erotischen Anziehungskraft eines Mannes, der seine Männlichkeit als »Kriegsheld« unter Beweis gestellt hatte.

Die »Freiwilligenlyrik« formulierte als Hauptkampfmotive zwar wie die gesamte deutsch-nationale Lyrik durchgängig die »Befreiung des deutschen Vaterlands« und die »Rache« an der »schändlichen« französischen »Tyrannenmacht«. Eine genauere Betrachtung ihre Bilder und Metaphern verweist aber auf eine ganze Reihe persönlicher Motive, die junge Freiwillige neben ihrer »patriotischen Gesinnung« zu einer Beteiligung am »Freiheitskampf« bewegt haben mögen. Nicht zuletzt scheint ihr Ruf nach »Freiheit« die Hoffnung auf einen größeren individuellen Handlungsspielraum eingeschlossen zu haben. Den Kriegsdienst erachteten junge Freiwillige offenbar durchaus auch als eine Art Initiationsphase, in der sie ihre Männlichkeit erproben und beweisen konnten und damit zugleich mehr persönliche Freiheit gewannen. Die »Freiwilligenlyrik« erweist sich in dieser Lesart als eine generationen- und schichtenspezifische ›jungmännliche‹ Variante des »modernen deutschen Nationalismus«, die sich schwungvoll und enthusiastisch von der mehr ›altväterlich-volkstümlichen‹ Richtung Arndts abhob.

Die landespatriotische Lyrik wollte zwar, wie die deutsch-nationale Lyrik Arndtscher Prägung, alle Generationen und Schichten des Volkes ansprechen, richtete sich jedoch vorrangig an den einfachen Soldaten des stehenden Heeres und den Landwehr- und Landsturmmann, also Männer aus den ländlichen und städtischen Unter- und Mittelschichten. Als Hauptmotive für die Teilnahme am Befreiungskampf wurden in den landespatriotischen Liedern und Gedichten die »Treue« zum Herrscherhaus und die »Liebe« zum als »Vaterland« betrachteten Territorialstaat hervorgehoben. So heißt es in dem »Kriegslied beim Ausmarsch« aus der anonym herausgegebenen Sammlung *Kriegslieder für die Königlich Preußischen Truppen* vom März 1813:

> »Wohlauf, Kameraden, ins Feld, ins Feld!
> Dem König gehört unser Leben!
> Vertrauen und Liebe, nicht Gold und Geld,
> Beseelt unser Bestreben!
> Dem König und Vaterland zugethan,
> So stehen wir alle Mann für Mann!«[46]

Wie in diesem Lied betonte die landespatriotische Lyrik immer wieder, daß Soldaten und »Krieger« des preußischen Heeres aus Überzeugung kämpften, nicht aus »schnöder Gewinnsucht«. Damit wurde eine Abgrenzung zu den allgemein verachteten »Söldnern« der alten »Fürstenheere« versucht.

Auch die landespatriotischen Lieder und Gedichte forderten zum freiwilligen Waffendienst auf, den sie jedoch anders motivierten als die deutschnational gesinnte Lyrik. Die Freiwilligen sollten sich zu den Waffen melden, weil der König sie zur Verteidigung des Vaterlandes rief. Pointiert formulierte diese Position das »Lied der Preußen« des Hofrates Carl Heun, der während des Feldzuges 1813/14 im Auftrag der Regierung die *Preußische Feldzeitung* herausgab und als Volksschriftsteller unter dem Pseudonym Heinrich Clauren bekannt wurde. Das Lied, das schon bald nach seiner Veröffentlichung im Mai 1813 zu einem echten »Gassenhauer« geworden zu sein scheint, propagierte die von Friedrich Wilhelm III. für den Krieg ausgegebene Parole »Mit Gott für König und Vaterland«:

> »Der König rief und alle, alle kamen,
> Die Waffen mutig in der Hand
> Und jeder Preuße stritt in Gottes Namen,
> Für das geliebte Vaterland.
> Und jeder gab, was er nur geben konnte,
> Kind, Haab und Gut, Gesundheit Blut und Leben.
> Mit Gott für König und Vaterland.«[47]

Zwei weitere Gründe für den Kriegsdienst führte die landespatriotische Lyrik häufig an. Zum einen wurde insbesondere in Liedern für Soldaten des stehenden Heeres, aber auch für Landwehrmänner das Motiv der Wiedererringung von altpreußischem Kriegsruhm und Soldatenehre hervorgehoben und den »tapferen Kämpfern« im Falle ihres »Heldentodes« unsterblicher Ruhm versprochen. Beispielsweise heißt es in der letzten Strophe des Liedes »Der Landwehrmann« von dem preußischen Regierungsrats Wachsmuth, das im September 1813 in Berlin als Flugblatt verbreitet wurde:

> »Heran, du Landwehrmann!
> Der Tag des Ruhms bricht an!
> Den Lorbeerkranz erkämpften Deine Ahnen,
> Auf Rosbachs Auen, unter Friedrichs Fahnen.
> Die Schlacht beginnt! Zeig Dich der Abkunft werth,
> Beschütz das Vaterland, den eigenen Heerd.«[48]

Zum anderen führten vor allem Lieder für Landwehr- und Landsturmmänner, die immer als potentielle oder reale Familienväter gedacht wurden, das Motiv der Befreiung der eigenen Heimat und des Schutzes von Haus und Familie an. So dichtete ein anonymer Autor:

> »Wir kämpfen für der Eltern Ruh',
> Für unsrer Kinder Glück;
> Für unsrer Brüder Sicherheit
> Ist dieser Arm dem Schwerdt geweiht,
> Wir weichen nicht zurück!
> Wir kämpfen für den eignen Heerd,
> Für Obdach und für Brod.
> Ach Brüder, keine Hütte stand

Mehr sicher in dem Vaterland;
Groß, groß war unsre Noth!«[49]

Hinter dem Motiv des Mannes als »Beschützer« und »Retter« stand zum einen die verbreitete Vorstellung, daß nur ein Mann, der »wehrhaft« das »Vaterland« verteidigt, auch seiner Aufgabe als »Beschützer der Familie« gerecht werden könne und damit zum Ehemann tauge. Zum anderen sprach daraus die Angst, der Feind trachte danach, die weibliche Ehre von Bräuten, Ehefrauen und Töchtern gewaltsam zu zerstören. Die dergestalt den »deutschen Männern« drohende oder auch angetane Ehrkränkung und »Schmach« mußte abgewehrt bzw. »gerächt« werden.

Expliziter als die deutsch-nationale Lyrik knüpfte die landespatriotische Lyrik dergestalt an persönliche Gründe an, die auch Männer aus den Unter- und Mittelschichten zu einer Teilnahme am Befreiungskampf bewegt haben mögen. Für diese Männer dürften vorrangig die Erfahrungen kollektiver Ausbeutung und Unterdrückung in der Besatzungszeit sowie das Bedürfnis, »Heim und Hof«, d.h. die eigene Familie und die eigene materielle Existenzgrundlage zu schützen, Motive gewesen sein, die ihre Kriegsbeteiligung legitimierten. Das zitierte anonyme Lied war so populär, daß der bekannte Volksaufklärer und Verleger Rudolph Zacharias Becker es 1815 in die erweiterte Ausgabe seines außerordentlich verbreiteten *Mildheimischen Liederbuchs* aufnahm. Dieses Liederbuch erschien erstmals 1799 und erreichte bis 1837 elf Auflagen. Die Zahl der verbreiteten Exemplare wird auf bis zu eine Million geschätzt. Die Ausgabe von 1815 enthielt 800 Lieder für alle Gebrauchszwecke. Darunter fanden sich allein 40 Lieder »für Soldaten, Landwehr- und Landsturm-Männer«, die das gesamte Spektrum der »Befreiungslyrik« umfaßten.[50]

Die landespatriotischen Lieder und Gedichte stellten in den Jahren 1812 bis 1815 nicht nur die größte Gruppe der »Befreiungslyrik« mit der breitesten Formenpalette, sie waren auch regional am weitesten verbreitet.[51] Vor allem in den Truppen scheinen sie sich großer Beliebtheit erfreut zu haben. Vieles deutet darauf hin, daß die landespatriotischen Lieder am ehesten der Vorstellungswelt einfacher Soldaten und Landwehrmänner entsprochen haben. Stärker als die deutsch-nationale Lyrik, deren gesellschaftliche und politische Visionen entgegen allen Hoffnungen ihrer gebildeten meist bürgerlichen Verfasser wahrscheinlich überwiegend Zeitgenossen der eigenen Verkehrskreise angesprochen haben dürften, und stärker auch als die »Freiwilligenlyrik« als ›Jungmänner-Lyrik‹, scheint die gottesfürchtige, königstreue, heimatverbundene und traditionsbewußte landespatriotische Dichtung dem Fühlen und Denken breiterer Bevölkerungsschichten gemäß gewesen zu sein.

»Opfertod auf dem Altar des Vaterlandes«

Zwei Hauptmotive durchzogen quer zu allen weltanschaulichen Differenzen die patriotisch-nationale Lyrik der Jahre 1812 bis 1815: Zum einen das Bild des »wehrhaften«, zu tatkräftigem Schutz von Heim und Herd befähigten Mannes als »wahrhaft männlichem« und damit zugleich »echt teutschem« Mann, zum anderen das Bild vom »Heldentod für das Vaterland«. Im ersten Motiv war vor allem die Gleichsetzung von »wehrhaft«, »männlich« und »echt teutsch« neu. Die drei Adjektive bildeten einen untrennbaren Vorstellungskomplex, der in expliziter und impliziter Abgrenzung zu »nicht-teutschen« und »nicht-männlichen« Gegenbildern wie dem des »welschen Lumpenjungen« oder des »feigen Buben«, aber auch zu einer weiblichen Gegenwelt konstruiert wurde. Im zweiten Motiv war nicht der Heldenkult an sich das Neue, sondern seine ›Demokratisierung‹ und ›Nationalisierung‹. In dem Bild vom patriotischen Heldentod erfolgte die Sinnstiftung zwischen Tod und Vaterland wechselseitig. Das Opfer des Todes bestätigte die Realität des Vaterlandes, das es zu befreien bzw. zu schaffen galt. Das Vaterland wiederum verlieh dem Kriegstod einen höheren Sinn, heiligte ihn und versprach denen, die kampf- und opferbereit in den Krieg zogen, ewiges Leben im ruhmvollen Gedenken der Hinterbliebenen. Dementsprechend kamen Heldenverehrung und Heldengedenken in der Zeit der Befreiungskriege eine große Bedeutung zu. Der preußische König stiftete mit dem »Eisernen Kreuz« im März 1813 erstmals einen Orden, der ungeachtet des Standes jedem für »kriegerische Tapferkeit« verliehen wurde. Mit diesem »Eisernen Kreuz«, einem preußischen Symbol christlich-patriotischen Heldentums, ebenso wie mit den vom Monarchen im gleichen Monat angeordneten »Ehrentafeln« in allen Kirchen, die namentlich jeden »Krieger« aufführen sollten, der den »Heldentod für König und Vaterland« starb, trug der preußische Staat der Einführung der Allgemeinen Wehrpflicht Rechnung.[52] Da nun jeder Mann im wehrfähigen Alter als »Bürger des Staates« ein »wehrbereiter Vaterlandsverteidiger« sein sollte und im Krieg sterben konnte, mußte dieser Tod »auf dem Feld der Ehre« durch eine Überhöhung, die alle Soldaten einbezog, gesellschaftlich akzeptabel gemacht werden. Heldenverehrung und Heldengedenken mußten gleichsam ›demokratisiert‹ werden, wenn nicht nur die Wehrpflicht, sondern auch die männliche Kampf- und Opferbereitschaft im Krieg allgemein werden sollte.[53]

In den Jahren der antinapoleonischen Erhebung, insbesondere der Zeit der Befreiungskriege, wurde so der deutsche Nationalismus erstmals in der Variante einer »Helden- und Märtyrer-Weltanschauung« formuliert, eines »national-religiösen« Opfer-Mythos, der die »Nation« als höchsten gottgewollten Sinnbezug zum Maß aller Dinge machte.[54] Dieser männlich-nationale Mythos, der in dem Kult um den »Opfertod auf dem Altar des Vaterlandes« gipfelte, sollte vor allem in den nationalen Kriegs- und Krisenzeiten der preußisch-deutschen Geschichte nachhaltige Wirkung entfalten.

Anmerkungen

1 »Soldaten«, in: *Conversationslexikon oder Enzyclopädisches Handwörterbuch für gebildete Stände*, Bd. 9, Altenburg/Leipzig 1817, S. 213.
2 In: *Arndts Werke*. Auswahl in zwölf Teilen, 1. Teil: *Gedichte*, hg. von August Lesson, Berlin usw. 1912, S. 158f.
3 Gerhard Schulz, *Die deutsche Literatur zwischen Französischer Revolution und Restauration*. Zweiter Teil: Das Zeitalter der Napoleonischen Kriege und der Restauration 1806-1830, München 1989, S. 76.
4 Die wichtigsten neueren Publikationen sind Rudolf Ibbeken, *Preußen 1807-1813*. *Staat und Volk als Idee und in Wirklichkeit*, Berlin 1970; Bernd von Münchow-Pohl, *Zwischen Reform und Krieg. Untersuchungen zur Bewußtseinslage in Preußen 1809-1812*, Göttingen 1987. Hier auch weitere Literatur.
5 Eine besonders hervorzuhebende Ausnahme sind die Arbeiten von George L. Mosse, vgl. u.a. *Die Nationalisierung der Massen. Von den Befreiungskriegen bis zum Dritten Reich*, Frankfurt/New York 1993; ders., *Gefallen für das Vaterland. Nationales Heldentum und namenloses Sterben*, Stuttgart 1993. Die wichtigste Literatur zu Nation und Nationalismus findet sich bei Hagen Schulze, *Staat und Nation in der Europäischen Geschichte*, München 1994.
6 »Patriotismus«, in: *Conversationslexikon*, Bd. 6, S. 306f. Vgl. zur Patriotismusforschung u.a. Rudolf Vierhaus, »Patriotismus« – Begriff und Realität einer moralisch-politischen Haltung, in: ders. (Hg.), *Deutsche patriotische und gemeinnützige Gesellschaften*, München 1980, S. 9-30; Gerhard Kaiser, *Pietismus und Patriotismus im literarischen Deutschland*, Wiesbaden 1961; Christoph Prignitz, *Vaterlandsliebe und Freiheit. Deutscher Patriotismus von 1750-1850*, Wiesbaden 1981.
7 Reinhard Koselleck, Volk, Nation, Nationalismus, Masse, in: *Geschichtliche Grundbegriffe*, Bd. 7, Stuttgart 1992, S. 141-431, S. 326.
8 Vgl. Ibbeken, *Preußen*, S. 53ff u. S. 435; Münchow-Pohl, *Reform*, S. 37-62 u. S.427f.
9 Im Diskurs des frühen 19. Jahrhundert umfaßte der Begriff »Bürger« einerseits das private Individuum und andererseits den öffentlich-politischen »Staatsbürger«. Zwischen diesen Bedeutungen stand die Formel »Bürger des Staates«. In diesem Sinne benutze auch ich die Begriffe. Vgl. Manfred Riedel, Bürger, Staatsbürger, Bürgertum, in: *Geschichtliche Grundbegriffe*, Bd. 1, Stuttgart 1972, S. 672-725, S. 700ff.
10 Vgl. zur Allgemeinen Wehrpflicht den Beitrag von Ute Frevert in diesem Band. Die wichtigste Literatur zur preußischen Heeresreform findet sich in Heinz Stübig, Die Wehrverfassung Preußens in der Reformzeit. Wehrpflicht im Spannungs-

feld von Restauration und Revolution 1815-1860, in: Roland G. Foerster (Hg.), *Die Wehrpflicht. Entstehung, Erscheinungsformen und politisch-militärische Wirkung*, München 1994, S. 39-53.

11 Vgl. zum Zusammenhang von Nation, Krieg und Geschlechterordnung u.a. Claudia Opitz, Der Bürger wird Soldat – Und die Bürgerin...? Die Revolution, der Krieg und die Stellung der Frauen nach 1789, in: Viktoria Schmidt-Linsenhoff (Hg.): *Sklavin oder Bürgerin? Französische Revolution und Neue Weiblichkeit 1760-1830*, Frankfurt a.M. 1989, S. 38-54; Ruth Seifert, Gender, Nation und Militär – Aspekte von Männlichkeitskonstruktion und Gewaltsozialisation durch Militär und Wehrpflicht, in: Eckhardt Opitz/Frank S. Rödiger (Hg.), *Allgemeine Wehrpflicht. Geschichte, Probleme, Perspektiven*, Bremen 1994, S. 179-194.

12 Vgl. Heide Wunder, *»Er ist die Sonn', sie ist der Mond«. Frauen in der Frühen Neuzeit*, München 1992, insb. S. 262ff.

13 Vgl. u.a. Karin Hausen, Die Polarisierung der »Geschlechtscharaktere« – Eine Spiegelung der Dissoziation von Erwerbs- und Familienleben, in: Werner Conze (Hg.), *Sozialgeschichte der Familie in der Neuzeit Europas*, Stuttgart 1976, S. 363-393; Claudia Honegger, *Die Ordnung der Geschlechter. Die Wissenschaften vom Menschen und das Weib*, Frankfurt/New York 1991; Edith Stolzenberg-Bader, Weibliche Schwäche – Männliche Stärke. Das Kulturbild der Frau in medizinischen und anatomischen Abhandlungen um die Wende des 18. zum 19. Jahrhundert, in: Jochen Martin/Renate Zoepffel (Hg.), *Aufgaben, Rollen und Räume von Frau und Mann*, Teilband 2, München 1989, S. 751-818.

14 Vgl. auch Ute Frevert, *»Mann und Weib, und Weib und Mann«. Geschlechterdifferenzen in der Moderne*, München 1995, S. 30f.

15 Schulze, *Staat*, S. 190.

16 Hausen, Polarisierung.

17 Vgl. zur Befreiungslyrik Ernst Weber, *Lyrik der Befreiungskriege (1812-1815). Gesellschaftspolitische Meinungs- und Willensbildung durch Literatur*, Stuttgart 1991. Hier findet sich auch die wichtigste ältere und neuere Literatur.

18 Ich habe bisher 237 patriotische Gedicht- und Liedersammlungen aus den Jahren 1806 bis 1819 ermitteln können, über 90% erschienen zwischen 1813-15. Die 207 bereits ausgewerteten Sammlungen enthalten 2.885 Gedichte und Lieder. Rund ein Drittel wurde anonym veröffentlicht.

19 Vgl. Susanne Engelmann, *Der Einfluß des Volksliedes auf die Lyrik der Befreiungskriege*, Diss., Berlin 1909; Karl Scheibenberger, *Der Einfluß der Bibel und des Kirchenliedes auf die Lyrik der deutschen Befreiungskriege*, Diss., Frankfurt a.M. 1936.

20 Vgl. Karl Heinz Schäfer, *Ernst Moritz Arndt als politischer Publizist. Studien zu Publizistik, Pressepolitik und kollektivem Bewußtsein im frühen 19. Jahrhundert*, Bonn 1974, S. 229ff.

21 48% der erfaßten Befreiungslyrik erschien im damaligen Preußen; 20% in den Hessischen Staaten und 7% im Königreich Sachsen, der Rest verteilt sich auf die verschiedenen Deutschen Regionen. Vgl. auch Schäfer, *Arndt*, S. 62ff.

22 Über 199 der 236 bisher erfaßten namentlich genannten Verfasser – unter ihnen elf Frauen – habe ich nähere Angaben ermitteln können. Die meisten dieser Auto-

ren kåmen aus bürgerlichen Verhältnissen, nur 14% aus dem Adel; 33% waren mittlere und höhere Beamte, 23% Pfarrer und Superintendenten, 15% Offiziere, 11% Lehrer, 10% Universitätsprofessoren, 6% Gutsbesitzer und 2% sogenannte »freie Schriftsteller«. Annähernd die Hälfte von ihnen war 1813 jünger als 40 Jahre. 39% kämpften in den Befreiungskriegen als Freiwillige mit.

23 Dazu gehörten weiter Achim von Arnim, Clemens Brentano, Baron Friedrich de la Motte Fouqué, Joseph Freiherr von Eichendorf, Friedrich Förster, Friedrich Rückert, Max von Schenkendorf, Friedrich August Staegemann, Friedrich Schlegel, Karl August Varnhagen von Ense. Vgl. u.a. Hasko Zimmer, *Auf dem Altar des Vaterland. Religion und Patriotismus in der deutschen Kriegslyrik des 19. Jahrhunderts*, Frankfurt a.M. 1971; Albert Portmann-Tinguely, *Romantik und Krieg. Eine Untersuchung zum Bild des Krieges bei deutschen Romantikern und »Freiheitssängern«*, Freiburg (Schweiz) 1989.

24 Einzige Ausnahme ist Weber, *Lyrik*. Michael Jeismann erkennt in *Das Vaterland der Feinde. Studien zum nationalen Feindbegriff und Selbstverständnis in Deutschland und Frankreich 1792-1918*, Stuttgart 1992, zwar die Bedeutung der Lyrik an, konzentriert sich aber in seiner Analyse auf die Produktionen der bekanntesten Dichter. Vgl. ebd. S. 27ff u. S. 385ff.

25 Vgl. zur Bedeutung nationaler Mythen und Stereotypen u.a. Jürgen Link/Wulf Wülfing (Hg.), *Nationale Mythen und Symbole in der zweiten Hälfte des 19. Jahrhunderts. Strukturen und Funktionen von Konzepten nationaler Identität*, Stuttgart 1991.

26 Vgl. zur Bedeutung des lauten Lesens noch zu beginn des 19. Jahrhundert u.a. Erich Schön, *Der Verlust der Sinnlichkeit oder Die Verwandlung des Lesers. Mentalitätswandel um 1800*, Stuttgart 1987, S. 99-122 u. S. 177-187.

27 Vgl. u.a. Manfred Hettling/Paul Nolte (Hg.), *Bürgerliche Feste. Symbolische Formen politischen Handelns im 19. Jahrhundert*, Göttingen 1993.

28 Vgl. u.a. Dieter Düding, *Organisierter Nationalismus in Deutschland (1808-1847). Bedeutung und Funktion der Turner- und Sängervereine für die deutsche Nationalbewegung*, München 1984; Dietmar Klenke, Zwischen nationalkriegerischem Gemeinschaftsideal und bürgerlich-ziviler Modernität. Zum Vereinsnationalismus der Sänger, Schützen und Turner im Deutschen Kaiserreich, in: *Geschichte in Wissenschaft und Unterricht* 45, 1994, S. 207-223.

29 Die erste Auflage des *Kurzen Katechismus*, den Arndt zunächst für die Soldaten der »Deutschen Legion« verfaßt hatte, erschien anonym bereits 1812 in Petersburg. Vgl. Paul Czygan, *Zur Geschichte der Tagesliteratur während der Freiheitskriege*, 3 Bde., Berlin 1909-1911, Bd. 1, S. 143ff.

30 *Arndts Werke*, Erster Teil, S. 100f.

31 Vgl. Ernst Müsebeck, *Ernst Moritz Arndt. Ein Lebensbild*, 1. Buch, Gotha 1914, S. 337ff.

32 Ernst Moritz Arndt, *Was bedeutet Landsturm und Landwehr?*, Königsberg [Februar] 1813. Vgl. Schäfer, *Arndt*, S. 257.

33 Vgl. ebd., S. 256

34 Vgl. zur Bedeutung der »Germanen«-Rezeption u.a. Michael Titzmann, Die Konzeption der »Germanen in der deutschen Literatur des 19. Jahrhunderts, in:

Link/Wülfing, *Mythen*, S. 120-145; Gerd Unverfehrt, Arminius als nationale Leit-figur. Anmerkungen zu Entstehung und Wandel eines Reichssymbols, in: Ekke-hard Mai/Stephan Waetzold (Hg.), *Kunstverwaltung, Bau- und Denkmal-Politik im Kaiserreich*, Berlin 1981, S. 315-340

35 Vgl. zur politischen Funktion religiöser Vorstellungen in den Jahren 1813-15 Ger-hard Graf, *Gottesbild und Politik. Eine Studie zur Frömmigkeit in Preußen während der Befreiungskriege 1813-1815*, Göttingen 1993.

36 Vgl. zum nationalen Feindbegriff Jeismann, *Vaterland*, insb. S. 27-102.

37 Friedrich Ludwig Jahn, *Deutsche Wehrlieder für das Königlich-Preußische Frei-Korps herausgegeben. Erste Sammlung*, Berlin Ostern 1813.

38 Vgl. u.a. *Lieder für Preußische Soldaten*, Berlin 1812, die 1813 in einer zweiten Auflage erschienen.

39 Jahn, *Wehrlieder*, S. 11.

40 Adolph Kohut, *Theodor Körner. Sein Leben und seine Dichtungen*, Berlin 1891, S. 199. Vgl. Erhard Jöst, Der Heldentod des Dichters Theodor Körner. Der Ein-fluß eines Mythos auf die Rezeption einer Lyrik und ihre literarische Kritik, in: *Orbis Litterarum* 32, 1977, S. 310-340; Helena Szepe, Opfertod und Poesie: Zur Geschichte der Theodor-Körner Legende, in: *Colloquia Germanica*, 1975, S. 291-304.

41 Jahn, *Wehrlieder*, S. 12.

42 Vgl. Czygan, *Geschichte*, Bd. 1, S. 210.

43 Vgl. Kohut, *Körner*, S. 244f.

44 Zum Begriff »Männerbund« vgl. Gisela Völger/Karin von Welck (Hg.), *Männer-bande, Männerbünde. Zur Rolle des Mannes im Kulturvergleich*, 2 Bde., Köln 1990, Bd. 1, S. XIXff.

45 Zit nach *Russisch Deutsches Volksblatt*, Nr. 30, 8.6.1813, S. 294f.

46 *Kriegslieder für die Königlich Preußischen Truppen vorzüglich den Jäger Deta-chements gewidmet. Beym Ausmarsch den 23. März 1813*, o.O., S. 7f.

47 *Lied der Preußen. Der König rief, und alle, alle kamen*, mit Begleitung des Forte-Piano und der Guitarre, Hamburg/Altona o.J. [1813].

48 Regierungsrath Wachsmuth, *Der Landwehrmann*, Berlin 1813.

49 Vgl. Rudolph Zacharias Becker, *Mildheimisches Liederbuch*. Faksimiledruck nach der Ausgabe von 1815, Stuttgart 1971, Nr. 765 auf S. 508.

50 Vgl. ebd., Nachwort von Georg Häntzschel, S. 3-37; sowie Gottfried Weissert, *Das Mildheimische Liederbuch. Studien zur volkspädagogischen Literatur der Aufklärung*, Tübingen 1966.

51 95 (= 51%) von 187 Sammlungen der »Befreiungslyrik« mit eindeutiger weltan-schaulicher Ausrichtung waren landespatriotisch gesinnt. Dazu gehörten u.a. all-gemein-patriotische Lieder, geistliche Lieder, Gesellschafts- und Trinklieder, Kriegs- und Wehrlieder für Landwehrmänner und Soldaten, Panegyrik, Schlach-ten- und Siegesgesänge. 46 (= 30%) Sammlungen waren deutsch-national ausge-richtet und 35 (= 19%) gehörten zur »Freiwilligenlyrik«.

52 Vgl. *Das preußische Heer der Befreiungskriege*, hg. vom Großen Generalstab, Kriegsgeschichtliche Abteilung II, 3 Bde., Berlin 1912 u. 1914, 2. Bd., 1914, S. 71ff.

53 Vgl. Jeismann, *Vaterland*, S. 95ff.
54 Klenke, *Nationalismus*, S. 70. Vgl. zum Opfer-Mythos allg. Hildegard Cancik-Lindemaier, Opfersprache. Religionswissenschaftliche und religionsgeschichtliche Bemerkungen, in: Gudrun Kohn-Waechter (Hg.), *Schrift der Flammen. Opfermythen und Weiblichkeitsentwürfe im 20. Jahrhundert*, Berlin 1991, S. 38-56.

Soldaten, Staatsbürger

Überlegungen zur historischen Konstruktion von Männlichkeit

Ute Frevert

»Man wird nicht als Frau geboren, man wird dazu gemacht.« Diese Behauptung Simone de Beauvoirs, bereits 1949 in ihrem Buch *Le Deuxième Sexe* aufgestellt[1], gilt gewissermaßen als Programmsatz der historischen Frauenforschung, wie sie sich seit zwei Jahrzehnten in den USA und in vielen europäischen Ländern entwickelt hat. Women's History, Histoire des femmes, Frauengeschichte – sie alle gehen von der Voraussetzung aus, daß »das Weibliche« kein unveränderliches, gleichsam angeborenes Seinsmerkmal ist, sondern eine künstlich-kunstvolle Konstruktion und Inszenierung. »Die Frau« wird ebenso wie die durch sie verkörperte »Weiblichkeit« als ein soziales Konstrukt begriffen, in das unterschiedliche Gesellschaften unterschiedliche Zeichen hineingeschrieben und hineingelesen haben. Ziel und Aufgabe der historischen Frauenforschung ist es demgemäß, diesen Prozeß der Kodierung zu durchleuchten, den Code zu dechiffrieren, das Zeichensystem zu entziffern und in seine Einzelteile zu zerlegen.

Mit einem solchen dekonstruktiven Akt ist die Arbeit jedoch noch nicht getan. Anders als Literaturwissenschaftlerinnen oder Philosophinnen interessieren sich Historikerinnen nicht nur für die innere Struktur und Kohärenz des semiotischen Systems, sondern auch und vor allem für seine kontextuellen Bezüge, für seine situative Verwendung, für seine habituellen Folgen. In welchen historischen Zusammenhängen entstehen Geschlechterkodierungen? Welche Erfahrungen spielen hinein, welche Erwartungen knüpfen sich daran? Welche Akteure lassen sich unterscheiden, welche Interessen und Bedürfnisse zeichnen sie aus? Wie wird das Programm popularisiert? Auf welche Widerstände trifft es? Welche Veränderungen erfährt es?

Solche Fragen (und andere mehr) leiten das Interesse einer Forschungsrichtung, die sich immer kräftiger vom Odium der Randgruppenforschung zu befreien sucht. Äußeres Zeichen dieser Emanzipationsbemühungen ist die Umbenennung, die sich derzeit mal schleichend vollzieht, mal bewußt vollzogen wird. Statt Frauengeschichte betreibt man nunmehr Geschlechtergeschichte – und macht durch diesen Begriffswechsel deutlich, daß der analytische Anspruch weiter reicht und radikaler »an die Wurzel« geht als bisher.

An die Wurzel – damit ist das Geschlechtersystem insgesamt gemeint, ein System, das auf der fundamentalen Differenz von Frauen und Männern, von Weiblichkeit und Männlichkeit beruht. Diese Differenz ist der modernen Gesellschaft in besonderer Weise eigentümlich; sie ist eines ihrer zentralen Strukturprinzipien, an dem, trotz gradueller Veränderungen, seit 200 Jahren festgehalten wird. Die ausgefeilte Unterscheidung zwischen Weiblichem und Männlichem gehört ebenso wie ihre konträre Kodierung zu den langlebigsten Errungenschaften der bürgerlichen Kultur. Bis weit ins 20. Jahrhundert hinein galt sie als das Aushängeschild gesellschaftlicher Fortschrittlichkeit, und vor allem das 19. Jahrhundert machte keinen Hehl daraus, wie stolz es auf das von ihm vollbrachte Werk der Geschlechtertrennung war. Zähe, nimmermüde Arbeit hatte dieses Werk gestaltet: die Arbeit von Schriftstellern, Schulmännern, Juristen, Medizinern, Fabrikanten, Sozialreformern, Vätern und Müttern. Alle hatten mitgewirkt an dem ambitionierten Projekt, die Unterscheidung von Frauen und Männern materiell und immateriell, institutionell und mental als Grundfeste der Gesellschaft zu etablieren und zu rechtfertigen.

Aufwand und Ertrag dieses Projekts stehen nun in einem merkwürdigen Mißverhältnis zur intellektuellen Energie, die in seine geschichtswissenschaftliche Analyse investiert wurde. Selbst die Frauenforschung der letzten Jahre hat nur einzelne Aspekte der Geschlechterpolitik in den Blick genommen, in der Regel solche, die sich auf die Formierung des *weiblichen* »Geschlechtscharakters« bezogen. Übersehen wurde dabei, daß das Programm der Differenz, wie es seit dem späten 18. Jahrhundert ausgearbeitet und in Szene gesetzt wurde, nicht nur Weiblichkeit, sondern auch Männlichkeit kodierte. Es erfaßte nicht nur Frauen, sondern auch Männer, schrieb nicht nur weibliche, sondern auch männliche »Geschlechtscharaktere« fest.

Daß die Frauengeschichte den männlichen Teil des Konstruktionsdiskurses nicht zur Kenntnis nahm, hatte vor allem zwei Gründe: Zum einen interessierte sie sich erklärtermaßen für die bis dato aus dem Wissenschaftskanon ausgeschlossene weibliche Bevölkerungshälfte, die sie aus ihrer vorgeblichen Geschichtslosigkeit befreien wollte. Zum anderen aber legte auch der Diskurs selber eine auf Frauen zentrierte Forschungsperspektive nahe. Gerade das 19. Jahrhundert produzierte eine Unmenge von Texten zur weiblichen Bildung, Erziehung, Kleidung, Arbeit, Sexualität, der keine explizit

»männlichen« Äquivalente zur Seite standen. Darin spiegelte sich die Ausgrenzung des Weiblichen, seine Wahrnehmung als Abart, als Sonderform des Allgemein-Menschlichen, die der Erläuterung bedurfte.

Maß des Allgemein-Menschlichen war zweifelsohne der Mann, das Männliche, das folgerichtig nicht mehr als solches benannt wurde, sondern im Allgemeinen aufging und verschwand. Schon Simone de Beauvoir hat diese Identifikation von männlich und menschlich (in der französischen Sprache besonders auffällig) thematisiert. »Die Menschheit ist männlich«, schreibt sie 1949, »und der Mann definiert die Frau nicht an sich, sondern in Beziehung auf sich.« Die Frau, heißt es weiter, »wird bestimmt und unterschieden mit Bezug auf den Mann, dieser aber nicht mit Bezug auf sie; sie ist das Unwesentliche angesichts des Wesentlichen. Er ist das Subjekt, er ist das Absolute: sie ist das Andere.«[2]

Beauvoir gibt hier (durchaus in kritischer Absicht) die Botschaft der bürgerlichen Epoche kund – und fällt ihr zugleich zum Opfer. Sie übersieht die doppelte Relationalität des Geschlechterverhältnisses, die wechselseitigen Referenzen, die jeweilige Partikularität. Sie übersieht, daß auch Männlichkeit ein soziales Konstrukt ist, entworfen und hergestellt in Auseinandersetzung und Abgrenzung von Weiblichkeit.

Auch der Mann, so wäre folglich Beauvoirs These zu ergänzen, wird nicht als solcher geboren, sondern dazu gemacht. Das Programm und die Politik der Differenz, wie sie die bürgerliche Gesellschaft hervorbringt, modellieren keineswegs nur Weiblichkeit, sondern auch Männlichkeit – eine Männlichkeit, die nicht ohne Bezug auf Weiblichkeit zu denken und zu leben ist, ebenso wie Weiblichkeit stets der positiven oder negativen Bestätigung durch Männlichkeit bedarf.

Aus dieser (eigentlich banalen) Feststellung bezieht nun die Geschlechtergeschichte ihre intellektuelle Energie. Die Betonung der Geschlechter*differenz* und die damit verbundene Eingemeindung des Männlichen verhelfen ihr zu einer – gegenüber der Frauengeschichte – erweiterten und vertieften, gleichsam radikalisierten Forschungsagenda.

Einen kleinen Ausschnitt aus dieser Agenda möchte ich im folgenden skizzieren. Er behandelt das Verhältnis von Militär, Politik und Geschlechtersystem, wie es sich in den Auseinandersetzungen um die Einführung allgemeiner Wehrpflicht zu Beginn des 19. Jahrhunderts in Preußen-Deutschland abbildete.

Allgemeine Wehrpflicht

»Und wenn der Mann nicht die Waffen trägt,
Und das Weib sich nicht fleißig am Herde regt,
So kann's auf die Länge nicht richtig stehn,
Und Haus und Reich muß zu Grunde geh'n.«

So dichtete Ernst Moritz Arndt 1813[3] – und forderte appellativ eine Geschlechterordnung ein, die den Zeitgenossen einigermaßen aufrührerisch in den Ohren klingen mußte. Aufrührerisch-innovativ war dabei nicht so sehr das Bild der um Haus und Herd besorgten Frau – es entsprach weitgehend den Stereotypen und Erfahrungen der damaligen Gesellschaft. Neu und ungewohnt war vielmehr die Vorstellung des waffentragenden Mannes, der Haus und Weib, aber auch Reich und Fürsten vor dem Untergang schützte.

Der patriotische Historiker und Publizist war sich dessen durchaus bewußt. Der »Bauer und Bürger« im Land, schrieb er 1813, halte sich für einen »wehrlosen und waffenunfähigen Mann«, der »mit dem Kriege nichts weiter zu thun« zu haben glaube, »als im unglücklichsten Fall sich von den Feinden plagen zu lassen«. Daß Arndt diese Haltung zutiefst mißbilligte, geht aus seiner Wortwahl klar hervor. Den »wehrlosen und waffenunfähigen« Zeitgenossen stellte er das Kontrastbild ihrer Vorfahren gegenüber, die deshalb »so gepriesene und gefürchtete Männer waren«, weil sie die Waffen selber zu führen wußten.[4] Diesen Glückszustand galt es wiederherzustellen, zum Wohle der Männer, vor allem aber zum Wohle des Vaterlandes.

Arndts Sprache war kraftvoll und direkt. Das Vaterland lag danieder, war »gemishandelt« und »geschändet«,[5] ebenso wie die »Weiber und Töchter« jener deutschen Männer, an die er sich mit dem Aufruf *Was bedeutet Landsturm und Landwehr* 1813 wandte. Diese doppelte Schändung mußte durch einen »heiligen Volkskrieg« beendet und gerächt werden. Alle Männer zwischen 20 und 60, die »nicht durch Ämter oder körperliche Gebrechen am Dienst gehindert« waren, hatten die Waffen zu ergreifen und die napoleonischen »Schänder« aus dem Land zu treiben. »Deutsche Streitbarkeit, wovon alle alten Geschichten klingen und welche in Elendigkeit und Weichlichkeit fast erloschen« sei, sollte »wiedergeboren werden« – und zwar, daran ließ Arndt keinen Zweifel, nicht nur kurzfristig, um die französische Herrschaft loszuwerden, sondern auf lange Sicht. Das Volk, schrieb er (und meinte damit die männliche Bevölkerung), mußte auch nach dem Krieg »wehrhaft und kriegerisch« bleiben. Es durfte die Waffenkunst keinesfalls wieder ausschließlich dem stehenden Heer überantworten und damit in den Zustand der »Elendigkeit und Weichlichkeit« zurückfallen.[6]

Ernst Moritz Arndt stand mit dieser Meinung nicht allein. Auch andere

Zeitgenossen beklagten den unkriegerischen Habitus der deutschen Männer, die »das Schwert einem eigenen Stande ausschließend anvertraut« hatten.[7] Nichts, wetterte Oberleutnant Neidhardt von Gneisenau 1808 in einer berühmten Denkschrift, habe »zur Entnervung und Entartung der Völker ... mehr beigetragen ... als diese stehenden Heere, die den kriegerischen Geist der Nation und ihren Gemeinsinn zerstörten, da sie die übrigen Stände von der unmittelbaren Verteidigung des Staates entbanden«.[8] Anstatt mit »Soldatensinn«, sekundierte der preußische Major von Lossau im gleichen Jahr, seien die Zivileinwohner mehr und mehr von »Kaufmannsgeist« infiziert worden; »in allen Ständen« habe das »Streben nach Geld und Gewinn« die Oberhand gewonnen und den staatsbürgerlichen »Opfer«sinn verdrängt. Jeder kümmere sich nur noch um die eigenen Geschäfte; sofern diese keine Einbuße erlitten, sei es »vielen völlig gleich, ob Freund oder Feind im Lande« sei.[9]

Nun mögen bei solchen Schilderungen manche Übertreibungen am Werk gewesen sein; schließlich entstammen sie politischen Denkschriften, die den preußischen König dazu bewegen sollten, eine allgemeine Volksbewaffnung anzuordnen und damit, wie sich Gneisenau ausdrückte, den kriegerischen Geist in der männlichen Bevölkerung wieder »zu wecken, zu verbreiten und zu erhalten«. Aber es gibt andere, weniger befangene Informanten, die das allgemeine Urteil bestätigen.

Man lese etwa die zahlreichen Schriften, die zu Beginn des 19. Jahrhunderts über »den Mann« an und für sich veröffentlicht wurden. Von einem betont kriegerischen, soldatischen Geschlechtscharakter war dort an keiner Stelle die Rede. Gewiß, auch ein Hofrat Pockels aus Braunschweig-Lüneburg pochte 1805 in seinem »anthropologischen Charaktergemälde« des männlichen Geschlechts auf das – im Vergleich zur Frau – »Übergewicht der Kraft« und »ein größeres Maß von Muth, Entschlossenheit und Festigkeit des Gemüths«. Solche Eigenschaften befähigten den Mann dazu, »die Freyheit seines Geschlechts, und sein Vaterland (zu) vertheidigen, Künste und Wissenschaften ... (zu) erfinden ..., Gesetze ein(zu)führen, Societäten (zu) errichten, Länder und Völker (zu) beherrschen, und sie mit ausdauernder Kraft und Einsicht ... regieren (zu) können«. Sehr viel wichtiger als diese – ohnehin nur einem kleinen Kreis von Männern vorbehaltenen – ehrenvollen Beschäftigungen war für Pockels jedoch die Bestimmung eines jeden Mannes, »der *Herr*, der *Schutzgott*, der *Richter*, der *Erhalter* und *Führer* seines Weibes und seiner Kinder« zu sein.[10]

Auch in den anderen Männlichkeits-Brevieren, die in dieser Zeit publiziert wurden, sucht man vergebens nach Hinweisen auf den etwaigen Modellcharakter soldatisch-kriegerischen Verhaltens. Wenn überhaupt einmal vom Militär die Rede war, obwog eher ein kritisch-abschwächender Ton. So beschrieb Johann Ludwig Ewald 1804 den Soldatenstand als einen,»in dem man sich durch pünktlichen Gehorsam, durch willenloses Hingeben zum Theil einer großen Maschine, eine zügellose Freiheit erkaufen kann, und vielleicht noch zu Ehr' und Ansehen kömmt«. Ewald hielt es für unrichtig, »daß man allein in *diesem* Stande wahre Ehre erlangen, männliche Kraft und männlichen Muth zeigen könne«.[11] Auch der königlich-preußische Oberkonsistorialrat Friedrich Ehrenberg schloß 1822 nicht aus, »daß der Arzt, der sich der Gefahr der Ansteckung am Krankenbette aussetzt, mehr Muth beweist, als der Soldat, der, den Tod im Auge, sein Leben in der Schlacht wagt«.[12]

Von einer besonderen Wertschätzung des Militärs, von seiner Vorbildhaftigkeit gar war in all diesen Schriften, die als Ratgeber und Selbstverständigungstexte von und für Männer gedruckt wurden, an keiner Stelle die Rede. Einen »kriegerischen Geist« verströmten sie ganz gewiß nicht.

Wie könnten sie auch? Ihre Autoren waren bürgerliche Männer, höhere Beamte, Schriftsteller, die selber über keinerlei persönliche Erfahrungen mit dem Militärstand verfügten. Als Angehörige der »höheren Bürgerclassen« waren sie bis 1813 vom Militärdienst befreit – ein Schicksal (oder Privileg?), das sie mit der überwiegenden Mehrheit ihrer männlichen Zeitgenossen teilten. Zwar rekrutierten sich auch die stehenden Heere des 18. Jahrhunderts bereits zu einem erheblichen Teil aus der eigenen Bevölkerung; es waren längst keine reinen, in der Fremde angeworbenen Söldner- oder Berufsheere mehr. Schon Friedrich Wilhelm I. hatte 1733 mit dem Kantonsystem eine Art Militärpflicht für die ländlichen Unterschichten eingeführt. Ein stetig erweitertes System von Exemtionen führte jedoch dazu, daß sich gegen Ende des 18. Jahrhunderts noch ungefähr die Hälfte der preußischen Armee aus »Ausländern« rekrutierte.[13]

1807 dann, nach dem militärischen Zusammenbruch Preußens, notierte der König in seinen »Richtlinien für die Reorganisation der Armee«: »Das Ein- und Ausländer-Rekrutierungssystem würde gänzlich abzuändern ... sein ... Ein etatmäßiger Ausländerstamm benebst Werbegeldern würde wohl auf jeden Fall aufhören müssen. Bei der neuen Kantoneinrichtung ... müßten weniger Eximierte stattfinden.«[14] Entschiedener drückte sich wenige Tage später Generalleutnant von Blücher aus, als er Scharnhorst, dem Vorsitzenden der vom König eingesetzten Militär-Reorganisationskommission, »ans Herz legte, vor eine Nationalarmee zu sorgen«. Das, fügte er hinzu, sei »nicht so schwierig, wie man denkt; von Zollmaß muß man abgehn, niemand in der Welt muß eximiert sein, und es muß zur Schande gereichen, wer nicht gedient hat, es sei denn, daß ihn körperliche Gebrechen daran hindern«.[15]

Blüchers »Glaubensbekenntnis«, militärisch knapp und konzis abgefaßt, war jedoch keineswegs so leicht zu realisieren, wie er (und andere Militärreformer) es sich vorstellten und wünschten. Das Prinzip der allgemeinen Wehrpflicht ließ sich nur höchst mühsam durchsetzen und erntete vielfachen Widerspruch. Obwohl sich seine Befürworter bemühten, es als logische Fortentwicklung des friderizianischen Rekrutierungssystems zu deuten (Arndt griff sogar auf die germanische Vorzeit zurück), traf das Konzept einer »Nationalarmee« nicht überall auf Gegenliebe. Der König selber hielt es für »bedenklich, alles zum Soldaten zu machen«.[16] Adlige wehrten sich gegen die Konskription als französischen Revolutionsimport, der »auf dem Begriff einer allgemeinen Gleichheit« beruhe und »die völlige Vernichtung des Adels herbeiführen« müsse.[17]

Andere Befürchtungen hegte der westfälische Kammerpräsident Freiherr von Vincke. Ebenfalls mit Blick auf Frankreich bezeichnete er die Konskription als »das Grab aller Kultur, der Wissenschaften und Gewerbe, der bürgerlichen Freiheit und aller menschlichen Glückseligkeit«, als Rückkehr zur »Barbarei«. Sie sei ein »Schreckniß« vor allem für die »gebildetern Stände«, deren Söhne fortan im Militärdienst »verdorben« würden, damit aber dem zivilen Staatsdienst und sonstigen bürgerlichen Gewerben verloren gingen.[18]

»Bei keinem der Stände«, berichtete 1808 ein im schlesischen Glatz stationierter Oberst, »findet das neue Konskriptionssystem mehr Widerspruch als bei dem der reichen Kaufmannschaft.«[19] Auch das gebildete Bürgertum meldete sich unwillig zu Wort: »Adieu Kultur, adieu Finanzen«, stöhnte Barthold Georg Niebuhr, passionierter Althistoriker und im Hauptberuf Finanzexperte des preußischen Staates, als er von den Plänen zu einer allgemeinen Wehrpflicht erfuhr. »Ein solches Konskriptionssystem«, schrieb er dem preußischen Oberfinanzrat von Altenstein 1808, müsse »die Verwilderung und Ausartung der ganzen Nation, allgemeine Rohheit, Vernichtung aller Kultur und der gebildeten Stände, zur Folge haben«.[20]

Doch nicht nur in den Oberschichten regte sich Widerstand. Auch Handwerker, kleine Kaufleute, Gastwirte sahen nicht ein, warum ihre Söhne fortan mehrere Jahre ihres Lebens in der Armee dienen sollten. An vielen Orten kam es 1813 zu Protesten gegen die Rekrutierung von Wehrpflichtigen. Ebenso scheinen sich die regelmäßigen Landwehrübungen im Vormärz keiner besonderen Beliebtheit erfreut zu haben, wie Boykotte in Berlin und Breslau zeigten.[21]

Dieser breite, aus verschiedenen Quellen gespeiste Protest, das ist an dieser Stelle anzumerken, steht keineswegs im Widerspruch zu dem Bild patriotischer Begeisterung, die viele Männer 1813 zu den Fahnen eilen ließ und gegen Napoleon mobilisierte. Selbst Niebuhr, der 1808 von sich gesagt hatte, er tauge »höchstens zum Gemeinen bei einem Nationalgarde-Reserve-

Depot-Bataillon, mit der Vergünstigung nur bei Tage Schildwacht zu stehen« – selbst Niebuhr wollte 1813, im stolzen Mannesalter von 37 Jahren, in einem freiwilligen Jäger-Detachement für den preußischen Sieg kämpfen. Diese Entscheidung kam nicht überraschend. »Man werfe doch nicht alles unter einander«, hatte er 1808 an Altenstein geschrieben. »Der wirkliche Kriegsdienst, um das 20. Jahr, wenn Herz und Seele dabei ist, für einige Zeit, ist eine herrliche Probe; denn er stählt den Charakter, macht männlich und echtmenschlich ... Ich selbst empfinde den Verlust diese Schule nicht durchgangen zu haben.«[22]

Als »Fluch für das Land« bezeichnete Niebuhr demnach nicht den aktiven Kriegsdienst, sondern den »dummen Friedensdienst«. Wie andere Zeitgenossen hatte er nichts dagegen, Preußen gegen fremde Invasoren zu verteidigen; wohl aber lief er Sturm gegen eine allgemeine, auf alle Bevölkerungsschichten ausgedehnte »Sklaverei« des Soldatendienstes in Friedenszeiten. Diese Einstellung verband ihn übrigens mit Ernst Moritz Arndt, der die »Bewehrung des ganzen Volkes« ebenfalls nur als »Einrichtung für den Krieg« gelten lassen wollte.[23]

Durchgesetzt hat sich trotz solcher Widerstände die Position der allgemeinen Wehrpflicht. 1813 zunächst nur für die Dauer des Krieges in Preußen verkündet, wurde sie ein Jahr später gesetzlich verankert und blieb, mit Unterbrechungen zwischen 1919 und 1935 sowie zwischen 1945 und 1956, bis heute erhalten. Auch wenn sie zu keiner Zeit vollständig eingelöst wurde, erreichte sie es doch, daß Jahr für Jahr zehntausende junger Männer in den Kasernen verschwanden und hier mit dem erfüllt wurden, was die Reformer des frühen 19. Jahrhunderts emphatisch als »kriegerischen Geist« bezeichnet hatten. Der Militärdienst wurde für Männer, und zwar für Männer aus allen sozialen Schichten, zu einem festen, unvermeidbaren Teil ihres Lebenszyklus. Wie sich das militärische Curriculum auf ihre Selbst- und Weltsicht auswirkte, ist noch so gut wie unerforscht.[24] Es spricht jedoch vieles für die Annahme, daß der männliche Geschlechtscharakter im Laufe des 19. Jahrhunderts zunehmend soldatische Elemente inkorporierte. Militärische Werte und Ordnungsvorstellungen, die zu Beginn des bürgerlichen Jahrhunderts nur einen kleinen, kastenmäßig abgeschlossenen Teil der Bevölkerung ausgezeichnet hatten, wurden auf diese Weise mehr und mehr zum Allgemeingut der männlichen Nation.

Mit diesem quantitativen Verallgemeinerungsprozeß ging eine qualitative Aufwertung von Militär und Militärdienst einher, die bereits in der Reformära des frühen 19. Jahrhunderts als dringliches Erfordernis anvisiert worden war. Ihr Kernstück bestand in der engen Verknüpfung von Staatsbürgerrechten und Wehrpflicht.

Staatsbürgertum

Wie der bürgerliche Widerstand gegen die allgemeine Wehrpflicht dokumentiert, stand das Militär im späten 18. und frühen 19. Jahrhundert nicht gerade in hohem Ansehen. Scharnhorst selber nannte es eine Ansammlung von Ausländern, Vagabunden, Trunkenbolden, Dieben, Taugenichtsen und »anderen Verbrechern«.[25] Ein sehr viel positiveres Bild boten die französischen Revolutionsheere, die hochmotivierte, selbständige und leistungsstarke Nationalkrieger ins Feld führten. Während die preußischen Soldaten nur auf Stock und Knute reagierten, waren die französischen Bürger-Soldaten – in der Wahrnehmung preußisch-deutscher Beobachter – von nationaler Begeisterung und Sendungsbewußtsein erfüllt. Sie wußten, so schien es zumindest diesseits des Rheins, wofür sie kämpften, wofür sie ihr Leben einsetzten.

Wie geschönt dieses Bild auch immer sein mochte – es tat seine Wirkung. Bei der »inneren Regeneration des Militärs«, die die Reformer 1807 in Angriff nahmen, sollte, wie Scharnhorst Clausewitz mitteilte, »insbesondere auf den Geist hingearbeitet« werden. Das »neue Militär«, das es zu schaffen galt, würde »in einem andern Geiste sich seiner Bestimmung nähern und mit den Bürgern des Staats in ein näheres und innigeres Bündnis treten«.[26] Die bisher obwaltende starre Trennung zwischen »Zivil- und Militärstand« sei aufzuheben, womit auch die tief verwurzelte, gegenseitige Abneigung entfiele. Dazu sei es notwendig, die Binnenstruktur der Armee einschneidend zu verändern. Um das Militär zu einer Sache der ganzen Nation zu machen, müßten zunächst die ständischen Beschränkungen aufgehoben werden, die das Offizierkorps zu einem Reservat des Adels bestimmten. Dies geschah im August 1808. Zum gleichen Zeitpunkt wurden die entwürdigenden Militärstrafen (Spießrutenlaufen, Stockprügeln) gestrichen, die man den zukünftigen Bürger-Soldaten nicht mehr zumuten zu dürfen glaubte.[27]

Damit waren seitens des Militärs die gröbsten Mißstände beseitigt, die einem engeren »Bündnis« zwischen Staatsbürgern bzw. Untertanen und Armee entgegenstanden. Einem Teil der Reformer reichte dies jedoch nicht aus. Das französische Beispiel vor Augen, mahnten sie grundlegende politische Veränderungen an. Wollte man die Nation kriegerisch machen, so ihre Argumentation, mußte man ihr den Sinn einer solchen Einstellung darlegen. »Es ist billig und staatsklug zugleich«, meinte Gneisenau 1808, »daß man den Völkern ein Vaterland gebe, wenn sie ein Vaterland kräftig verteidigen sollen.« Dazu gehöre eine »freie Verfassung« mit ausgedehnten staats- und stadtbürgerlichen Partizipationsrechten. Der Bürger-Soldat müsse überzeugt sein, daß sich sein Einsatz lohne; diese Überzeugung aber könne am besten dadurch geweckt werden, daß der Regent eine »gute ..., von andern Völkern beneidete Konstitution« erlasse und die Regierung »sich Wohlstand, Aufklärung, Sittlichkeit und bürgerliche Freiheit der Nation zum Zwecke aufstellt«.[28]

Gneisenau band hier die Loyalität des Staatsbürgers an seine aktiven Gestaltungsmöglichkeiten. Die allgemeine Wehrpflicht ging für ihn einher mit der Gewährung politischer Partizipationsrechte. Nur derjenige, der sich in seinem Vaterland zu Hause fühlte, der dafür Verantwortung übernahm und übernehmen durfte, konnte letztlich dafür gewonnen werden, es mit Leib und Leben zu verteidigen.

Weniger klar formuliert fand sich dieser Gedanke in einem Immediatbericht der Militär-Reorganisationskommission, die dem König 1808 einen vorläufigen Entwurf zur Verfassung einer Miliz unterbreitete. »Es scheint«, hieß es da vorsichtiger und verklausulierter, »bei der jetzigen Lage der Dinge darauf anzukommen, daß die Nation mit der Regierung aufs Innigste vereinigt werde, daß die Regierung gleichsam mit der Nation ein Bündnis schließt, welches Zutrauen und Liebe zur Verfassung erzeugt und ihr eine unabhängige Lage Wert macht ... Wer diese Gefühle nicht genießt, kann auf sie keinen Wert legen und sich nicht für sie aufopfern.«[29]

Die Überzeugungskraft solcher mehr oder weniger suggestiven Appelle blieb schwach. Zwar bedeutete die Steinsche Städteordnung einen wichtigen Schritt in der von Gneisenau gewiesenen Richtung; eine allgemeine Verfassung jedoch und verbriefte politische Partizipationsrechte gab es, den Versprechungen des Königs zum Trotz, nicht. Damit hing auch die Wehrpflicht politisch in der Luft; erst in der zweiten Hälfte des 19. Jahrhunderts wurde das politische Wahlrecht sukzessiv ausgedehnt, bis es 1871 auf Reichsebene alle männlichen volljährigen Staatsbürger erfaßte. Erst jetzt waren Pflichten und Rechte zur Deckung gelangt und die Figur des Staatsbürgers in Uniform realisiert, die bereits Ende des 18. Jahrhunderts modellhaft entworfen worden war.

In der Zwischenzeit hatte sich die Ausgangsargumentation grundlegend verändert. Nicht mehr der Staat besaß nun eine Bringschuld gegenüber seinen Bürgern, denen er seine Verteidigung anbefahl; umgekehrt galt es als Bringschuld des Bürgers, seinen staatsbürgerlichen Opfergeist unter Beweis zu stellen und sich damit sein Bürgerrecht erst zu verdienen. In diesem Sinne sprach sich schon Major von Lossau 1808 in einer Denkschrift an den preußischen König aus. Er bezeichnete es als die »wesentlichste« Pflicht jedes »Staatsbewohners«, »mit allen seinen Kräften persönlich den Staat im Kriege zu verteidigen ... Dieser Pflicht entledigt zu sein, heißt aus der Gesellschaft des Staatsvereins heraustreten. Nur Verbrecher werden hiermit bestraft. Derjenige, welcher verurteilt wird, dem Staate nicht mehr im Kriege zu dienen, ist seiner staatsbürgerlichen Ehre beraubt.«[30]

»Staatsbürgerliche Ehre« war folglich an die Wehrpflicht gebunden, nicht aber umgekehrt die Wehrpflicht an die Verfügung über bürgerliche Ehrenrechte (worunter auch und vor allem das Wahlrecht fiel). Der Militärdienst eines Mannes stellte somit bestenfalls eine Vorbedingung für den Status des Staatsbürgers dar, oder, anders ausgedrückt: Er fungierte als politisches Initiationsritual. Das zeigte sich etwa 1813, als Männer, die sich dem Kriegsdienst entzogen, mit dem Verlust von Bürgerrecht und Gewerbeschein bestraft wurden. Außerdem sollten sie ihre bürgerlich-männliche Selbständigkeit einbüßen und unter Vormundschaft gestellt werden. Von staatlichen und kommunalen Ämtern blieben sie selbstverständlich auch ausgeschlossen.[31]

Diese königliche Verordnung bewies sehr deutlich, wie ernst man es mit der Untertanenpflicht der Landesverteidigung nahm und wie eng man sie mit bürgerlichen Rechten verkoppelte. Das war keineswegs auf den akuten Kriegsfall beschränkt. So spielte etwa Kriegsminister von Boyen 1814/15 mit dem Gedanken, all jene Männer, die weder im stehenden Heer noch in der Landwehr gedient hatten, vom kommunalen Stimmrecht auszuschließen.[32]

Gewiß, solche Gedankenspiele blieben graue Theorie, die nicht in politische Praxis übersetzt wurde. Ebenso gewiß ist, daß das allgemeine Wahlrecht 1867 bzw. 1871 Männern nicht deshalb gewährt wurde, weil sie sich durch ihren Militärdienst zu tauglichen und verantwortungsbewußten Bürgern qualifiziert hatten. Auffällig ist aber dennoch, wie häufig die siamesischen Zwillinge Wehrpflicht und Wahlrecht in der politischen Publizistik und im Meinungsstreit des 19. Jahrhunderts, quer durch alle politischen Lager, beschworen wurden.

Nicht nur Friedrich Engels redete der allgemeinen Wehrpflicht als »notwendiger und natürlicher Ergänzung des allgemeinen Stimmrechts« das Wort (wohl wissend, daß in Deutschland die umgekehrte Reihenfolge galt).[33] 1867 verteidigte der konservative Bismarckfreund Hermann Wagener das allgemeine Wahlrecht explizit mit dem Argument, es entspreche der »allgemeinen Dienstpflicht im Heere«, und andere konservative Abgeordnete pflichteten ihm bei.[34] Auch Sozialdemokraten betrachteten die allgemeine Wehrpflicht als Grundlage des allgemeinen Stimmrechts: »Mit vollendetem 20. Lebensjahr«, schrieb August Bebel 1895, »muß der Mann seine Kräfte dem Dienst für des Landes Freiheit und Unabhängigkeit zur Verfügung stellen, er muß Soldat werden.« Nach dem Grundsatz »Wer Pflichten hat, soll auch Rechte haben« komme das Wahlrecht Männern daher als »ein selbstverständliches Recht zu«. Abstufungen nach Vermögen und Besitz, wie sie das in vielen deutschen Einzelstaaten geltende Dreiklassenwahlrecht vorsah (und wie sie etwa der Liberale von Sybel 1867 vehement verteidigte), ließen sich mit der Allgemeinheit des Waffendienstes nicht vereinbaren.[35]

Der essentialistische Zug dieser Argumentation war unüberhörbar. Gerade der Umstand, daß der Militärdienst in Preußen eine unveräußerliche Pflicht war, daß jeder Mann (zumindest theoretisch) sie persönlich abzuleisten hatte, wurde immer wieder betont und in seiner symbolischen Bedeutung hervorgehoben. So rühmte 1867 etwa der westfälische Liberale Georg von Vincke das »Princip, daß Jeder gleich ist vor der Fahne, daß man nicht bloß sein Vermögen dem Vaterlande zum Opfer zu bringen hat, sondern, so weit die Kräfte reichen, auch die eigene Existenz«.[36] Sechs Jahrzehnte zuvor hatte Major von Lossau die persönliche Verpflichtung hervorgehoben und ihre Monetarisierung, wie sie in Frankreich möglich war, vehement abgelehnt. Mit Geld sei »dem Staate, besonders im Kriege nicht gedient, und wo das Ganze in Gefahr ist, da darf kein Individuum die Hände in den Schoß legen. Ist die Gefahr eminent, so darf niemand seinen Geschäften nachgehen.«[37]

Eben dieser Grundsatz der leiblichen Haftung war es, der vor allem bei den bürgerlichen Schichten zunächst auf Ablehnung stieß. Fast schon neidisch blickte man nach Frankreich, wo sich vermögende Männer vom Wehrdienst freikaufen konnten, indem sie einen Stellvertreter finanzierten. Demgegenüber hielt etwa Stein an der »allgemeinen Verpflichtung zur Verteidigung des Vaterlandes« fest. Sie gelte für »jeden Stand der bürgerlichen Gesellschaft«, auch und vor allem für die »Gewerbetreibenden und wissenschaftlichen Stände«. Deren Neigung »zu unkriegerischen und feigen Gesinnungen« würde eine allgemeine Konskription ebenso entgegenwirken wie »der Trennung der verschiedenen Stände von einander und ihrem Losreißen von dem Staate«.

Wie andere Reformer auch sah Stein in der Pflicht ausnahmslos jedes Mannes, für die Erhaltung des Staates »sein Leben aufzuopfern«, zum einen ein Mittel, »einen hochherzigen, kriegerischen National-Charakter zu bilden«.[38] Darüber hinaus aber sollte der Wehrdienst die Nation im eigentlichen Sinn erst konstituieren, ständische und regionale Differenzen abschleifen und jenen uniformen, geeinten »Körper« schaffen, von dem nicht nur Major von Lossau schwärmte. Die Armee verstand sich also nicht nur, wie es im preußischen Wehrgesetz von 1814 hieß, als »Hauptbildungsschule der ganzen Nation für den Krieg«. Sie sei, so formulierte ein konservativer Abgeordneter 1867, »nicht allein eine militairische Schule; (sie) ist auch eine politische Schule; (sie) entzieht den einzelnen Wehrmann seinen kleinen beschränkten Lebens-Verhältnissen; (sie) eröffnet ihm einen weiten Gesichtskreis, (sie) zeigt ihm ein großes Vaterland.«[39] Die Armee war schlicht der Ort, an dem sich die Nation mit sich selbst bekannt machte, an dem sie eine konkrete Vorstellung ihrer Materialität gewann.

Dazu aber war es notwendig, daß jeder Mann höchstpersönlich diese Schule durchlief und ihr militärisches und politisches Curriculum in sich aufnahm. Sein Körper mußte ebenso wie sein Verstand von jenem Lehrstoff durchdrungen werden. Da man erwartete, daß manche Körper und Köpfe schneller lernten als andere, brauchten Männer mit einem gewissen Bildungs- und Vermögensstand nur ein Jahr (anstatt zwei oder drei) zu dienen. Dienen aber mußten auch sie, ungeachtet aller anfänglichen, allmählich verebbenden Proteste. Erst der Militärdienst vermittelte ihnen jenen »hochherzigen, kriegerischen National-Charakter« (Stein), der deutschen Staatsbürgern gut anstand. Erst die Wehrpflicht schuf *und* demonstrierte ihren staatsbürgerlichen Habitus, den sie anschließend auch an der Wahlurne und in politischen Ehrenämtern unter Beweis stellen durften.

Geschlechtersystem

Was bedeutete dies nun für das Geschlechtersystem, oder, um auf den Untertitel dieses Beitrags zurückzukommen, für die »historische Konstruktion von Männlichkeit«? Hierzu möchte ich die folgenden, thesenartig zugespitzten Überlegungen beisteuern.

1. Die Anfang des 19. Jahrhunderts in Preußen eingeführte allgemeine Wehrpflicht revolutionierte das traditionelle Männlichkeitsbild. Sie universalisierte die Funktion des Mannes als Krieger und wertete den Soldatendienst als ehrenvolle und Ehre vermittelnde Verbindlichkeit jedes einzelnen Mannes auf. Sie attackierte den unkriegerischen Habitus der Zivilisten und denunzierte ihn als Ausdruck persönlicher Feigheit und Selbstsucht. Sie machte jeden Mann, unabhängig von seiner sozialen Herkunft, seinem Beruf, seinem Geburtsort, zum Soldaten und impfte ihm militärische Ordnungsvorstellungen ein.
2. Damit initiierte die allgemeine Wehrpflicht eine Entwicklung, die man als »männliche Vergemeinschaftung« bezeichnen könnte. Männer begegneten im Militär einer Institution, der sie nur deshalb angehörten, weil sie Männer (d.h. keine Frauen) waren. Andere Differenzen waren hier tendenziell aufgehoben. Männer, die in Städten lebten, dienten ebenso wie Männer aus ländlichen Regionen, Landarbeiter ebenso wie städtische Ta-

gelöhner, Fabrikarbeiter ebenso wie Handlungsgehilfen, Studenten ebenso wie Handwerksgesellen. Unternehmersprößlinge fanden sich Seite an Seite mit den Söhnen von Bäckern, Lehrern oder Mechanikern, Protestanten exerzierten gemeinsam mit Katholiken und Juden. Was ihnen allen gemeinsam war: ihre Zugehörigkeit zum männlichen Geschlecht. Sie bildete gleichsam die Basis, die eigentliche Substanz der Vergemeinschaftung und wurde als solche um so schärfer bewußt, je stärker andere Differenzen zurücktraten.

3. Das Militär war aber nicht nur ein Medium männlicher Vergemeinschaftung, sondern nahm darüber hinaus für sich in Anspruch, den rekrutierten Jüngling überhaupt erst zum Manne zu bilden. Sie verstand sich als eine Art Initiationsinstanz, die aus geschlechtlich noch unbestimmten Wesen eindeutige, klare, unverfälschte Männer formte. In diesem Sinn bezeichnete etwa Friedrich Paulsen, Berliner Universitätsprofessor, die Armee zu Beginn des 20. Jahrhunderts als »Schule der Männlichkeit«, deren Abgangszeugnis männliche Geschlechtsidentität dokumentierte.[40]

An dieser Stelle sei noch einmal darauf hingewiesen, wie historisch neu und vorbildlos diese Entwicklungen waren, wie sehr sie mit den Gewißheiten und Konventionen der traditionellen ständischen Gesellschaft brachen. So fleißig sich Reformer und Patrioten zu Beginn des 19. Jahrhunderts auch bemühten, Kontinuitätslinien in legitimatorischer Absicht zu zeichnen, so wenig konnten sie darüber hinwegtäuschen, daß die flächendeckende Militarisierung der männlichen Bevölkerung sowohl konzeptionell als auch auf der Ebene von Mentalitäten und Erwartungshaltungen eine Innovation darstellte. Hier begann etwas grundlegend Neues, das den Erfahrungshaushalt von Männern und ihr gesellschaftliches Koordinatensystem nachhaltig umstrukturierte.

4. Eine solche Umstrukturierung fand auch und vor allem dort statt, wo es um die soziale und politische Zugehörigkeit des Einzelnen ging. In den individuellen Orientierungsrastern des 18. Jahrhunderts war der Staat noch kaum präsent gewesen. Gewiß erinnerten Steuern und Abgaben immer wieder an das ferne politische Zentrum; ungleich gegenwärtiger und prägender war die Einbindung in lokale, vor allem familiale Verbindlichkeiten. Jetzt aber erhob auf einmal der Staat Ansprüche auf jeden einzelnen seiner männlichen Untertanen; er löste sie aus ihren familialen und sozialen Bezügen heraus und stellte sie in ein neues, vollkommen abstraktes Referenzsystem hinein. Vaterland, Nation, Staat – ihnen sollte sich der Einzelne nunmehr verpflichtet fühlen, für sie sein Leben, seine körperliche Integrität opfern. Nicht seiner Familie, seinen Nachbarn oder lokalen Obrigkeiten schuldete er dieses Opfer, sondern dem Staat, der Nation, dem Vaterland.

5. Mit dieser Verschiebung von Prioritäten und Wertigkeiten ging der Eintritt in die politische Arena einher. Wie hieß es bei Bebel: Wer Pflichten hat, muß auch Rechte haben. Oder Gneisenau: Wer ein Vaterland verteidigen soll, muß auch eins besitzen. Die Armee entließ den Rekruten nicht nur als (kriegerischen) Mann, sondern auch als Staatsbürger. Politische und militärische Kompetenzen wurden potentiell deckungsgleich. Besonders klar ausbuchstabiert fand sich dieser Zusammenhang im Nationalsozialismus. So band etwa Hitler 1926 die Verleihung des Staatsbürgerrechts explizit an die Vollendung der Heerespflicht.[41] In der »kommenden Verfassung«, hieß es 1931 in einer »wissenschaftlichen« Denkschrift, habe »nur derjenige das Recht auf Mitwirkung an den allgemeinen Angelegenheiten, der seine Bewährung für das Ganze erwiesen hat«. Und weiter: »Eine Sache ist nun soviel wert, wie für sie geopfert wird. Das höchste Opfer aber ist der Einsatz des Lebens. Deshalb ist die höchste Leistung, die nach germanischer Anschauung für die Volksgemeinschaft vollbracht werden kann, das Eintreten für sie mit der Waffe in der Hand. Die Fähigkeit hierzu erlangt der Deutsche im Heeresdienste, und in diesem wird auch die Bewährung geprüft und erkannt. Das Recht zur Mitwirkung an den öffentlichen Angelegenheiten also darf erst dann verliehen werden, wenn die Bewährung im Heeresdienste vorausgegangen ist und der Deutsche sich würdig gezeigt hat. Nach der Ableistung der Dienstpflicht also wird regelmäßig die Erklärung zum Reichsbürger erfolgen.«[42]

6. Der Mann als Soldat und Staatsbürger, der Nation, dem Vaterland, der Volksgemeinschaft ergeben und sie verkörpernd – diese Konstruktion war keine Erfindung der Nationalsozialisten, sondern hier nur besonders schnörkellos herauspräpariert. Sie stammte auch nicht aus der germanischen Urzeit, sondern aus dem 19. Jahrhundert. Sie stammte aus einer Zeit, die außer der allgemeinen Wehrpflicht und dem allgemeinen Wahlrecht noch etwas anderes erfand: die allgemeine Familie als Lebensform für alle sozialen Schichten und Altersgruppen. Sie bildete gewissermaßen das Gegenstück zum Militär: einen Raum vorwiegend für Frauen und Kinder, von weiblichen Tugenden (Milde, Emotionalität, pflegende Sorge) belebt.

Obwohl Männer nur mit einem Bein in der Familie präsent und mit dezidiert männlichen Funktionen betraut waren (Oberherrschaft im Innern, Repräsentation und Verteidigung nach außen), bestand doch die Gefahr, daß ihr männlicher Charakter Schaden nahm. Die programmatisch vorgegebene Intimität der ehelichen Paarbeziehung zog den Mann in einem Maße in den Bannkreis der Frau, das historisch ohne Beispiel war. Hier lag das Risiko der Feminisierung, der Aufweichung von Differenz, nahe –

und zwar für Ehemänner ebenso wie für Söhne. Das Militär nun sorgte dafür, daß solche Tendenzen wirkungsvoll blockiert und männliche Identität ohne weibliche Intervention stabilisiert wurde.

Es tat aber noch mehr: Es festigte auch die Beziehungen zwischen Vätern und Söhnen, die sich im 19. Jahrhundert sowohl in als auch außerhalb der Familie deutlich lockerten. Diese Beziehungen waren in der vorbürgerlichen Gesellschaft weitgehend dadurch bestimmt gewesen, daß Söhne in die beruflichen Fußstapfen der Väter traten und hierauf von früher Kindheit an vorbereitet wurden. Eine solche Nachfolge war im 19. Jahrhundert nicht mehr selbstverständlich, das soziale Band zwischen Vätern und Söhnen wurde lascher, weniger straff gewirkt (anders als im Verhältnis Mütter/Töchter). Zugleich intensivierte sich der mütterliche Einfluß. In dieser Konstellation wirkte das Militär gleichsam als neuer Kohäsionsfaktor. Die Erfahrung des Militär- bzw. Kriegsdienstes verband (zumindest prospektiv) Vater und Sohn; wenn schon nicht mehr der gemeinsame Beruf und das dazugehörige soziale Netzwerk Bindungen herzustellen wußten, dann zumindest die Erinnerung bzw. Erwartung des Militärdienstes.

7. Das Militär verband somit Väter und Söhne und hielt Mütter und Töchter auf gebührende Distanz. Für Frauen war die Armee eine *terra incognita*, zu der sie keinen Zugang besaßen. Der Gedanke, daß Frauen ebenso wie Männer zur Verteidigung des Vaterlandes herangezogen werden könnten, war im 19. Jahrhundert nicht denkbar. Als ein bayerischer Offizier sich Anfang der 1830er Jahre in »militairischen Fantasien« erging und eine allgemeine, beide Geschlechter umfassende Konskription vorschlug, rechnete er mit scharfer Kritik. Obwohl er Frauen keine persönlichen Dienste abverlangte, sondern nur finanzielle Beiträge zur Bezahlung sogenannter Einsteher, hielt er seinen Vorschlag für kaum durchsetzbar: »Man wird ihm Mangel an Humanität vorwerfen, man wird es als grausam und zu tief ins private, ins bürgerliche Leben eingreifend finden.«[43] Der »Staatsschutz«, so die allgemeine Überzeugung, blieb für Männer reserviert – woraus zu folgern war, daß auch der Staat selber eine männliche Veranstaltung zu sein hatte. »Dem Manne der Staat, der Frau die Familie«, so lautete der Schlachtruf geschlechtsspezifischer Arbeitsteilung in der bürgerlichen Gesellschaft des 19. Jahrhunderts. Die politisch-institutionellen Auswirkungen dieses Glaubenssatzes sind bekannt: Frauen besaßen keine politischen Partizipationsrechte. Das argumentative Tandem Wehrpflicht-Wahlrecht zeigte sich hier von seiner exklusiven Seite: Da Frauen nicht zum Militär gezogen wurden, fehlte ihnen auch die Eignung zur Staatsbürgerschaft.

8. Die allgemeine Wehrpflicht trug damit entscheidend dazu bei, die Differenz zwischen Frauen und Männern, zwischen Weiblichkeit und Männ-

lichkeit schärfer zu markieren und lebensweltlich ebenso wie institutionell zu verankern. Indem sie Männern eine neue, unverwechselbare Geschlechtsidentität verlieh, wies sie zugleich auch Frauen eine veränderte Position im Geschlechterverhältnis an. Um noch einmal auf den anfangs zitierten Vierzeiler Ernst Moritz Arndts aus dem Jahr 1813 zurückzukommen: Obwohl das Bild der sich fleißig am Herde regenden, das Haus besorgenden Frau den Zeitgenossen auf den ersten Blick vertrauter scheinen mochte als das des waffentragenden, das Reich schützenden Mannes, zeigte ein zweiter Blick, daß beide Vorstellungen gleichermaßen ver-rückt worden waren. Dadurch, daß das Bild des Mannes neu gezeichnet wurde, gewann auch die Frau, das Weibliche andere Konturen. Das scheinbar Vertraute erhielt einen anderen Bezug und damit eine andere, neuartige Bedeutung. Es war eben ein Unterschied, ob sich die treusorgende Hausfrau neben einem treusorgenden patriarchalischen Hausvater regte oder ob sie es neben einem waffenklirrenden, von militärischen Heldentaten träumenden Krieger tat.

Anmerkungen

1 »On ne naît pas femme: on le devient.« (Simone de Beauvoir, *Le Deuxième Sexe*, Paris 1949). Die deutsche Ausgabe (*Das andere Geschlecht*, Reinbek bei Hamburg 1968) übersetzt genau, aber blaß: »Man kommt nicht als Frau zur Welt, man wird es.« (S. 265)
2 Ebd., S. 10, 11.
3 Ernst Moritz Arndt, *Grundlinien einer teutschen Kriegsordnung*, Leipzig 1813, Titelblatt.
4 Ders., *Was bedeutet Landsturm und Landwehr?* o.O. 1813, S. 2.
5 Ders., *Kurzer Katechismus für teutsche Soldaten, nebst einem Anhang von Liedern*, o.O. 1812, S. 15, 9.
6 Ders., *Landsturm*, S. 7, 10, 15.
7 Denkschrift des Majors von Lossau v. 21.3.1808, abgedruckt in: Rudolf Vaupel (Hg.), *Die Reorganisation des Preussischen Staates unter Stein und Hardenberg*, T. 2, Bd. I, Leipzig 1938, S. 333.
8 Abgedruckt in: ebd., S. 551.
9 Abgedruckt in: ebd., S. 333.
10 Carl Friedrich Pockels, *Der Mann. Ein anthropologisches Charaktergemählde seines Geschlechts*, Bd. 1, Hannover 1805, S. 30, 29.
11 Johann Ludwig Ewald, *Der gute Jüngling, gute Gatte und Vater, oder Mittel, um es zu werden*, Bd. 2, Frankfurt a.M. 1804, S. 46.
12 Friedrich Ehrenberg, *Der Charakter und die Bestimmung des Mannes*, 2. Aufl., Elberfeld 1822, S. 240.

13 Hans-Ulrich Wehler, *Deutsche Gesellschaftsgeschichte*, Bd. 1, München 1987, S. 247f.

14 Abgedruckt in: Vaupel, *Reorganisation*, S. 9.

15 Abgedruckt in: ebd., S. 27.

16 Tagebucheintragung seines Adjutanten von Witzleben v. 9.5.1819, abgedruckt in: *Historische Zeitschrift*, 67, 1891, S. 55.

17 Abgedruckt in: Vaupel, *Reorganisation*, S. 749.

18 Abgedruckt in: ebd., S. 598f.

19 Abgedruckt in: ebd., S. 749.

20 *Die Briefe des Barthold Georg Niebuhr*, hg. von Dietrich Gerhard und William Norvin, Bd. 1, Berlin 1926, S. 477, 494f.

21 Friedrich Meinecke, *Das Leben des Generalfeldmarschalls Hermann von Boyen*, Bd. 2, Stuttgart 1899, S. 142ff.

22 Niebuhr, *Briefe*, Bd. 1, S. 498.

23 Ebd., S. 500; Arndt, *Landsturm*, S. 15.

24 Dieses Thema bleibt auch in der neuesten Publikation zur Geschichte der allgemeinen Wehrpflicht ausgespart: Roland G. Foerster (Hg.), *Die Wehrpflicht*, München 1994.

25 Geheimes Staatsarchiv Berlin-Dahlem, Rep. 92, Nachlaß Vaupel, Nr. 39: Denkschrift Scharnhorsts v. Juli 1809.

26 Abgedruckt in: Vaupel, *Reorganisation*, S. 175.

27 Scharnhorst schrieb dem Freiherrn vom Stein am 3.7.1808: »Eine allgemeine Konskription, das Avancement von Gemeinen zur höchsten Stufe erfordert Rücksichten und würde sich nicht gut mit dem jetzigen Prügelsystem vertragen. Man muß der Nation den Soldatenstand angenehm machen und das Verhaßte aus ihm entfernen« (abgedruckt in: ebd., S. 500).

28 Abgedruckt in: ebd., S. 549-552.

29 Abgedruckt in: ebd., S. 323.

30 Abgedruckt in: ebd., S. 337.

31 Max Lehmann, *Scharnhorst*, T. 2, Leipzig 1887, S. 554f.

32 Meinecke, *Leben*, Bd. 2, S. 125.

33 Friedrich Engels, *Die preußische Militärfrage und die deutsche Arbeiterpartei* (1865), in: *Marx-Engels-Werke*, Bd. 16, Berlin 1964, S. 66.

34 *Stenographische Berichte über die Verhandlungen des Reichstags des Norddeutschen Bundes im Jahre 1867*, Bd. 1, Berlin 1867, S. 421, 433.

35 August Bebel, *Die Sozialdemokratie und das Allgemeine Stimmrecht*, Berlin 1895, S. 48; zu Sybels Argumentation vgl. *Stenographische Berichte 1867*, Bd. 1, S. 427.

36 Ebd., S. 184. Vincke war, anders als sein Vater sechs Jahrzehnte zuvor, der Meinung, daß sich die allgemeine Wehrpflicht in Preußen bewährt habe, »daß es kein wohlthätigeres Institut in der ganzen Welt« und »kein demokratischeres Princip giebt, als die allgemeine Wehrpflicht«.

37 Abgedruckt in: Vaupel, *Reorganisation*, S. 338.

38 Freiherr vom Stein, *Briefe und amtliche Schriften*, hg.von Walter Hubatsch, Bd. 3, Stuttgart 1961, S. 65f.

39 *Stenographische Berichte 1867*, S. 422.

40 Friedrich Paulsen, *Die deutschen Universitäten und das Universitätsstudium*, Berlin 1902, S. 471.

41 Adolf Hitler, *Mein Kampf*, München 1933, S. 491.

42 Helmut Nicolai, *Grundlagen der kommenden Verfassung* (1931), Berlin 1933, S. 61f.

43 Albert von Pappenheim, *Militairische Fantasieen über Heerbildung, Heerverfaßung und was auf das Soldatenwesen Bezug hat*, H. 1, Augsburg o.J. (1831/2), S. 33.

»... die höchste und heiligste Pflicht ...«

Das Männlichkeitsideal der deutschen Turnbewegung 1811 – 1871

Daniel A. McMillan

1812 schloß »Turnvater« Friedrich Ludwig Jahn einen Brief an einen seiner begeisterten Anhänger mit der Mahnung:

»Lebe wohl. Halte Dich frisch und deutsch und vergiß in keinem Augenblick Deiner Jugend, daß des deutschen Knaben und Jünglings heiligste Pflicht ist, ein deutscher Mann zu werden und es, geworden, zu bleiben.«[1]

In der Turnbewegung schlossen sich erwachsene, meist junge Männer, aber auch Schüler und Jünglinge zu Gruppen und Vereinen zusammen, die unter Aufsicht von Schulen oder Turnanstalten übten. In der Frühphase von 1811 bis 1819 zählte die Bewegung im Gebiet des 1815 gegründeten Deutschen Bundes rund 150 Turnplätze mit 12 000 Teilnehmern zu ihrem Anhang, etwa zwei Drittel der Turnplätze und etwa die Hälfte der Teilnehmer entfielen auf Preußen. 1819 wurde in Preußen im Zuge der Reaktionspolitik die sogenannte Turnsperre verhängt, die anderen Staaten folgten dieser gewaltsamen Unterdrückung der Bewegung. Aber schon in den 30er Jahren gab es die ersten Anzeichen einer Wiederbelebung. Die 40er Jahre erlebten dann eine Flut von neuen Turnvereinsgründungen. Bis zum Vorabend der Revolution von 1848 scharte die Turnbewegung in etwa 300 Vereinen 80 000 bis 90 000 Mitglieder um sich, Zahlen, die sich in den Revolutionsjahren wohl noch erheblich vergrößerten. Nach einer zweiten Phase der Repression 1849-52 entfaltete die Bewegung ab 1859 eine neue und verstärkte Anziehungskraft und verzeichnete bald auf ihrem dritten Höhepunkt an die 2 000 Vereine und 200 000 Mitglieder, verteilt über sämtliche Staaten des Deutschen Bundes.

Die Ziele und Wünsche der Turner waren vielfältig und anspruchsvoll: die politische Einheit Deutschlands; eine aktive, an den politischen Auseinandersetzungen lebhaft beteiligte Staatsbürgerschaft; die Überwindung der

Standesunterschiede bis hin zur sozialen Egalität. Zu all diesen Zielen war die Ausbildung von Männlichkeit der erste Schritt: Wenn die Deutschen des männlichen Geschlechts erst einmal »wahre« Männer wären, dann würde – so dachten viele – die bessere politische und gesellschaftliche Zukunft wie von selbst folgen. »Männlichkeit« war ein Leitmotiv der ideologischen Auseinandersetzungen der Turnbewegung seit ihren Anfängen, ebenso spielte es in ihrer turnerischen Praxis von Anfang an eine zentrale Rolle. Und viele Turner verstanden sich geradezu als »männliche« Elite, als die einzigen »wahren Männer« ihrer Zeit. Wie kam es dazu, daß die Turner so dachten? Und worin bestand die vielbeschworene Männlichkeit?

Wehrhaft – Mannhaft

Wenn der Männlichkeitsdiskurs der Turnbewegung im 19. Jahrhundert auch durch konstante Themen zusammengehalten wurde, so lassen sich doch für jede der drei genannten Phasen unterschiedliche Ausformungen des Männlichkeitsideals erkennen. In der Zeit der Befreiungskriege wurde großes Gewicht auf den Zusammenhang zwischen Turnen, Wehrdienst und Männlichkeit gelegt. Hintergrund dieser Ausrichtung der Männlichkeitsvorstellungen war die Überzeugung einiger Aufklärungspädagogen, daß die Männer ihrer Zeit ihre »natürliche« Kraft durch eine verfeinerte, im Luxus schwelgende Zivilisation eingebüßt hätten. Eine Reihe von Defekten wurde dabei diagnostiziert – wechselhaftes Gemüt, unbeherrschbare Leidenschaften, körperliche Schwächen, Kränklichkeit, Feigheit, Passivität und Abhängigkeit von anderen – und als »weibisch« disqualifiziert. Nur geregelte Leibesübungen, so meinten diese Pädagogen, könnte diese »weibische Weichlichkeit« überwinden und den deutschen Männern zur Rückgewinnung ihrer verlorenen Männlichkeit, zu Mut, Selbständigkeit, Zuverlässigkeit und Tatkraft verhelfen. »Männlicher Widerwille gegen weibische Weichlichkeit« – in diese Formel faßte J.C.F. GutsMuths 1793 das männliche Reformideal seiner Zeit zusammen.[2]

GutsMuths' Befürchtungen, die Männer wären vor Genußsucht und Egoismus im Falle eines Krieges kaum bereit, den eigenen Herd zu verteidigen und ihr Leben aufs Spiel zu setzen, schienen sich im Zusammenbruch Preußens 1806 auf ungeahnt schreckliche Weise zu bestätigen. Nicht militärstrategische oder -technische Pannen, sondern mangelnde Motivation der Truppen und fehlender Patriotismus der Bürger, letztlich: die »Verweichlichung« der deutschen Männer, seien es, so die Zeitgenossen, die Preußen zu

Fall gebracht hätten. Vor diesem Hintergund erklärt sich die erstaunliche Tatsache, daß die Pflege der Leibesübungen in der frühen deutschen Nationalbewegung eine so zentrale Rolle zugewiesen bekam.

Kern des Männlichkeitsideals während der ersten Jahre waren körperliche Stärke, Tapferkeit und Mut. Das konnte auf dem Turnplatz geübt und auf dem Schlachtfeld bewiesen werden, wie besonders die vielen Turner zu demonstrieren sich anschickten, die als Freiwillige zwischen 1813 und 1815 gegen Napoleon kämpften. Damals und auch später blieb Tapferkeit in den Augen der Turner die urmännliche Eigenschaft. Das ist zum Beispiel an der Begriffspaarung »Wehrhaft-Mannhaft« ablesbar, die sich durch die Schriften der Turner zieht; oft wurden beide Begriffe synonym verwendet. Und da der patriotische Wehrdienst gegen Napoleon an innenpolitische Erwartungen geknüpft war – und der wachsenden Bewegung nach 1815 als Legitimation ihrer Forderung nach Repräsentativverfassungen in den deutschen Staaten diente – wurde Männlichkeit indirekt auch mit aktiver Staatsbürgerschaft gleichgesetzt.[3]

Bis in die 1860er Jahre blieb der (tendenziell demokratische) Volkswehrgedanke für die Turner das wichtigste Bindeglied zwischen Männlichkeit und Staatsbürgerschaft und prägte den Inhalt ihres Männlichkeitsbegriffs. Trotzdem reduzierte sich ihr Männlichkeitsideal in dieser Zeit keineswegs vollständig auf Eigenschaften wie Tapferkeit und Körperkraft: Auch für den Soldaten galt, daß Patriotismus wichtiger als Furchtlosigkeit war. Und der Wehrdienst war wohl, zumal in der frühen Zeit, der greifbarste, aber nicht der einzige oder wichtigste Ausdruck jener Voraussetzungen, die eine männliche Person mitbringen mußte, wollte sie als Mann und wollte dieser als Staatsbürger gelten. Noch deutlicher zeichnete sich diese Prioritätensetzung in der zweiten Entwicklungsphase der Turnbewegung ab, die Mitte der 1830er Jahre begann und in der Revolution von 1848/49 kulminierte.[4]

Bürger und Brüder

In einem im Juni 1848 veröffentlichten Aufsatz formulierte der Frankfurter Turnführer August Ravenstein sein »turnerisches Glaubensbekenntniß«, mit dem er zu der Debatte um den politischen Charakter der Turnbewegung Stellung bezog. Er wollte die Turngemeinden nicht als politische Vereine verstanden wissen, wies ihnen aber gleichwohl die Aufgabe zu, Männer und damit gleichzeitig Staatsbürger zu bilden:

90

»Der Zweck der Turngemeinde besteht darin, in brüderlicher Vereinigung durch gemeinsames Turnen die Gleichmäßigkeit der menschlichen Bildung zu fördern, die verkommene Volkseinheit und Volkskraft wieder zu heben, sittliche Tüchtigkeit, Gemeinsinn und Bildung unter der jungen Mannschaft zu fördern und durch Alles Dieses dem Vaterlande wackere Bürger zu erziehen!«

Zu diesem Glaubensbekenntnis gehörte auch ein Plädoyer für jenen Mann, den die Turnbewegung heranzubilden gedachte:

»Ich liebe endlich den Mann der Kraft, den ganzen Mann, der sich zu regen und bewegen weiß in Gefahr und Nöthen, den Mann keuscher und einfacher Sitte, sparsam in Allem, was des Leibes niedere Nothdurft betrifft, doch freigebig, wenn es gilt, des Lebens höhere Güter zu fördern. Für solche Männer soll die Turngemeinde die rechte Vorschule sein.«[5]

Männlichkeit, Turnen und Staatsbürgerschaft, das wurde zusammengehalten durch die Ideale »Gemeinsinn« und »Freigebigkeit«, die unter Beweis gestellt werden konnten, »wenn es gilt, des Lebens höhere Güter zu fördern«. Die Turner teilten damit das geläufige Staatsbürgerideal des vormärzlichen Liberalismus: Gemeinsinn als höchste Tugend, das meinte: die Bereitwilligkeit des Einzelnen, die eigenen Wünsche und Interessen einem idealisierten Gemeinwohl unterzuordnen, die bis hin zum größten Opfer reichte – dem Tod eines Freiwilligen in einer Schlacht der nationalen Verteidigung.

Die »männliche« Fähigkeit zur Absage an Selbstsucht und Egoismus, zur Entsagung und Selbstbeherrschung sollte erworben werden durch das Turnen, durch die Stärkung des Körpers, durch die Überwindung der Angst bei Mutproben am Reck und Barren, durch klagloses Mitmachen bei strammen Wanderungen und Fahrten, bei denen man auf kaltem Stroh schlief und sich nur von Brot und Wasser ernährte. Durch solche »Abhärtung« erhob sich der »männlichen« Turner aus der Masse der verwöhnten (und daher selbstsüchtigen) »Weichlinge«:

> »Dem Weichling ohne Muth und Kraft,
> Der nur genießt, nie kämpft und schafft
> Dem für die That zu schwach der Arm
> Des Welkes Herz wird nimmer warm;
> Ihm sage, Turner, wer du bist,
> Und was dein Ziel und Streben ist.«[6]

Doch Entsagung und Selbstbeherrschung allein machten den Mann nicht aus. Die »keusche Sitte« (Ravenstein) des Turners beruhte keineswegs auf der Verdrängung der Gefühle und Triebe, geschweige denn auf ihrer Abwesenheit. Der Turner sollte vor allem ein froher und freudiger Mann sein, wie es das dritte »F« der alten Devise des Turnvaters Jahn zum Ausdruck brachte: »Frisch, Fromm, Fröhlich, Frei!« Für Ravenstein war denn auch nur der Turner ein ganzer Mann, der die geistige Entwicklung des Kulturmenschen mit der körperlichen Rüstigkeit und starken Trieben der Naturvölker verband. Und auch der Turnlehrer Heusinger beschwor auf der ersten Tagung der sächsischen Turnvereine 1846 »die Vereinigung der Ausbildung der drei Seelenkräfte Geist, Gemüth und Willenskraft, welche den Knaben zum Jüngling, zum echten Manne, den Mann zum thatenlustigen Manne stempelt...«[7]

Die Willenskraft – so dachten die Turner und ihre Vorgänger unter den Aufklärungspädagogen – sei im Fortschritt der Kultur verlorengegangen und könne nur durch die Leibesübungen wiederhergestellt werden. Dieser Auffassung zufolge hatten natürliche Kraft und Lebensenergie des Menschen ihren Sitz im Körper. Mindestens zum Teil war diese Energie sexueller Art. Der Geschlechtstrieb war den Turnern sogar das Modell der menschlichen Kraft schlechthin, die man gleichzeitig kanalisieren und steigern wollte. Welche Bedeutung die sexuelle Komponente der Männlichkeit für die Turner hatte, läßt sich aufgrund der Keuschheitsgebote und der Tabus, die der offenen Diskussionen darüber im Wege standen, schwer abschätzen. Trotzdem deuten viele Hinweise direkt oder indirekt darauf hin, daß der männliche Turner kein asexuelles Selbstverständnis hatte. Im Gegenteil scheint er seine Männlichkeit durch eine Verknüpfung von Potenz und Keuschheit definiert zu haben.

Diese Verbindung macht die Abscheu der Turner vor der Onanie verständlich, die sich wie ein roter Faden durch die vielen Plädoyers für das Turnen zieht: Das Turnen nämlich würde die männliche Jugend vor der »Seuche« der Onanie retten. In lebhafter Sprache malten die Turner aus, wie Onanie »Saft« und »Lebenskraft« der Jungen verschwende, und wie ihre Entwicklung dadurch »geknickt« würde. Hätten sie ihren Samen und damit ihre Energie erst einmal vergeudet, könnten aus diesen Unglücklichen nie mehr richtige Männer werden. Sie müßten vielmehr – schon vergreist in den Jahren ihrer »männlichen Reife« – als weibische »Halbmenschen« ein elendes Schattendasein fristen.[8]

Der allgegenwärtigen Abscheu, mit der die Turner der Onanie gegenüberstanden, entsprach die Vorliebe für Metaphern der Fruchtbarkeit, die – wohl in partieller Anlehnung an die Humoralphysiologie – Samen, Blut, und Pflanzensaft als äquivalent behandelten. Die Turner erschienen dabei als »Samen« eines späteren Wachstums (der Bewegung, der deutschen Nation). Die Turner waren diejenigen, die »Saat« ausstreuten. Die Deutschen oder Deutschland war eine Eiche oder ein Eichenwald – »stark«, »fest«, »voller Saft«, und auch die einzelnen Turner beschrieb man als Eichen. Sehr beliebt war auch der Gegensatz von »frisch« und »welk« – die frischen Turner und ihre welken Gegner, die welke Nationalbewegung während der 50er Jahre im Unterschied zu den »frischeren Strömungen« von 1848 oder 1863. Gebündelt finden sich die verschiedenen Facetten der Fruchtbarkeitsmetaphorik in dem »Lied der Weihe«, das der Turner und liberale Politiker Richard Glaß zur Turnplatzweihe, die fast jeder Verein als erstes Fest feierte, gedichtet hatte. Die erste Strophe dieses Liedes lautet:

> »Auf, laßt uns diese Scholle deutscher Erde,
> Der Turnerei für alle Zeiten weihn;
> Daß sie ein reicher Segensacker werde,
> Der Menschheit Samen darauf auszustreu'n.
> Er möge Männer zeugen,
> Stark wie die deutschen Eichen!
> Daß jeder Turner, stark und frei und treu,
> Ein Schirm und Schutz des Vaterlandes sei!«[9]

Diese Metaphorik war übrigens nicht nur in der Turnbewegung verbreitet. Ein Gedicht zu Ehren des badischen Liberalen Karl Theodor Welcker, das unter dem aussagekräftigen Titel »Professor Welcker – kein welker!« gedruckt wurde, erklärte, der beliebte Politiker sei

> »Ein Baum voll Mark und Saft
> Ein Eichenstamm voll stolzer, deutscher Kraft
> Kein dürres Reis, wovor uns Gott behüte
> Ganz Leben, Muth und würd'ge Geistesblüthe.«[10]

Die Affinitäten zwischen Liberalen und Turnern beschränkten sich freilich nicht auf die gemeinsame Liebe zur Fruchtbarkeitsmetaphorik. In den 1840er Jahren waren die Turner besonders in Sachsen und in Südwestdeutschland wichtige Träger der liberalen Gesinnungsgemeinschaft. Die Turnvereine wurden zu Kristallisationspunkten der aufkeimenden liberalen Bewegung. Daher nimmt es nicht Wunder, daß die Turnbewegung in den Sog der parteipolitischen Auseinandersetzungen gerissen wurden. Städtische Gemeinden trennten sich oft in zwei Lager über die Streitfrage: Soll es bei uns eine Turnanstalt geben? In solchen Auseinandersetzungen schlug sich für die Turner der große politische Gegensatz des Vormärz nieder, der zwischen der »Bewegungspartei« und der »Stillstandspartei« (um die – polemischen – Begriffe des zeitgenössischen Liberalismus zu verwenden). Anhänger der »Stillstandspartei« wurden als »Philister« oder »Zopfbürger« stigmatisiert. Als die Turner in Oederan sich 1847 organisierten, klagten sie über die feindliche Haltung der vielen »Zopfbürger« dieser Stadt. Einen Nutzen konnten die Turner dieser Feindschaft nur insofern abgewinnen, als sie »solche ›Zöpfe‹« vorher »nur an dem duckmäuserischen, spießbürgerlichen und geheimnisvoll-ängstlichen Benehmen« hatten identifizieren können.[11]

Der Turner war, wie andere liberale Gesinnungsgenossen, Träger eines quasi-religiösen Glaubens, nämlich des Glaubens an den unaufhaltsamen Fortschritt der ihrer Vervollkommnung zustrebenden Menschheit. Das bedeutete aber auch, daß sein Selbstverständnis als Mann nicht in seiner Rolle als Turner aufging, sondern untrennbar verbunden war mit der als Träger des Fortschritts. Seine »männliche« Strebsamkeit und Willenskraft sowie sein männlicher Gemeinsinn machten ihn zum idealen Staatsbürger. Und seine Treue zur Bewegungspartei untermauerte seinen guten Charakter. Ein Turner hatte diesen per se, und wenn das Adjektiv »turnerisch« den Gegensatz zu »unturnerisch« bildete, so war damit nicht nur ein körperlicher Habitus angesprochen, sondern eben auch der »Charakter«. Ein schlechter Mensch war unturnerisch, und man diskutierte über die Eigenschaften, die einen turnenden Mann zum »echten Turner« stempelten.[12] Der Kampf zwischen Fortschrittspartei und »Zopftum« konnte daher auf die knappe Formel gebracht werden: »und wer kein Turner war, von dem wird es heißen, er ist kein rechter Mann!«[13]

Die besondere Identität der Turner und ihre besondere Männlichkeit waren die Grundlage der Vorstellung von der Gleichheit unter den Turnern, die auch in Ravensteins Formel »in brüderlicher Vereinigung« ihren Ausdruck fand, die aber schon in der Jahnzeit (1811-1819) existierte. Damals freilich waren die allermeisten Turner Besucher der Universitäten und höheren Schulen; es mag sein, daß der priviligierte Zugang zu Bildung und die soziale Unbestimmtheit der Jugendzeit die egalitäre Tendenz förderten (wie das bei den damaligen und auch späteren Studentenverbindungen der Fall war). Nur an den wenigen »Volksturnplätzen« entsprachen in dieser Zeit egalitäre Ansprüche einer gewissen sozialen Vielfalt. In Berlin zum Beispiel kamen die Turner aus allen oberen und mittleren Schichten der Stadtbevölkerung, von Professoren und Staatsbeamten bis zu Handwerksgesellen.

In den 40er Jahren gewannen die egalitären Ansprüche der Turner neuen Boden, als die Vereine versuchten, Mitglieder aus allen Schichten der Bevölkerung zu rekrutieren. In dieser Zeit lag der soziale Schwerpunkt eindeutig bei der eher kleinbürgerlichen Jugend. Die am stärksten vertretene Berufsgruppe waren die Handwerkergesellen. Darüber hinaus waren fast alle Schichten der städtischen Bevölkerung in der Bewegung vertreten. Auch hier war es der Faktor der sozialen Unbestimmtheit – nur diesmal der jungen Handwerker (deren bürgerliches Selbstbild sich mit Proletarisierungstendenzen in Arbeitsweise und Lebensstandard verknüpfte) –, der wohl zur vehementen »Gleichmacherei« vieler Vereine beitrug und vor dem allgemeinen Hintergrund der frühliberalen Vorstellung einer egalitären Bürgergesellschaft zu sehen ist.[14]

Durch Tracht und Abzeichen, durch das obligatorische »turnbürderliche Du«, durch eine lebendige Geselligkeit in den Vereinen, durch Fahnen, Lied, Sprichworte und Vereinsprache sonderten sich die Turner von der Masse ihrer Zeitgenossen ab. Untereinander suchten sie in ihrer Männlichkeit die Grundlage ihrer Gleicheit. Satz 2 des Grundgesetzes der einflußreichen Turnanstalt in Plauen lautete: »Die Turner sind untereinander gleich als Brüder«. Ihr männliches Selbstverständnis bildeten die Turner als alternative Identität aus, die soziale Hierarchien relativieren oder gar aus der Welt schaffen sollte. Daher nannten sich die Turner »Brüder«, bezeichneten ihre Beziehungen untereinander als »brüderlich« und nannten ihre soziale Utopie »turnbrüderliche Gleichheit«.

In der Turnbewegung war Männlichkeit eingebettet in eine breitere soziale Identität: der Turner als Speerspitze des Fortschritts. Männlichkeit war dabei eines von mehreren Merkmalen, die nicht genau voneinander abgegrenzt waren. Damit ist ein über die Turnbewegung hinausweisendes Spannungsverhältnis berührt, das alle Versuche, Männlichkeit und männliche Geschlechterrollen im 19. Jahrhundert (und wohl auch in anderen Epochen) historisch zu definieren, so schwierig macht: das Spannungsverhältnis zwischen sogenannten urmännlichen Eigenschaften wie Körperkraft und Tapferkeit (deren Hochschätzung man bei Naturvölkern ebenso wie in Industriegesellschaften beobachten kann) auf der einen Seite und der großen Skala bestimmter Haltungen und Einstellungen, die erwachsenen Männern darüber hinaus zugeschrieben wurden.

Männer – und am allerwenigsten »echte« Männer – waren keineswegs auf ihre Männlichkeit reduziert. Damit aber wird auch die im zeitgenössischen Geschlechterdiskurs des 19. Jahrhunderts beliebte Vorstellung einer Symmetrie der Geschlechterrollen in Frage gestellt. Diese Vorstellung beinhaltete die symmetrische Arbeitsteilung zwischen Männern und Frauen entsprechend ihrer als »natürlich« angesehenen menschlichen Anlagen. Dem Mann wurde der öffentliche, der Frau der private Raum zugewiesen. Tatsächlich aber war das Verhältnis nicht symmetrisch, sondern asymmetrisch. Frauen waren weitgehend auf ihre biologische Weiblichkeit, ihre Funktion als Mütter, dann auf damit zusammenhängende soziale Funktionen, auf ihre Rolle als Erzieherinnen, auf den emotionalen Bereich, auf Liebe und Intimität reduziert. Männern dagegen wurde – besonders deutlich in der humanistischen Bildungsideologie und im Bildungsbürgertum – die Aufgabe zugewiesen, sich zu »ganzen«, allseitig entwickelten Menschen auszubilden, alle Bereiche ihrer »Natur« zu vervollkommnen. Für die Turner war der ideale Mann tapfer und stark wie ein Soldat, er war aufrichtig, selbstbewußt, unabhängig und gemeinwohlorientiert wie der Staatsbürger, und er genoß die Freude am Leben und Lieben des glücklichen Familienvaters und Ehemannes. Ein Mann konnte, vor allem als Bildungsbürger, ein voll entwickeltes Individuum werden, der Frau dagegen wurde eine nur fragmentarische Existenz zugewiesen.

Für die Turner war der »wahre« Mann der voll entwickelte Mensch, und Turnen war als »Menschenbildung« ein Mittel der »Vervollkommnung der Menschheit«. Eben dieser breite, fast universelle (weil am Humanitätsideal orientierte) Charakter der Männlichkeit erschwert alle Versuche, zu definieren, was denn nun Männlichkeit (gewesen) sei. Wir stehen immer einem Gemenge von scheinbar »ewigen« »ur«männlichen Eigenschaften und anderen, damit in Verbindung gebrachten, historisch aber weitaus wechselhafteren Attributen (z.B. Staatsbürgerschaft, Wahlrecht) gegenüber. Die Frage ist nur, wo fängt das eine an und wo hört das andere auf?

Solche Abgrenzungsprobleme werden noch größer, wenn man auch auf die Frauen blickt, die an der Turnbewegung partizipierten. Schon in den 1830er Jahren fingen einige Vereine an, auch Töchter von männlichen Mitgliedern mit den Leibesübungen vertraut zu machen. Aber Mädchen und Frauen waren in der Turnbewegung auf eine Randexistenz beschränkt, auch wenn das Mädchenturnen mitunter empfohlen und praktiziert wurde. Die Turnbewegung hatte einen exklusiv männlichen Charakter, und Frauen waren als förmliche Mitglieder bis in die 1890er Jahre von den Vereinen ausgeschlossen.

Dennoch übten Frauen in der Turnbewegung wichtige symbolische Funktionen aus. Die mithelfende Rolle der Frau kam besonders während einer Zeremonie zum Vorschein, die fast jeder Turnverein bald nach seiner Gründung absolvierte: die Weihe der Vereinsfahne, die von den Jungfrauen der Stadt bezahlt und gestickt wurde. Bei der Fahnenweihe in Wurzen am 10. September 1848 übergab, dem üblichen Ritual entsprechend, eine Delegation von Jungfrauen die Fahne, wobei eine Frau eine kurze Rede hielt:

»Auch wir nehmen innigen Anteil an den Bewegungen und Errungenschaften der Neuzeit. Hingewiesen zwar auf die engen Grenzen des häuslichen Lebens, freuen wir uns doch als deutsche Jungfrauen über das, was geistige und körperliche Bildung fördert. ... Darum empfangen Sie diese Fahne, geschmückt mit den Farben der Turner [weiß und rot, für Unschuld und Freude]; sie sei Ihnen ein Andenken an uns in den Stunden der Freude; sie sei Ihnen ein heiliges Panier, um das Sie sich schaaren in den Stunden der Gefahr und des Kampfes!«[15]

Alle Menschen, Männer und Frauen, nahmen am Projekt der menschlichen Vervollkommnung, an der »geistigen und körperlichen Bildung« teil, aber nur einige Männer stiegen stellvertretend für alle Menschen zum letzten Gipfel. Für die Turner war der »wahre« Mann der höchste Ausdruck der

Menschlichkeit, ebenso wie das Turnen als »Menschenbildung«, als Hauptmittel zur »Vervollkommnung der Menschheit« gepriesen wurde.

Zerfall und Erneuerung

Das Spannungsverhältnis zwischen engeren und breiteren Männlichkeitsdefinitionen prägte die zweite Phase der Turnbewegung, in geringerem Maße dagegen die Zeit danach (ab 1850), in der die Turner in den Strudel der Reaktion gerieten. Die meisten Turnvereine wurden in der Zeit nach der Revolution verboten, vor allem die politisch ausgerichteten, viele Turner wurden politisch verfolgt. In den 1850er Jahren läßt sich denn auch eine breite Tendenz zur Entpolitisierung der Turnbewegung beobachten. Die überlebenden Vereine der 50er und die neugegründeten der 60er Jahre gaben sich bescheiden, sogar reumütig, wenn es um den Stellenwert der Politik in den Turnvereinen ging.

Außerdem gingen die Turner auf Abstand zu ihrer sozialen Utopie. An die Stelle des hehren Ziels, die Standesunterschiede auf dem Turnplatz zu überwinden, trat das bescheidenere, alle Schichten an den Leibesübungen zu beteiligen. Eine gesamtgesellschaftliche Ausstrahlung dieser Praxis der Vereinsgeselligkeit erhoffte man sich nicht mehr. Früher glaubte man, die Gesellschaft würde sich den Bräuchen und Sitten der Turner angleichen; nun paßten sich die Turner den bestehenden Verhältnissen an. Damit büßte die Turnbewegung viel von ihrem Selbstverständnis als »Bewegung« ein. Auch das Bruderschaftsprinzip, das im Geruch stand, Ausgangspunkt der politischen Aktivitäten (gewesen) zu sein, geriet in Mißkredit; und selbst das Duzen wurde obsolet. Turner sollten nicht mehr die besseren oder besten Menschen und Männer sein. Der Stolz der auf ihre besondere Kraft und ihren Mut, die sie von den anderen abhob, verblaßte. Das Gleichheitsprinzip der Turner und die damit verbundene Vorstellung einer besonderen Identität als Elite verschwanden zwar nie ganz aus der Bewegung, aber sie wurden erheblich abgeschwächt.[16]

So wie sich das soziale Ideal veränderte, wandelte sich auch die soziale Wirklichkeit. Aus statistischen Erhebungen, die die deutschen und deutsch-österreichischen Turnvereine unter ihren Mitgliedern in den 60er Jahren anstellten, ließ sich eine Tendenz zur Proletarisierung ablesen. Fast 8% aller Turner (und fast 14% der sächsischen) gehörten der Berufskategorie »Handarbeiter, Fabrikarbeiter, Tagelöhner« an. Im Durchschnitt zählten fast 60% der Turner zu der Kategorie »Handwerker«. Wohl die Mehrheit davon führte schon eine proletarische Lebensweise, zumal die meisten wahrscheinlich Gesellen waren. Obwohl fast 5% der Turner sich aus gebildeten Eliten rekrutierten, vermehrten sich die Klagen, daß die »gebildeten Stände« zunehmend auf Distanz zum Turnen gingen. Hinzu kam noch, daß sich von nun an sehr vielen Orten mehrere Turnvereine bildeten, während sich vorher alle Turner eines Ortes in einem Verein zusammengefunden hatten. Diese Zersplitterung war Ausdruck einer sozialen Fragmentierung der Turnbewegung wie der Gesellschaft insgesamt, die man beklagte, aber doch nicht ändern konnte.

Vielleicht weil die einst umfassend verstandene Identität der Turner zunehmend unter Beschuß geriet, wurde Männlichkeit nunmehr präziser, und das hieß: weniger anspruchsvoll, definiert. Jetzt war der Beitrag der Turnvereine zum Gemeinwesen nicht mehr die große »Vorbildung zur Staatsbürgerschaft«, sondern die kleine Hilfe für Mitbürger in Gefahr, z.B. in freiwilligen Feuerwehren, die massenweise von Turnern gegründet wurden. Mitunter richtete sich die Hoffnung auch auf die noch zu errichtenden Volksarmeen zum Schutz der Nation. Sie aber wurden nie in der von den Turnern erwünschten Form realisiert.

Die politische Umorientierung hatte die Folge, daß die frühere Gleichstellung von Männlichkeit mit Tapferkeit und patriotischem Wehrdienst in gewisser Hinsicht wiederhergestellt wurde. Andererseits aber wuchsen auch die Vorbehalte gegenüber den »urmännlichen« Eigenschaften Kraft und Mut, haftete ihnen doch der Geruch des Gefährlichen an.[17] Schon immer zwar hatten die Turner nach einem Mittelweg zwischen Waghalsigkeit und Gehorsam, zwischen individueller Selbständigkeit und Treue zu einem Gemeinwesen, zwischen Tatkraft und Selbstbeherrschung gestrebt. In den 40er Jahren aber schwärmte man wie in der Jahnzeit mehr für körperliche Kraft und Waghalsigkeit, für die scheinbar grenzenlose Energie und Begeisterung der muskulösen Turner. Seit den frühen 50er Jahren verschob sich das Schwergewicht von diesem Dynamismus auf die Kontrolle, vom Mut auf den Gehorsam. Die Turner sollten zwar immer noch stark werden, aber doch nicht zu stark. Immer mehr pries man jetzt die »harmonische« Entwicklung des Körpers: eine schlanke, ebenmäßige Form ohne hervorragende Muskeln, die jetzt als »derb« stigmatisiert wurden. Mut war immer noch gefragt – die Turner sollten keine Feiglinge werden –, aber er sollte doch gezähmt sein. Welch ein Unterschied zur Jahnzeit oder 1848, als ein Turner (ein Mann) nie zu mutig sein könnte!

In den früheren Jahren wollte ein ehrgeiziger Turner die größten und spektakulärsten Schwünge und Sprünge vorführen und mit solchen Kunststücken seinen Mut demonstrieren. Solche Übungen galten auch als besonders männlich. Obwohl viele Mädchen Turnunterricht bekamen, wurden sie gewöhnlich von den »mutigsten« Übungen ausgeschlossen. Nach der Revolution stand man den waghalsigen Kraftübungen skeptisch gegenüber, verwarf sie als halsbrecherisch oder stigmatisierte sie als Prahlerei. Die männlichen Turner sollten nun eher die Massenübungen pflegen, einfache Bewegungen, auf ein Kommando und gruppenweise ausgeführt, Übungen, die eigentlich als besonders gut für Mädchen geeignet galten, weil mit ihnen die gehorsame Unter- und Einordnung in eine Gemeinschaft trainiert wurde. Mochten männliche Turner auch oft über solche Übungen spotten, so standen sie doch immer häufiger auch für Männer auf dem Programm. In gewisser Hinsicht mag man daher zu dem Schluß kommen, die Leibesübungen der Männer seien nach der Revolution feminisiert worden. Jedenfalls wurde aus der einst »führenden« Turnerbewegung nun eine »folgende«.

In zweierlei Hinsicht wurde also in den 1860er Jahren das frühere Männlichkeitsideal der Turner verabschiedet. Mannsein ging nun nicht mehr im glorreichen ewigen Streben auf, sondern wurde begrenzt auf fest umrissene Pflichten – als Feuerwehrmann, als Vaterlandsverteidiger, als Familienvater. Und weil der politische Status, den sich die Männer in Abgrenzung von den Frauen zugeschrieben hatten, durch die gescheiterte Revolution ins Zwielicht geraten war, verloren die »männlichen Charakterzüge« viel von ihrem Glanz, wurden turnende Männer unterschwellig feminisiert.

Anmerkungen

1 Brief an Mönnich vom 12. September, in: Wolfgang Meyer (Hg.), *Die Briefe Friedrich Ludwig Jahns*, Leipzig 1913, S. 36f. Diese Mahnung, nun als »höchste und heiligste Pflicht« formuliert, wiederholte Jahn in den sog. Turngesetzen, in: ders./Ernst Eiselen, *Die deutsche Turnkunst* (1816), Berlin 1960, S. 179f. Die folgenden Ausführungen fassen Ergebnisse meiner im Abschluß begriffenen Doktorarbeit zusammen: »Germany Incarnate. Status, Gender and Politics in the German Gymnastics Movement, 1811-1871«, Columbia University. Für Kritik und Unterstützung meiner Arbeit danke ich Istvan Deak, Marion Deshmukh, Ute Frevert, Dagmar Herzog, Thomas Kühne, David Sabean, Sophia Schoenemann und Fritz Stern sowie den Kommilitonen in Prof. Sterns Doktorandenkolloquium: Ian Beilin, Molly Hoagland, Paul Lerner, Teague Mims, Jon Vanden Heuvel.- Den jüngsten Überblick über die Geschichte der Turnbewegung bietet Dieter Langewiesche, »... für Volk und Vaterland kräftig zu würken ...«. Zur politischen und gesellschaftlichen Rolle der Turner zwischen 1811 und 1871, in: Ommo Grupe (Hg.), *Kulturgut oder Körperkult? Sport und Sportwissenschaft im Wandel*, Tübingen 1990, S. 22-61.

2 J.C.F. GutsMuths, *Gymnastik für die Jugend*, zuerst 1793, Neudruck Wien 1893, S. 26.

3 Vgl. dazu den Beitrag von Ute Frevert in diesem Band.

4 Für diese Phase stütze ich meine Beobachtungen hauptsächlich auf Quellen der Turnvereine im Königreich Sachsen. Von den ersten Anfängen in Plauen 1835 wuchs die sächsische Turnbewegung dort auf etwa 12 Turnanstalten um 1840, auf 54 im Jahr 1846, bis auf einen Höhepunkt von vielleicht 100 Turnvereinen während der Revolutionsjahre 1848/49. Durch Polizeimaßregeln auf etwa 35 Vereine in den 50er Jahren reduziert, wuchs sie ab 1859 wieder auf mehr als 270 Vereine gegen Ende 1864. Trotz der großen Unterschiede zwischen den deutschen Staaten – und trotz entsprechender Unterschiede zwischen den jeweiligen Turnvereinen dieser Staaten – gab es zahlreiche Parallelen zwischen der sächsischen Entwicklung und der in anderen deutschen Regionen, wenngleich besonders in den südlichen und westlichen Staaten der politische und soziale Radikalismus der Turner über sächsische Maßstäbe hinausreichte.

5 *Der Turner. Zeitschrift gegen leibliche und geistige Verkrüppelung*, Dresden 1848, S. 178f.

6 Aus dem Lied »Turnerwerth«, abgedruckt in: *Lieder für Turner*. Zusammengestellt vom Turnverein zu Borna, Borna 1845-1846, S. 25f.

7 *Verhandlungen des ersten sächsischen Turntags, abgehalten in Dresden am 31. Oktober und 1. November 1846*, Dresden 1846, S. 22.

8 Dazu Jahn/Eiselen, *Turnkunst*, S. 179f.; Ernst Moritz Arndt, *Geist der Zeit*, Bd. 4, Berlin 1818, S. 390f.; F.W. Klumpp, *Das Turnen: ein deutschnationales Entwicklungs-Moment*, Stuttgart 1842, S. 26f.

9 *Lieder für Turner*, Borna 1845-46, S. 2f.

10 *Constitutionelle Staatsbürger-Zeitung*, 1847, S. 264. Diese Zeitung war die Nachfolgerin von Robert Blums verbotenen Sächsischen Vaterlandsblättern. Ob man den Eichenstamm als Phallus-Symbol zu verstehen hat, mag dahingestellt bleiben.

11 *Constitutionelle Staatsbürger-Zeitung*, 1847, S. 688.

12 J.G. Däßler, Ein Bild des echten Turners. Zum Gedächtnis Hermann Ehregott Zeller's, gestorben am 25. August 1847 zu Dresden, in: *Der Turner*, 1847, S. 329-332, 346-348, 361-370; siehe auch den Aufsatz von Ernst Freundlich, *Der Turner*, 1846, nach S. 312.

13 *Voigtländisches Turnbüchlein*, hg. vom Turnrath zu Plauen, Plauen 1844, S. 5; *Der Turner*, 1847, S. 383f.

14 Hierzu Paul Nolte, Bürgerideal, Gemeinde und Republik. »Klassischer Republikanismus« im frühen deutschen Liberalismus, in: *Historische Zeitschrift* 254, 1992, S. 609-656.

15 *Der Turner*, 1849, S. 71.

16 Vgl. z.B. die Artikelserie in (Theodor Georgiis) *Turnzeitung* (Esslingen) 1855, S. 2-8, 36-38, 59-63, 67f., 92-94, 102-104, 109-113.

17 Zur Neudefinition der Turneridentität vgl. z.B. D.G.M. Schreber, Die Turnanstalt als Schule der Männlichkeit, in: *Neue Jahrbücher der Turnkunst*, 1858, S. 169f.

»... die Männer sollten schöner geputzt sein als die Weiber«

Zur Konstruktion bürgerlicher Männlichkeit im 19. Jahrhundert

Sabina Brändli

>»Wenn man gar nicht einmal
>die Geschlechter an den Kleidungen erkennen
>könnte, sondern auch noch sogar das
>Geschlecht erraten müßte, so würde eine
>neue Welt von Liebe entstehen. Dieses
>verdiente in einem Roman mit Weisheit und
>Kenntnis der Welt behandelt zu werden.«
>*Georg Christoph Lichtenberg*[1]

»Ob die Manns-Personen Menschen wären?«

Am 14. Februar 1725 kam eine der »Vernünftigen Tadlerinnen« in der gleichnamigen Zeitschrift ins Schwärmen. Nachdem sie vom Volk der Amazonen gelesen hatte, malte sie sich weibliche Utopien aus. Sie dachte sich die Männer aus der eigenen Stadt heraus, versuchte sich eine Armee mit weiblichen Waffenträgerinnen vorzustellen und verweilte schließlich lange bei ihrer Lieblingsidee: einer Hohen Schule ausschließlich für Frauen. »Denn meinem Bedüncken nach waren alle Professor-Stellen mit Weibes-Personen besetz.« In dieser Hochschule hielte man öffentliche Unterredungen von gelehrten Materien und »mich dünckt, daß es weit lebhaffter und eifriger, als jetzo bey den Männern zugieng. Man zanckte sich...« und fragte, ob man »den gantzen Plunder mit einem mahle wegwerffen könne?« Schließlich fände sich sogar »eine spitzfindige, die aus einer sonderbahren Begierde neue Wahrheiten zu erfinden, die Frage aufwarff: Ob es denn eine so gantz ausgemachte Sache sey, daß die Manns-Personen Menschen wären?« Es war klar, daß diese ketzerische Frage lediglich den Spieß umdrehte, denn »die Leugnung dieser Streit-Frage wäre das beste Mittel sich an denen zu rächen, die bisher die Menschheit der Weiber in Zweifel gezogen haben...«.[2]

Es kann nicht die Devise der Geschlechtergeschichte sein, »den ganzen Plunder« wegzuwerfen. Die damals von einer fiktiven Frauenfigur[3] provokant gestellte Frage, ob die »Manns-Personen Menschen wären«, führt uns hingegen ins Zentrum unseres Themas: Männergeschichte historisiert Männlichkeit und erhebt auf der Suche nach »neuen Wahrheiten ... zuweilen probehalber die Frauen zur Norm und die Männer zum abweichenden »anderen Geschlecht«. Erst durch das Hinterfragen eingeschliffener Wahrnehmungsraster wird sichtbar, unter welchen Bedingungen – Beschränkung, Zurüstung und Überhöhung – sich der bürgerliche Mann im 19. Jahrhundert als der Mensch schlechthin und als Maß aller Dinge gebärdete.

Männergeschichte beschäftigt sich einerseits mit den männlich markierten Territorien, mit Politik, Armee, Erwerbsarbeit und Wissenschaft sowie den in einer Epoche gängigen Erklärungsmustern, bestimmte oder alle Frauen sowie bestimmte Männer (!) mit dem Hinweis auf ihre Unmännlichkeit aus diesen Bereichen auszuschließen. Ebenso vielversprechend ist der umgekehrte Weg: das Verschwinden der Männlichkeit in den feminisierten Bereichen zu erforschen. Der zweite Weg soll im folgenden beschritten werden.

Mode, Kleidung, Schönheit: Die Themen sind doppelt und dreifach mit Weiblichkeit konnotiert.[4] Bis zur Zeit der Neuen Frauenbewegung galt es als selbstverständlich, daß Frauen in den Bereichen des Kleiderkonsums und der -produktion überproportional vertreten waren, umgekehrt proportional zu ihrer Präsenz in Wissenschaft oder Politik. Ebenso selbstverständlich schien es, die Beschäftigung mit Kleidung und Schönheit für spezifisch weiblich zu halten. Wenn Männer darin nur einen unnützen Zeitvertreib sahen, fühlten sie sich hingegen in ihrer Männlichkeit bestätigt.

Das bürgerliche 19. Jahrhundert wird in diesem Aufsatz als die für diese Zuschreibung entscheidende Phase dargestellt. Nicht die Frauenmode soll dabei im Mittelpunkt stehen, sondern die selten untersuchte Männermode, die immerhin für die Mode beider Geschlechter in unserem Jahrhundert wegweisend war. Zuerst wird nachgezeichnet, wie sich die Männer im 19. Jahrhundert aus dem System der Mode stahlen. Anhand der konkreten Entwicklung der männlichen Erscheinung wird dokumentiert, wie sich das bürgerliche Männerkleid dem Modediktat entzog. Der Vergleich mit der Frauenmode wird illustrieren, wie sich im 19. Jahrhundert die Polarisierung der Geschlechtscharaktere festigte. In einem nächsten Schritt soll das Reden über die Mode analysiert werden. Meiner These gemäß entwickelte sich die »unvernünftige«, den scheinbar geschlechtstypischen Launen unterworfene

Mode zum Inbegriff der Weiblichkeit und wurde zum Gegenpol der genannten »vernünftigen« Männerterritorien wie Politik, Armee und Wissenschaften. Die Feminisierung und Abwertung des Modischen zementierte die Polarisierung der Geschlechter und legitimierte rückwirkend den Ausschluß der Frauen und sogenannter »unmännlicher« Männer aus männlich konnotierten Bereichen. Denn Mode verwies auf den Körper, auf die Geschlechtlichkeit und diese wurde mit dem »Andern«, mit Weiblichkeit, gleichgesetzt. Im Gegensatz dazu wurde Männlichkeit zum Ehrentitel, der erst nach einer erfolgreich abgeschlossenen Kulturleistung verliehen wurde. Erst die disziplinierende Sozialisation machte den (biologischen) Mann zum (sozialen) Manne, enthob ihn den Niederungen der Geschlechtlichkeit und erkor ihn zum Menschen. Grundlage der Untersuchung ist der im 19. Jahrhundert dominante bürgerliche Diskurs im deutschsprachigen Raum, an dem sich selbstredend vor allem Männer beteiligten.

Von der Mode zur zivilen Uniform: »ödes Grau«

»Uns wird es schwer, diese trostlose und nüchterne Erscheinung als den Ausdruck einer von idealem Freiheitsdrang durchglüten Zeit zu denken...«[5] Richtig zu begeistern vermochte die gängige Männerkleidung des Fin de Siècle niemanden. Nicht einmal den Autor von »Der Modeteufel«, dessen Spott eigentlich der ganz anders gearteten Frauenmode galt. Als gäbe es einen Trauerfall zu beklagen, legten die Männer im Verlauf des 19. Jahrhunderts Farbe und Ornament ab. Am Ende des Jahrhunderts gingen sie in »dunkel-trüben Farben« und »ödem Grau«[6] einher. Am Anfang waren noch helle, leuchtende Fräcke und Hosen verbreitet, auf männlichen Brüsten prangten noch prächtig bestickte und bedruckte Westen. Nach der Mitte des Jahrhunderts verdüsterte sich das Erscheinungsbild jedoch zusehends. Nur Unauffälliges, Unempfindliches schien der männlichen Würde zu ziemen: »Nur noch Schwarz ist erlaubt, die Weste wird verdeckt, mit ihr die dicken Uhrketten und Klunker, das Halstuch schrumpft zu einem Symbol zusammen, die égalité ist so vollständig, daß in einer Abendgesellschaft der Lohndiener und der vornehme Gast an äußeren Zeichen nicht mehr zu unterscheiden sind.«[7] Der aufgrund des sackartigen Schnittes Sakko genannte Alltagsanzug, der 1867 in Mode kam, war wegweisend: Die drei Teile des Anzuges, Hose, Jackett und Weste, wurden meist aus demselben Stoff gearbeitet. Der weite Schnitt garantierte eine ungehinderte Bewegung, insbesondere die großzügig bemessenen Ärmel sicherten Ellenbogenfreiheit.[8] Anders

103

als beim Biedermeieranzug, der, parallel zur Frauenmode der Zeit, die Wespentaille betonte, ließ sich der Körper unter dem Sakko nur mehr erahnen. Die modischen Veränderungen in Schnitt, Form und Farbe wurden immer kleiner, bis es über Männermoden praktisch nichts mehr zu berichten gab. Bereits in der ersten Jahrhunderthälfte wurde die Stagnation in den Journalen lakonisch kommentiert: »In Herrenmoden durchaus nichts Neues.«[9] Seit Ende des 18. Jahrhunderts waren den eleganten Journalen kostbar kolorierte Kupferstiche beigelegt worden, die über die neusten Moden informierten. Die Männer waren darauf mit Alltags-, Haus-, Jagd- und Gesellschaftsanzug ganz selbstverständlich vertreten. Im 19. Jahrhundert veränderte sich das Zahlenverhältnis der abgebildeten Figuren jedoch immer mehr zuungunsten der Männer. In der zweiten Jahrhunderthälfte sind sie ganz von den regulären Beilagen der Journale, die nun billig in Stahl gestochen wurden, verschwunden. Eine Extrabeilage etwa zum Auftakt der Ballsaison mochte genügen.[10]

Dieser Ausschluß der Männer aus der Modeberichterstattung kam einem Verschwinden aus den Modeillustrierten gleich. Wandten sich das *Journal des Luxus und der Moden* (ab 1786) oder die *Zeitschrift für die elegante Welt* (ab 1798) noch explizit an beide Geschlechter, suchten die seit der Mitte des 19. Jahrhunderts gegründeten Zeitschriften ihr Publikum ausschließlich bei den Frauen: So z.B. *Der Basar. Erste Damen- und Modenzeitung* (ab 1854), die *Frauen-Zeitung für weibliche Arbeiten, Moden, Hauswesen und Unterhaltung* (ab 1852) oder *Das fleissige Hausmütterchen. Schweizer Muster-, Moden- und Frauenzeitung* (ab 1865).

Die Modezeitschriften wurden wie die Kleidung zunehmend industriell gefertigt und sprachen ein immer breiteres Publikum an. Die Trivialisierung dieser Zeitschriften ist jedoch nicht nur damit zu erklären, daß aus der Beschäftigung einer Oberschicht ein Massenphänomen wurde. In der zweiten Jahrhunderthälfte entstanden reine Modezeitschriften und Musterhefte, die ausschließlich Stick-, Strick- und Schnittanleitungen enthielten. Die Entwicklung des außermodischen, ursprünglich keineswegs anspruchslosen redaktionellen Teils, der gegen Ende des 19. Jahrhunderts zur Rätselecke, Ratgeber- und Klatschspalte zusammenschrumpfte, ist mit der Polarisierung der Geschlechtscharaktere erklärbar. Die unvernünftige, »weibliche« Mode wurde immer stärker als Gegenstück zu vernünftigen, »männlicheren« Themen wie Politik wahrgenommen.

Schlichte Herren und garnierte Damen

Die Schlagworte, mit denen das Bürgertum im 18. Jahrhundert gegen den Adel angetreten war, blieben im 19. Jahrhundert nur für die Männer gültig. Die demonstrative Schlichtheit, das Understatement und die Vernunft hatten im Ancien Régime zum bürgerlichen Credo gehört. In der von Sittenmandaten geprägten Welt konnte der demonstrative Repräsentationsstil des Adels auf legalem Weg nicht über-, sondern nur unterboten werden. Die bürgerliche Moral, die einer einfachen, vernünftigen, reinlichen und praktischen Kleidung das Wort redete, vermochte das aristokratische Repräsentationssystem, das auf demonstrativem Müßiggang und demonstrativem Konsum basierte, erfolgreich zu unterhöhlen: Perücken, Puder, Parfums, Reifröcke, Schnürbrüste und Schuhe mit hohen Absätzen verschwanden genauso wie die kurzen Männerhosen, Samt und Seide und die dem Schnörkel verpflichtete Ornamentik. In der Frauenmode hielten Korsetts, Reifrock und Stöckelschuhe allerdings nach der Französischen Revolution wieder Einzug. In der Mitte des 19. Jahrhunderts hatten die ausladenden Krinolinen, die mit Roßhaar (franz. *crin*) versteiften Frauenröcke, erneut die Dimension der im 18. Jahrhundert von bürgerlichen Autoren gegeißelten Reifröcke der Hofdamen erreicht. Die Frauenmode wurde nun mit anderen Ellen gemessen.

Bei den Männern hingegen setzte sich im 19. Jahrhundert – abgesehen von Hoffeierlichkeiten – die bürgerliche Mode durch: die langen Hosen, der Zylinder, der dunkle, schmucklose dreiteilige Anzug sowie das weiße Hemd ohne Rüschen und Spitzen. Die bürgerliche Männermode entwickelte sich zur funktionalen zivilen Uniform, mit der wir heute »graue Eminenz« assoziieren, und entzog sich dem Wechsel der Mode. Mode wurde zum Synonym für Frauenmode. Der Kampf gebildeter bürgerlicher Frauen um die Hosen zeigt, wie weit diese Polarisierung in der zweiten Hälfte des 19. Jahrhunderts fortgeschritten war: Frauenrechtlerinnen, die eine an der Funktionalität des Männeranzuges orientierte Tracht lancieren wollten, wurden bösartig karikiert.[11] Noch Ende des Jahrhunderts verblüffte der »›vernünftige Damenanzug der Zukunft‹ ... besonders die Männerwelt, der die Zusammenstellung von ›vernünftig‹ und ›Damenanzug‹ ein Wagnis sondergleichen scheinen will.«[12]

Neben Krinoline, Cul de Paris und anderen aufgebauschten Rockvolumina erlebte bei den Frauen seit den 1820er Jahren auch das Korsett eine Renaissance. Für Männer hingegen galt nun die bürgerliche Maxime, daß keine künstlichen Mittel oder enggeschnittenen Kleider die Bewegungsfreiheit behindern durften. Noch im 18. Jahrhundert hatten auch Männer, insbesondere Knaben und Offiziere, zuweilen Korsette getragen. Im frühen 19. Jahrhundert halfen elegante Dandies der im Biedermeier geforderten Wespentaille mit Schnürung nach. In der zweiten Jahrhunderthälfte aber gab es für das modisch stattliche Embonpoint nichts mehr zu schnüren: Das Korsett war so stark mit Weiblichkeit behaftet, daß ein Mann, der sich weiterhin schnürte, dies niemanden mehr wissen ließ. Die »weibische« Männermode des Biedermeier wurde rückblickend als »männlicher Krinolinenrock«[13] verspottet.

Auch die Hemdkragen waren nicht bequem. Die im Biedermeier hochgestellten Kragen pieksten die Männer empfindlich in die Wangen und wurden nicht grundlos »Vatermörder« genannt. Sie zwangen, wie die hohen Kragen des Fin de siècle, in jeder Situation Haltung zu bewahren. Der weiße Kragen war Zeichen dafür, daß der Träger von körperlicher, nicht aber von geistiger Arbeit befreit war. Vergleicht man die Unbequemlichkeit eines Kragens oder einer gestärkten Hemdbrust mit der Schwierigkeit, in einer Krinoline vorwärtszukommen, ohne Mobiliar oder Rock zu beschädigen, so wird der qualitative Unterschied deutlich: Die Kleidung verdammte die Frauen zum passiven Zuhause-Sitzen, den Aktionsradius der Männer hingegen begrenzte sie nicht. Nur die Frauenmode trug im 19. Jahrhundert erneut die Zeichen des demonstrativen Müßigganges und des demonstrativen Konsums. Sie illustrierte, daß die Frau gemäß der bürgerlichen Ideologie von Erwerbsarbeit freigestellt war, um stellvertretend die Position ihres Ernährers zu repräsentieren.

Mode als »Wut des Überbietens im Mannfang«

Unvoreingenommenen Zeitgenossen mußte die Polarisierung in den Kleiderstilen auffallen. Der berühmte Findling Kaspar Hauser stieß sich daran. Zwölf Jahre seiner Jugend hatte er im sozialen Vakuum eines dunklen Kellerlochs verbracht. Bis er mit 16 Jahren 1828 in Nürnberg ausgesetzt wurde, war ihm eine Sozialisation verwehrt. In den Mitteilungen des Gymnasialprofessors Georg Friedrich Daumer, bei dem Hauser 1828-1829 in Pflege war, finden sich Bemerkungen über sein Verhalten gegenüber dem weiblichen Geschlecht. Die in der biedermeierlichen Welt gängige Vorstellung der Minderwertigkeit der Frauen hatte er sich erstaunlich schnell angeeignet. Er wollte alles wissen und merkte rasch, daß ihn Frauen auf diesem Gebiet nicht führen konnten. »Frauenzimmer, sagte er, seien zu nichts nütze als zum Dasitzen; oder: Frauenzimmer könnten nichts als dasitzen und ein wenig nähen oder sticken. Von den weiblichen Personen meines Hauses, die er immer zweckmäßig beschäftigt sah, behauptete er, sie seien keine Frauenzimmer.«[14] Nur ganz zu Anfang wäre er gerne eine Frau gewesen, denn nur Frauenzimmer trugen schmucke Gewänder. Zuerst glaubte er, daß sich der Unterschied zwischen den Geschlechtern im verschiedenen Anzug erschöpfe. Als er jedoch sah, daß »im Reiche des Wissens das männliche Geschlecht die Herrschaft behaupte, so setzte sich in ihm die Ansicht fest, dies Geschlecht sei eine höhere Gattung von Wesen als das weibliche ... Die den letzteren anheimgestellten Verrichtungen und Fertigkeiten flößten ihm als untergeordnete wenig Achtung ein.« Der gelehrte Zeitgenosse Daumer notierte leicht irritiert: »den eigentümlichen sittlichen Wert der Weiblichkeit war Hauser damals noch nicht zu erkennen fähig«. Präzis erfaßte Hauser die Vorrangstellung der Männer in der bürgerlichen Gesellschaft. Weiblich konnotierte Arbeiten wie Sticken und Stricken waren nichts wert. Unverständlich blieb Hauser jedoch das System der diskreten Repräsentation des Understatements, das der Bildungsbürger Daumer bereits völlig verinnerlicht hatte. Wieso, fragte der naive Hauser, als man ihm erklärte, daß im Tierreich zuweilen das Männchen den farbigeren Putz habe, ist dies nicht auch bei den Menschen so? »...die Männer sollten schöner geputzt sein als die Weiber, weil sie mehr verständen...« Warum nur versagten sich die Männer die Zeichen ihrer Macht?

Friedrich Theodor Vischer (1807-1887), ein streitbarer Ästhetikprofessor am Polytechnikum in Zürich[15], erklärte in den 1880er Jahren die Ideologie, die hinter dieser historisch beispiellosen modischen »Selbstkastration«[16] stand. Es gelte »....die blasierte Kahlheit zu erklären, bei der die männliche ›Mode‹ angelangt ist. Durch dies Luftlassen wurde der ... Hetze des wechselseitigen Sichüberbietens in der Frauenwelt Thür und Thor geöffnet; nicht so arg, nicht so toll, aber doch nicht ganz unähnlich wird man sich in der Männerwelt gesteigert haben, bis die nachdenklichere und thätigere Natur des Mannes sich besann, am athemlosen Wettrennen der Weiber sich ein warnendes Beispiel nahm und in stiller Übereinkunft die allgemeine Entsagung ... zur Regel machte.«[17] Der Ästhetikprofessor stellt die ästhetische Entsagung als willentlichen Akt des naturgemäß vernunftbegabten Mannes dar. Vischer stört sich nicht daran, daß sich die Natur des männlichen Geschlechts binnen weniger Generationen verändert hat:

»Es war dies ... nicht immer so, doch es mußte dahin kommen ... Unseren Großvätern noch galt als ganz natürlich, daß sich der Eine durch einen rothen Rock mit Goldborten und blaue Strümpfe, der Andere durch einen grünen mit Silberborten und pfirsichrothgelbe Strümpfe hervorthun mochte. Wir sind damit rein fertig, gründlich blasiert gegen alles Pathetische, wir

Abbildung 2: Der eitle Stutzer läßt sich vom Ankleider schnüren. Zu seiner
Morgentoilette gehört das Lesen verliebter Gedichte und Ovids
»Kunst der Liebe«. Stock, Handschuhe und Zylinder liegen bereit.
Karikatur von James Gillray, 1820. (Aus: Fuchs, *Illustrierte Sittengeschichte*)

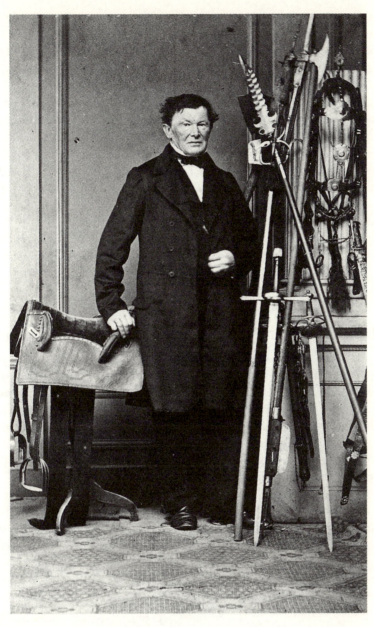

Abbildung 3: Die weite, gerade geschnittene und dunkle Kleidung
entspricht dem Ernst des Blickes.
Alt Gemeindeammann Brändli (nach 1864).
(Aus: Graphische Sammlung der Zentralbibliothek Zürich)

haben nur ein müdes Lächeln, wenn einer durch Anderes, als sich selbst, in seiner Erscheinung sich herausdrängen will...«

Durch den Fortschritt der Zivilisation entwächst der Mann den Bedingungen der Natur. Die Frau hingegen bleibt einer als unerschütterlich dargestellten Naturordnung unterworfen:

»Das Weib – will hier sagen, das Mädchen – ist in einer üblen Lage, das muß man billig bedenken. Sie will einen Mann, das ist doch wahrhaftig in Ordnung, ist Naturordnung und sittliche Ordnung. Werben darf sie nicht. Sie muß sich finden lassen ... man muß doch etwas thun, um sich leichter finden zu lassen, muß doch dem dummen Zufall etwas nachhelfen. Ganz und gar nicht zu verargen ist's, wenn der Gedanke sich dahin erweitert: und wie nett wär's, wenn mich Viele fänden! wenn ich nur so wählen dürfte nach Lust und die Übrigen so ein bischen zwicken und zerren!«

Der Kritiker will die »Thorheit« der Frauen nicht prinzipiell verhindern, nur die »Wut des Überbietens im Mannfang« möchte er mildern und sie ästhetisch und moralisch befriedigenderen Lösungen zuführen.

Die »gewaltsame Betonung der Geschlechtszeichen«

Auch für den Publizisten Hans Kistenmaecker spiegelte sich in der weiblichen Mode die soziale und sexuelle Aufgabe der Frau. Die Frauenkleidung der Jahrhundertwende war ihm ein »erotisches Problem«.[18] Er fragte sich, ob die Bedeutung der Kleidung der abendländischen Frauen in der »Hervorhebung« und der »Outrirung der Geschlechtszeichen« (Übertreibung) liege und ob nicht gerade erst die »als schamvoll sich gebende Verhüllung ... dem Manne auf's Neue Gelegenheit zu Neugierde, Untersuchung, Anfrage und Enthüllung« gebe. Die »gewaltsame Betonung der Geschlechtszeichen« schien ihm anzuzeigen, daß die Völker mit der Zunahme der Kultur nicht sittsamer, sondern unsittlicher geworden oder »schamhafter nur unter der Bedingung eines gleichzeitigen intensiveren Sich-Erinnerns alles Geschlechtlichen«. Lange bevor sich Michel Foucault mit seinem Buch *Der Wille zum Wissen*[19] gegen die gängigen Repressionstheorien in der Geschichte der Sexualität wandte, erkannte Kistenmaeker, daß gerade die demonstrative Verhüllung zu »Geschlechts-Spekulazionen« anreizen kann. Kistenmaeker analysierte jedoch genausowenig wie später Foucault, daß die sexualisierte bürgerliche Gesellschaft mit Vorliebe Diskurse über den weiblichen Körper produziert. Im Gegensatz zu Foucault kam der Zeitgenosse der Belle Epoque allerdings gar nicht auf die Idee, die geschlechtsspezifische Asymmetrie an sich zu hinterfragen. Nur die Frauenmode nahm er als erotisches Problem wahr. Die Männermode, die um 1900 das Geschlechtszeichen in keiner Weise betonte, erschien ihm als natürlich. Um diese Asymmetrie zu erklären, müssen wir sie genauer betrachten.

Nicht nur die bürgerlichen Männer bedeckten ängstlich jeden Flecken nackter Haut mit mehreren Lagen Stoff. Herren und Damen wurden scheinbar gleichermaßen vom bürgerlichen Horror vor der Nacktheit erfaßt. Die Unterwäsche des Mannes entwickelte sich zum prosaischen Etui, während sich die Unterwäsche der Frauen richtiggehend aufplusterte: Unzählige Unterröcke umgaben den Frauenleib mit einem unübersehbaren Wall. Wenn sie sich von unteren Schichten abgrenzen wollten, geizten die bürgerlichen Frauen genauso mit nackter Haut wie die Männer. Waren hingegen Bürger und bürgerliche Damen unter sich, so entblößten die Frauen im Gegensatz zu den Männern großzügig ihr Dekolleté. Der Schriftsteller Joseph Roth schiebt einem mit den westlichen Kleidermoden nicht vertrauten Fremden, einem fiktiven Schah von Persien, der im Wien der Jahrhundertwende weilt, eine treffende Beschreibung in den Mund: »Ihm waren bis jetzt nur nackte und verhüllte Frauen bekannt gewesen: Körper und Gewänder. Zum erstenmal sah er Verhüllung und Nacktheit auf einmal. Ein Kleid, das gleichsam von selbst fallen zu wollen schien und das dennoch am Körper haftenblieb: es glich einer unverschlossenen Tür, die dennoch nicht aufgeht. Wenn die Frauen den Hofknicks vollführten, erhaschte der Schah im Bruchteil einer Sekunde den Ansatz der Brust ... Lauter unverschlossene Türen, die man nicht öffnen kann, dachte der Herr von Persien, der mächtige Besitzer des Harems.«[20] Trotz der viktorianischen Prüderie war den Zeitgenossen durchaus bewußt, daß der Kleiderschnitt die Reize der weiblichen Formen betonte und ein Ausschnitt tiefe Einsichten ermöglichte. Die asymmetrische Ausprägung der Nacktheit bei Mann und Frau hingegen war zu selbstverständlich, um reflektiert zu werden.

Der Körper des Mannes war wirkungsvoll tabuisiert. Der Oberkörper blieb unter mehreren Lagen Stoff verborgen und war zudem durch die Hemdbrust gesichert. Die Wäsche verstärkte und sicherte die Körpergrenze. Eine Zürcherin erinnert sich an den sinnlich erfahrbaren textilen Panzer: »Nicht die Natur modellierte die Figur, sondern die Schneiderin mit Draht und Fischbein. Auch der Hals gehörte dazu. Tanzte ein Herr mit einer Dame, so spürte er nur Fischbein. Selber hatte er aber auch ein Hemd, das sich wegen der vielen Stärke ganz hart anfühlte, so wie steifer, weißer Karton.«[21] Die Heldenbrust war buchstäblich gestärkt: Kartonierung als Ersatzstählung. Der Jackettzwang ist auf das ausgeprägte Schamgefühl in bezug auf den männlichen Oberkörper zurückzuführen: Auch die männliche Schamgrenze dehnte sich aus. Nicht nur die nackte Haut, sondern auch die darübergeschobene erste Hülle war schambesetzt. Ein durch das getragene Jackett leicht zerknittertes Hemd verwies allzu offensichtlich auf den darunterliegenden Körper, der eben nicht makellos gestählt, sondern verletzlich erschien. Die bis Anfang des 19. Jahrhunderts getragenen Kniehosen hatten den Blick auf Männerbeine freigegeben. Verzierte Strümpfe betonten die kräftigen Waden, die als erotisches Signal galten. Unvorteilhaft gebaute Elegante behalfen sich sogar mit künstlichen Waden.[22] Seit sich die Pantalons (Waden bedeckende Hosen) jedoch durchgesetzt hatten, gab sich ein erwachsener Mann mit entblößten Beinen der Lächerlichkeit preis. Männerbeine verschwanden definitiv aus dem erotischen Diskurs.[23] Das Rascheln der Unterröcke hingegen machte auf die unsichtbaren Beine der Frauen demonstrativ aufmerksam.

Um nichts von der Zone unterhalb der männlichen Gürtellinie zu erwähnen, hatte sich im 19. Jahrhundert der Begriff des Beinkleides durchgesetzt. Der Singular schien den Zeitgenossen im Gegensatz zum Plural der »Hosen« weniger offensichtlich auf die zwei Beine und die dazwischenliegende Scharnierstelle zu verweisen. Doch das männliche Geschlecht wurde nicht immer mit solcher Diskretion behandelt. Im 19. Jahrhundert entgeisterte sich der Ästhetikprofessor Vischer über weibliche Schamlosigkeit und fragte, »...wie in aller Welt es möglich sei, sich so in Kleidern nackt vor das andere Geschlecht hinzupflanzen«.[24] In derselben Manier hatte sich rund hundert Jahre früher der französische Schriftsteller Louis Sébastien Mercier über die aristokratische Männermode der enganliegenden Kniehosen empört, die nicht nur die Schenkel deutlich modellierten: »Adam war mit seinem Feigenblatte anständiger bekleidet als seine jüngsten gedankenlosen Söhne, die im Palais-Royal in ihren engen Beinkleidern ... herumhüpfen.«[25]

Noch bis Anfang des 19. Jahrhunderts wurde das männliche Geschlecht häufig betont. Der Schnitt des Fracks ließ just diesen Körperteil großzügig frei, die hellen, enganliegenden Beinkleider umschmeichelten die Skulptur, und die am Hosenbund befestigten Berlocken (Anhänger) kündigten mit ihrem Geklimper den Träger nicht nur akustisch an, sondern umrahmten optisch das männliche Geschlechtsteil im Zentrum. In der zweiten Jahrhunderthälfte verschwand diese Betonung: Trug der Herr an Festanlässen den Frack, so zeichnete sich hinter den weitgeschnittenen, extradunklen Beinkleidern gar nichts mehr ab. Die verdeckte Knopfleiste im selben Stoff wie das Beinkleid war von unüberbietbarer Diskretion, und im Alltag war der Hosenlatz oder -schlitz zudem hinter der meist geschlossenen Jacke versteckt. Die in der Frauenmode üblichen Fingerzeige, die sexuelle Gedanken provozierten, waren bei der Männermode trotz der Ende der 1860er Jahre aufkommenden Langbinder-Krawatte praktisch verschwunden, denn auch die Spitze der Krawatte verlor sich hinter der geschlossenen Weste. In Gemäldereproduktionen des 19. Jahrhunderts wurde die Schamkapsel, die in der frühen Neuzeit das Geschlecht der Männer herausfordernd betont hatte, als ungehörig weggelassen.[26] Damit wurde sogar die Erinnerung an die Tradition einer »gewaltsamen Betonung« des männlichen »Geschlechtszeichens« getilgt.

Der Bart stellt einen Sonderfall dar: Er ist ein sekundäres Geschlechtsmerkmal, doch im Gegensatz etwa zur weiblichen Brust hat er keine Funktion in der Fortpflanzung und ist daher weder direkt sexuell konnotiert noch schambehaftet. Die mächtige Bartmode korreliert in der zweiten Jahrhunderthälfte zwar auffällig mit der kulminierenden Krinolinenweite in der Frauenmode[27], doch die Bärtigkeit verwies nur auf die soziale, nicht auf die biologische Geschlechterrolle: Der Vollbart verlieh patriarchale Autorität, gesetzte Würde und forderte ehrfürchtige Distanz.[28] Wie das heruntergeklappte Visier einer Rüstung kaschierte der Bart die Zeichen emotionaler Regungen und symbolisierte, daß der Träger jederzeit Herr seiner selbst war.[29] Nur die Art, wie der Schnurrbart vor allem Ende des Jahrhunderts gezwirbelt und regelrecht zum Stehen gebracht, bis er »Es ist erreicht!« genannt wurde, verweist auf eine sexuelle Konnotation. Diese muß allerdings im Zusammenhang mit der militärisch strammen Körperhaltung, die zu dieser Barttracht gehörte, erklärt werden. Der hochgereckte Schnurrbart verwies nicht auf den Körper selbst, sondern auf dessen vollständige Disziplinierung. Daß dieser beherrschte Männerkörper als Schneid im Wilhelminischen Kaiserreich vergöttert und erotisiert wurde, steht auf einem anderen Blatt. Nicht einmal das Roßhaar, das im 19. Jahrhundert die Schulterpartie der Männerjacketts von innen her verstärkte, verwies auf die konkreten Schultern und den leibhaftigen Körper. Die Schulterversteifungen visualisierten wie die militärischen Epauletten lediglich abstrakte Stärke und zeigten an, daß sich das schwache Geschlecht hier anlehnen können sollte.

Disziplinierter universeller Menschenkörper

In der Männertracht deutete seit der Mitte des 19. Jahrhunderts nichts mehr auf die biologische Funktion des Mannes in der Fortpflanzung hin. Gerade das Tilgen des sexuellen Potenzgebarens entsprach der bürgerlichen Vorstellung eines männlichen Geschlechtscharakters. Die Frau war auf ihre Rolle in der Fortpflanzung reduzierbar, der Mann hingegen war in erster Linie

Mensch. Jean-Jacques Rousseau hat diese Polarität bereits 1762 auf den Punkt gebracht: »Il n'y a nulle parité entre les deux sexes quant à la conséquence du sexe: Le mâle n'est mâle qu'en certains instants, la femelle est femelle toute sa vie, ou du moins toute sa jeunesse; tout la rapelle sans cesse à son sexe...«.[30] Diese Auffassung, wonach die Frau ihrer Geschlechtlichkeit zeitlebens unterworfen, der Mann hingegen nur punktuell von ihr bestimmt sei, prägte das ganze 19. Jahrhundert und wurde in Otto Weiningers vielgelesener Untersuchung *Geschlecht und Charakter* lediglich zugespitzt formuliert: »Der Zustand der sexuellen Erregtheit bedeutet für die Frau nur die höchste Steigerung ihres Gesamtdaseins. Dieses ist immer und durchaus sexuell. W geht im Geschlechtsleben, in der Begattung und Fortpflanzung, d.i. im Verhältnisse zum Manne und zum Kinde vollständig auf ... während M nicht nur sexuell ist ... Während also W von der Geschlechtlichkeit gänzlich ausgefüllt und eingenommen ist, kennt M noch ein Dutzend anderer Dinge: Kampf und Spiel, Geselligkeit und Gelage, Diskussion und Wissenschaft, Geschäft und Politik, Religion und Kunst.« Quintessenz: »W. ist nichts als Sexualität, M ist sexuell und noch etwas darüber.«[31]

Die zivile Uniform als Zeichen dieser zur universellen Menschlichkeit erhobenen Männlichkeit erinnert allerdings weder an Spiel oder Geselligkeit noch Gelage. Zdenko Schubert v. Solderns Beschreibung der Männerkleidung um 1900 gemahnt vielmehr an einen genormten Maschinenkörper: »Das Grundprinzip der Bekleidungsform der Männertracht ist eine geometrische Figur, es ist der Zylinder, und was dieser Form an Schönheit abgeht, sucht es andererseits durch Verfolgung der äußersten Konsequenz zu ersetzen. Auf dem Kopfe des elegant gekleideten Modeherren sitzt sehr häufig ein Zylinder, der wie der Name andeutet, tatsächlich annähernd die Zylinderform annimmt, der Halskragen ist zumeist ein Zylinder, das Hemd ist ein großer Zylinder an welchem zwei kleine Zylinder, die Aermeln angenäht erscheinen, die Unterbeinkleider bestehen ebenfalls wesentlich aus zwei Zylindern ... Der elegante Galarock ... besteht aus einem Zylinder, an welchem zwei kleine Zylinder, die Aermeln, befestigt sind, der sogenannte Sakko hat die gleiche Zylinderform, nur etwas kürzer, auch die Weste hat im allgemeinen Zylinderform, während die Beinkleider wiederum hauptsächlich aus zwei Zylindern bestehen und außerdem steht zuweilen der ganze Mann in Stiefeln mit hohen Schäften, die ebenfalls Zylinder sind.«[32]

Der aus der zweiten Haut gebildete, geschlechtsneutrale universelle Zylinder-Körper rädelt sich diszipliniert in die Arbeitswelt ein. Wie die militärische Uniform reduziert auch die zivile den Träger auf seine Funktion innerhalb einer Männerwelt. Persönlichkeit würde das reibungslose Funktionieren gefährden. Bürgerlichen Männern wurde von Kindsbeinen an ausgetrieben, mit der Kleidung Individualität beweisen zu wollen. Sowohl der antijüdische und später antisemitische als auch der psychologisierende, populärmedizinische Diskurs über die Entartung unterstützten durch die Formulierung »unmännlicher« Feindbilder seit der Mitte des 19. Jahrhunderts die Polarisierung von vernünftigen, grauen, männlichen Menschen und unvernünftigen, bunten unmännlichen Wesen. Dem jüdischen Arzt und späteren Zionisten Max Nordau, der den Begriff der Entartung mit seinem gleichnamigen Werk popularisierte, war die Männerkleidung, die über die geschilderte zivile Uniform hinausging, ein sicheres Zeichen der Degeneration und ein medizinisch diagnostizierbares Symptom männlicher Hysterie.[33] Hysteriker waren nicht nur punktuell ihrer Geschlechtlichkeit unterworfen, wie es die männliche Rollenauffassung verlangte. Sie zeichneten sich vielmehr gerade durch ungezügelte und unzügelbare Begierden aus. Männer, die modisch den Ton angaben oder dies versuchten, trugen die Stigmata krankhafter Weiblichkeit. Bereits im antijüdischen Diskurs Mitte des 19. Jahrhunderts hatte sich zudem die Lust an der Mode zum Stereotyp der jüdisch apostrophierten »Unmännlichkeit« herausgebildet. Der antisemitische Diskurs seit den 1870er Jahren wußte diese Stereotypen dann zu nutzen. Wesentliche Züge des eleganten »reichen Konfektionsjuden«, des Parade-Wüstlings und Frauenverführers der nationalsozialistischen Hetzschriften waren damit bereits vorgebildet.[34] Männer bewiesen nun mit modischer Eleganz rollenwidrige Unmännlichkeit, Frauen hingegen rollenkonforme Weiblichkeit. Beide Zuschreibungen legitimierten den Ausschluß der »Unmännlichen« von der Teilnahme am »vernünftigen« öffentlichen Leben. Der bürgerliche Mann bewies durch seinen grauen Anzug, daß er den Niederungen der Geschlechtlichkeit und Bedürftigkeit entwachsen, als universeller Mensch in Militär, Wissenschaft, Erwerbsarbeit und Politik von persönlichen Interessen abstrahierend seine erhabene Rolle spielen konnte. Wer scheinbar durch Geschlechtscharakter, Entartung oder Rassencharakter der Mode unterworfen war, erschien als Sklave seiner Geschlechtlichkeit und damit nicht zur geschilderten, als Menschlichkeit verstandenen Männlichkeit erziehbar. Die Mode als sichtbares Zeichen der Andersartigkeit disqualifizierte für die männlich konnotierten Bereiche und enthob die Zulassungskriterien – ironischerweise – einer vernünftigen Diskussion.

Anmerkungen

1 Georg Christoph Lichtenberg, *Schriften und Briefe*, Bd. 1: *Sudelbücher* I, Heft F (1776-1779), 3. Aufl., München 1980, S. 505.

2 *Die Vernünftigen Tadlerinnen*, VII. Stück, 14. 2.1725, S. 51.

3 Die Herausgeber und Mitarbeiter der Moralischen Wochenschriften waren bis zum letzten Drittel des 18. Jahrhunderts Männer, mit Ausnahme von Luise Adelgunde Gottsched, die jedoch erst in einer späteren Auflage der Vernünftigen Tadlerinnen mitwirkte, vgl. Helga Brandes, Der Wandel des Frauenleitbildes in den deutschen Moralischen Wochenschriften. Vom aufgeklärten Frauenzimmer zur schönen Weiblichkeit, in: Wolfgang Frühwald/Alberto Martino (Hg.), *Zwischen Aufklärung und Restauration. Sozialer Wandel in der deutschen Literatur (1700-1848). Festschrift für Wolfgang Martens zum 65. Geburtstag*, Tübingen 1989, S. 49-64, hier S. 50.

4 Der umgangssprachlich unscharfe Begriff der »Mode« steht im weitesten Sinn für die Permanenz des Wandels. Hier ist mit Mode die materielle Verfestigung der geistigen, politischen und ideologischen Verfassung oder Mentalität einer spezifischen sozialen Gruppe gemeint, wie sie sich in der Gestalt ihrer Vertreter als Zeichen der Selbstdarstellung verkörpert. Mode wie Kleidung umfassen das weite Spektrum von Materialien und Gestaltungsmöglichkeiten der Erscheinung. Auch Bart, Frisuren, Gestik und Körperhaltung sind der Mode unterworfen. Vgl. Ruth Barnes/Joanne B. Eicher, Definition and Classification of Dress. Implications for an Analysis of Gender Roles, in: dies. (Hg.), *Dress and Gender. Making and Meaning in Cultural Contexts*, New York/Oxford 1992, S. 8-28. Sowohl das Angebot (mit Modezeitschriften als Quellen) als auch die Nachfrage (Erinnerungen, Fotografien, Karikaturen als Quellen) wurden berücksichtigt.

5 Julius Lessing, *Der Modeteufel*, Berlin 1884, S. 35.

6 Friedrich Theodor Vischer, *Mode und Cynismus. Beiträge zur Kentniss unserer Kulturformen und Sittenbegriffe*, 3. Aufl., Stuttgart 1888, S. 31, 40 (1. Aufl. 1879).

7 Lessing, *Modeteufel*, S. 35.

8 Der Sakko hatte anfangs gar keine Taille und keine Schösse. Er war aus drei Stücken gerade, d.h. sackförmig geschnitten.

9 *Allgemeine Moden-Zeitung*, No. 6, 1840.

10 In der *Allgemeinen Moden-Zeitung* ist das Verhältnis der Figuren auf den Modekupfern der 1830er Jahre 1 (Mann): 3 (Frau) oder 2:2. 1870 kommen die Männer nur noch auf Extrablättern vor.

11 Gundula Wolter, *Hosen, weiblich. Kulturgeschichte der Frauenhose*, Marburg 1994, S. 43-102.

12 *Wiener Mode*, Heft 19, 1890/91, S. 684.

13 Vischer, *Mode und Cynismus*, S. 38.

14 Georg Friedrich Daumer, Mitteilungen über Kaspar Hauser, in: Hermann Pies (Hg.): *Kaspar Hauser. Augenzeugenberichte und Selbstzeugnisse*, Bd. 1, 2. Aufl., Stuttgart 1985, Zitate S. 171, 170, 171 (Nachdruck der Ausgabe Stuttgart 1925).

15 Der Literaturwissenschaftler Vischer wurde 1844 in Tübingen wegen seiner freimütigen Antrittsrede für zwei Jahre suspendiert, 1848 Abgeordneter der Frank-

furter Nationalversammlung und 1855 ans Polytechnikum (heute: Eidgenössische Technische Hochschule) berufen.

16 Gundula Wolter, *Die Verpackung des männlichen Geschlechts. Eine illustrierte Kulturgeschichte der Hose*, Marburg 1988, S. 168.

17 Vischer, *Mode und Cynismus*, Zitate S. 49, 48, 22, 3, 22.

18 Hans Kistenmaecker, Die Kleidung der Frau, ein erotisches Problem, in: *Zürcher Diskußionen* Nr. 8, 1898, S. 1-8, Zitate S. 3, 7.

19 Michel Foucault, *Sexualität und Wahrheit*, Bd. 1: *Der Wille zum Wissen*, 2. Aufl., Frankfurt a.M. 1988, S. 27-49.

20 Das Dekolleté der Damen eines bürgerlichen Hausballes (die Roth sicher als Modell dienten) unterschied sich im 19. Jahrhundert nicht von demjenigen der Damen eines Hofballes. Joseph Roth, Die Geschichte von der 1002. Nacht (Erstdruck 1939), in: Joseph Roth, *Werke*, hg. von Hermann Kesten, Bd. 2, Amsterdam 1975, S. 1003.

21 Melanie Halser-Bertschinger (geb. 1879), Juged-Erinnerige, priv. Familiendruck, zit. nach Ursula Blosser/Franziska Gerster, *Töchter der Guten Gesellschaft. Frauenrolle und Mädchenerziehung im schweizerischen Grossbürgertum um 1900*, Zürich 1985, S. 108 (Original Dialekt).

22 Künstliche Waden, vgl. *Die Vernünftigen Tadlerinnen*, 11.4.1725, S. 117 oder Karikaturen (z.B. 1805 »Überreichen der Neujahrsgaben«, Abb. in: Fernand Libron/Henri Clouzot, *Le corset dans l'art et les moeurs du XIIIᵉ au XXᵉ siècles*, Paris 1933, bei S. 64).

23 Zu den Männerstrümpfen als Schauobjekt vgl. Almut Junker/Eva Stille, *Die zweite Haut. Zur Geschichte der Unterwäsche 1700-1960*, Frankfurt a.M. 1988, S. 67ff.

24 Vischer, *Mode und Cynismus*, S. 9f.

25 Louis Sébastian Mercier, *Mercier's neuestes Gemälde von Paris. Für Reisende und Nichtreisende*, Leipzig 1789, S. 54.

26 Die Schamkapsel war ein reich verzierter Beutel oder kapselförmiger Latz der Männerhose. Ursprünglich eine Mode der kriegerischen Landsknechte, verbreitete sie sich rasch auch in anderen Schichten und Gruppierungen.

27 Dwight E. Robinson, Fashions in Shaving and Trimming of the Beard: The Men of the ›Illustrated London News‹, 1842-1972, in: *American Journal of Sociology* 81, 1976, S. 1133-1141. Korrelation S. 1137. Die Bartmode beginnt in den 1850er Jahren und endet vor dem Ersten Weltkrieg. Die Schnurrbartmode beginnt mit dem deutschen Kaiserreich, verbreitet sich vor der Jahrhundertwende enorm und flaut nach dem Ersten Weltkrieg wieder ab.

28 Stefan Zweig erinnert sich an die korpulenten, »würdigen« Herren, zu deren Gesten das Streichen der »wohlgepflegten, oft schon angegrauten Bärte« gehörte. Auch graues Haar war ein (willkommenes) Zeichen der Gesetztheit und Würde. Stefan Zweig, *Die Welt von Gestern. Erinnerungen eines Europäers*, Frankfurt a.M. 1978, S. 34 (Erstpublikation 1942).

29 Diese Interpretation basiert auf Beschreibungen männlicher Heldenfiguren in den Trivialromanen der ausgesprochen erfolgreichen Gartenlaube-Autorin Eugenie Marlitt. Vgl. Eugenie Marlitt, *Goldelse*, 18. Aufl., Leipzig 1885, S. 142, 151, 158,

258 oder dies., *Das Geheimnis der alten Mamsell*, Berlin 1918 (Erstauflage 1867), S. 89, 92, 274, 276.

30 Jean-Jacques Rousseau, *Emile ou de l'éducation*, Paris 1966, S. 470.

31 Otto Weiniger, *Geschlecht und Charakter. Eine prinzipielle Untersuchung*, 18. Aufl., Wien/Leipzig 1919, 106f. Die Verkürzung auf das formelhafte M für »den Mann« und W für »die Frau« gibt Weinigers »prinzipiellen Untersuchung« eine demonstrativ wissenschaftliche Note.

32 Zdenko Schubert v. Soldern, *Natur, Mode und Kunst*, Zürich o.J. (kurz nach 1900), S. 38-40.

33 Max Nordau, *Entartung*, Bd. 2, Berlin 1893, S. 135.

34 Vgl. Uwe Westphal, *Berliner Konfektion und Mode 1836-1939. Die Zerstörung einer Tradition*, Berlin 1986, S. 125-138.

»Laßt uns den Eid des neuen Bundes schwören ...«

Schweizerische Studentenverbindungen als Männerbünde 1870-1914

Lynn Blattmann

I.

Nur knapp ein Jahr nachdem sich in Deutschland die Burschenschaftsbewegung zum legendären Fest auf der Wartburg zusammengefunden hatte, kamen 1819 in Zofingen einige Akademieschüler aus Zürich und Bern zusammen. Sie hatten von den nationalen Bewegungen in Deutschland gehört und wollten sich organisieren als »Schweizerstudenten, die sich zum Schweizerbürger erst noch bilden sollen«[1], wie dies der Berner Karl Bitzius in einem Brief an die Zürcher ausdrückte. Zu diesem Zweck gründeten sie einen Jünglingsbund mit dem Ziel, darin Studenten aus allen Landesteilen zu organisieren. Der spätere Nationalrat Robert Steiger formulierte die Absicht der Gründung der ersten Studentenverbindung in einem Brief an die Sektion Genf 1823 folgendermaßen: »Die Jünglinge, den Kern des Vaterlandes, die Studierenden will die Gesellschaft verbinden und verbrüdern.«[2] Die in der Restaurationszeit wieder stärker hervortretenden kantonalen Differenzen und Unterschiede sollten durch eine Verbrüderung der männlichen akademischen Jugend bereinigt werden. Die sich rasch über die Grenzen der französischsprachigen Schweiz ausdehnende »erste Schweizerische Burschenschaft« wurde auf den Namen Zofingerverein[3] getauft und entwickelte sich, im Unterschied zur damals politisch verfolgten deutschen Burschenschaft, weitgehend unbehelligt.

Im Zofingerverein läßt sich von Anfang an die Idee verfolgen, die Studenten in der schweizerischen Öffentlichkeit als zukünftige politische Machtträger zu etablieren. Schon kurz nach der Gründung traten die Zofinger an historischen Festen und Zusammenkünften als patriotische Redner auf, die viel Wohlwollen genossen. Allerdings fehlte der Verbindung damals ein klares inhaltliches Konzept. Dennoch emanzipierten sich die Studenten

119

im Zofingerverein zu Staatsbürgern, die auch politische Verantwortung übernehmen wollten. Durch ihr öffentliches Auftreten während der Zeit der sogenannten Restauration konnte sich die Ansicht festigen, daß die akademisch Gebildeten in Kürze die alte Schicht der Honoratiorenfamilien in der Politik ablösen würden, was im Rahmen der Regenerationsbewegung ab den 1830er Jahren in verschiedenen Kantonen auch geschah.[4] Mit der Möglichkeit, politische Macht zu übernehmen, wurden die inhaltlich-politischen Fragen im Zofingerverein virulent, und es zeigte sich, daß in der »Vereinigung aller Schweizer Studenten« bereits beträchtliche politische Differenzen bestanden. Deshalb spaltete sich im Laufe der Regenerationsbewegungen die radikale Verbindung Helvetia (1832) vom Zofingerverein ab. Etwa weitere zehn Jahre später erfolgte die Gründung der dritten großen gesamtschweizerischen Studentenverbindung, des katholisch-konservativen Schweizerischen Studentenvereins.

Obwohl der Name »Studentenverbindung« eigentlich nahe legt, daß die Pflege der Wissenschaften zu den zentralen Aufgaben dieser Vereinsgattung gehörte, war dieser Aspekt bei allen Verbindungen kaum oder nur sehr schwach ausgebildet. An der Stelle der Wissenschaften stand bei den frühen schweizerischen Studentenverbindungen nach burschenschaftlichem Vorbild das »Vaterland« im Zentrum. Insofern waren die Studentenverbindungen zu keiner Zeit Institutionen zur Förderung der Wissenschaft gewesen. 1865 wurde aus den Zentralstatuten des Zofingervereins der Passus über die Beschäftigung mit allgemein wissenschaftlichen Fragen sogar gestrichen. Statt dessen wurde vorgeschrieben, daß sich der Verein mit allen denjenigen Fragen beschäftige, »welche die Geschichte und das politische und sociale Leben unseres Volkes begreifen«[5], und daß »in Folge dessen ... das Vaterland unter allen Gesichtspunkten, sei es in seiner historischen Entwicklung und in seiner wirklichen Gestaltung, Gegenstand unserer geistigen Tätigkeit sein«[6] soll. Bis ins letzte Drittel des 19. Jahrhunderts war die ›Gestaltung‹ der Schweiz und die Vorbereitung der Studenten zu politischer Teilhabe inhaltlicher Schwerpunkt der drei großen gesamtschweizerisch organisierten Studentenverbindungen.

Vor der Entstehung der Parteien waren diese drei genannten Studentenverbindungen wichtige Träger der Politik. Ihre Namen standen für die drei bedeutendsten politischen Strömungen der Schweiz der ersten Hälfte des 19. Jahrhunderts: der Zofingerverein für den Liberalismus, die Helvetia für den Radikalismus und der Studentenverein für die Katholisch-Konservativen. Durch die enge Anbindung der ehemaligen Mitglieder, der ›Alten Herren‹, an den Verein streiften die Studentenverbindungen rasch den Charakter von reinen Jünglingsbünden ab und erreichten dadurch einen guten Zugang zu den politischen Machtträgern. Da viele ehemalige Verbindungsmitglieder politische Ämter inne hatten, häuften die Verbindungen binnen weniger Jahre eine Menge soziales Kapital an. Das heißt, die drei genannten Studentenverbindungen entwickelten sich zu Netzwerken der politischen und wirtschaftlichen Elite der Schweiz. Neben ihrer Funktion als Gefäße für politische Bewegungen vor der Entstehung des Parteiwesens waren die Studentenverbindungen auch wichtige Reservoire für den politischen Nachwuchs. Die sich stark am Milizwesen orientierende Politik in der Schweiz leistete dieser engen Verflechtung des Bildungsbürgertums mit politischen Funktionen Vorschub und erleichterte es den Studentenverbindungen, sich zu eigentlichen Rekrutierungsbasen der politischen Elite zu entwickeln. So erstaunt es nicht, daß sich die Mitgliederlisten der drei großen Studentenverbindungen im 19. Jahrhundert wie ein ›Who is Who‹ der schweizerischen Politik lesen. Laut Urs Altermatt gehörte, »wer in der katholischen Schweiz Rang und Namen besaß, bis ins letzte Viertel des 20. Jahrhunderts, fast ausnahmslos dem Studentenverein an«.[7] Imhof bezeichnete das Bundesparlament zwischen 1848 und 1874 sogar als eigentliches »Zofingerparlament«[8], und in der 1991 erschienenen Kollektivbiographie aller Bundesräte (Landesregierung) seit 1848[9] ist zu lesen, daß über 75% aller Schweizer Bundesräte in ihrer Jugend Mitglied einer Studentenverbindung waren. Auch die Zeitgenossen wußten um diese Affinität der Studentenverbindungen zur Politik. Gegen Ende des 19. Jahrhunderts wurde das damals neue Bundeshaus wegen dem eingemeißelten Spruch »Curia Confoederationis Helvetiae«, der über dem Portal prangt, vom Volksmund ›Haus des Helveterbundes‹ genannt.

Die personellen Übereinstimmungen zwischen der politischen Elite und den Mitgliederlisten von Studentenverbindungen sind deshalb von Interesse, weil der enge Kontakt zwischen den Aktiven und den Alten Herren der Verbindungen aufrecht erhalten und gepflegt wurde. Aus diesem Grund kann durchaus von einer politischen Nachwuchspflege im Verbindungswesen gesprochen werden.

Ab den 1860er Jahren entwickelten sich die Studentenverbindungen zu Geselligkeitsvereinen, in denen die deutschen corpsstudentischen Verhaltensformen zunehmend wichtiger wurden. Die einseitige parteipolitische Ausrichtung der Verbindungen löste sich auf, und die politisch-ideologischen Ränder verwischten sich, wenngleich die Verbindungen weiterhin Kaderschmiede der politischen Elite blieben. Gegen Ende des 19. Jahrhunderts wurde es sogar möglich, daß ein ehemaliger Verbindungsstudent als Sozialdemokrat politische Ämter bekleiden konnte, ohne deswegen seine Beziehungen zur Verbindung abbrechen zu müssen.[10] Paul Högger, damals Student und Mitglied des Zofingervereins Basel, faßte dieses neue Selbstverständnis in einer Festansprache 1897 zusammen, indem er ausführte: »Ich kann mir nicht denken, wie wir uns anmaßen sollten, schon jetzt aktive Politik zu treiben. Wir haben vorher *ein Fundament in uns selbst* zu legen, auf das unser Vaterland später bauen kann.«[11] Wie aber sah dieses Fundament aus? Um diese Frage zu beantworten, wird es nötig sein, den Inhalt und die Qualität des verbindungsstudentischen Habitus genauer zu bestimmen.

II.

Der verbindungsstudentische Habitus wurde im 19. Jahrhundert fast ausschließlich in Form von Bier- oder Fechtcomments schriftlich festgelegt. Diese glichen ausgeklügelten Gesetzescodices, mit minutiösen Verhaltensmaßregeln. Das Wort Comment stammt aus dem Französischen. In einem Wörterbuch zur Studentensprache von 1884 heißt es dazu lapidar: »Comment: der Gesetzescodex des academischen Staates«[12]. Allerdings ließen sich in der Schweiz nicht alle deutschen Studentenbräuche gleich gut integrieren. Schwierigkeiten zeigten sich vor allem im Bereich des Duellwesens. Satisfaktion und Mensur konnten ihre Akzeptanzprobleme in der Öffentlichkeit nie ganz überwinden. Dies hatte damit zu tun, daß die Schweiz im 19. Jahrhundert keine sogenannte satisfaktionsfähige Gesellschaft kannte wie etwa Deutschland, wo das Duell vom Adel und Offizierscorps noch intensiv gepflegt wurde und sich zu einem Emblem bürgerlich-adliger Männlichkeit[13] entwickelte. Nichtsdestotrotz übte das Duell- und Mensurwesen eine geradezu unwiderstehliche Anziehungskraft auf die Studentenschaft aus. Vor dem Hintergrund der von republikanischen Werten geprägten politischen Öffentlichkeit ist es erstaunlich, daß das Mensurwesen in der Schweiz überhaupt eine gewisse Verbreitung gefunden hatte. Die Reichweite des Duellcomments blieb zwar auf die Hochschule und innerhalb dieser auf einzelne Verbindungen beschränkt, und allzu enthusiastische Übernahmeversuche der Duellsitten seitens der Studentenschaft kollidierten immer wieder mit dem stark republikanisch geprägten Patriotismus der Öffentlichkeit. Dennoch ist hervorzuheben, daß sich selbst die älteste und renommierteste schweizerische Studentenverbindung, der (liberale) Zofingerverein, dem virilen Charme des Duells nicht ganz entziehen konnte. Die Sektion Zürich des Zofingervereins sah sich sogar genötigt, dem Gesamtverein 1887 eine Ausnahmestellung in der Duellfrage abzuringen, die sie mit der »bittere(n) Notwendigkeit, sich gegen freche Angriffe energisch zur Wehr zu setzen und dafür zu sorgen, daß der Zofingername nicht jeden Augenblick in Zürich verächtlich gemacht werden könne«[14], begründete. Der Ausnahmeartikel der Sektion Zürich verlangte ausdrücklich, daß Duelle und Mensuren nur erlaubt waren, wenn sie dazu dienten, »die Ehre ihrer Farben mit den Waffen zu verteidigen«.[15]

Damit wäre sichergestellt gewesen, daß sich die Verbindung im stark vom deutschen Corpsstudententum geprägten Klima der Universität Zürich ehrenvoll hätte behaupten können. Diese Erlaubnis zur Ehrverteidigung genügte den mensurfreudigen Zürcher Zofingern jedoch nicht, sie provozierten Anrempeleien, um zu Mensuren zu kommen. Nach langen und heftig geführten Diskussionen, die verschiedentlich zu Austrittswellen geführt hatten, gelang es der Sektion Zürich 1903, die Mensur endgültig zu verbieten. Die Sektion bezahlte diesen Beschluß des Gesamtvereins mit einer Abspaltung der schlagenden Fraktion. Auch in der Helvetia sorgte die Duellfrage jahrzehntelang für heftigste Auseinandersetzungen. Allerdings drehte sich in der Helvetia die Diskussion nicht um die Frage, ob Mensuren erlaubt seien oder nicht, sondern um die sogenannte ›unbedingte Satisfaktion‹[16], also um die bindende Verpflichtung, die Ehre mit dem Schläger zu verteidigen. Dieser strittige Punkt hatte in der Helvetia in der zweiten Hälfte des 19. Jahrhunderts verschiedentlich zu Abspaltungen geführt.

Albert Oeri, ein Journalist und ehemaliger Zofinger aus Basel, begründete seine Ablehnung des Mensurwesens mit der verbreiteten Ansicht, daß dieser Ehrbegriff »in der Schweiz ... eine fremde unnationale Pflanze«[17] sei. Damit hatte er sicher recht. Dennoch muß auch er sich die Frage gefallen lassen, weshalb dieses verpönte fremde Gewächs selbst in der renommierten liberalen und republikanischen Zofingia so vortrefflich gedieh und weshalb eine unangefochtene patriotische Verbindung, wie die stramm radikale Helvetia, die Mensur gar in ihr Curriculum integrieren konnte, ohne dadurch in den Geruch des Unschweizerischen zu kommen.

Die Tatsache, daß eine derart patriotische und politische Verbindung wie die Helvetia sowie Teile des Zofingervereins im letzten Drittel des 19. Jahrhunderts den Lockungen der Mensur nicht widerstehen konnten, deutet darauf hin, daß der männlichkeitsbildende Aspekt der Mensur wichtiger genommen wurde als die gesellschaftlichen und politischen Unvereinbarkeiten. Da die schweizerischen Verbindungen unterschiedliche politische Ausprägungen aufwiesen, mußte die Mensur vom reaktionären politischen Hintergrund der deutschen Corps losgelöst werden. Am Beispiel der schlagenden Helvetia läßt sich zeigen, daß die Übernahme des corpsstudentischen Mensurwesens nicht gekoppelt war mit einer rigiden antilinken Haltung, wie sie das deutsche Corpsstudententum und gegen Ende des 19. Jahrhunderts zunehmend auch die deutschen Burschenschaften auszeichnete. In der

Schweiz wurde das Mensurwesen entpolitisiert und nur sein ›charakterbildender‹ Kern übernommen. Wie aber sah diese international wirksame Charakterbildung aus?

Mit dem Ritual der Mensur wurden heldische Werte wie Standhaftigkeit angesichts von Schmerz und Blut nicht nur symbolisch inszeniert, sondern real in die Körper eingeschrieben. Die Schmisse blieben als sichtbare Zeichen und zeugten lebenslänglich von dieser Schulung. Obwohl das Mensurwesen in der Schweiz eine deutlich geringere und viel isoliertere Bedeutung besaß als in Deutschland, spielte sie doch in der Erziehung der männlichen akademischen Elite bis zum Ersten Weltkrieg eine wichtige Rolle. Die Mensur gehörte zwar nicht unabdingbar zur Erziehung der männlichen akademischen Elite der Schweiz; sie widersprach ihrem Prinzip aber auch nicht.

Anders als die Mensur, die nur von einem Teil der Verbindungen gepflegt wurde, fanden die Biercomments ab den 1870er Jahren in allen Studentenverbindungen Verbreitung. Seitdem kam es auch in der Schweiz zu einer sogenannten ›Verbierung‹ des Studentenlebens. Die alten Bierspiele[18], auf die sich der Biercomment bezog, wurden mit gänzlich anderen Inhalten gefüllt und verloren dadurch ihren spielerischen Aspekt zusehends. In den Studentenverbindungen wurden damals sehr große Mengen an Bier konsumiert, und der sogenannte Trinkzwang, der in den Biercomments im §11 mit dem einheitlichen Satz: »es wird fortgesoffen« festgeschrieben war, gehörte unabdingbar zum Verbindungsleben. Der Trinkzwang hatte mit der Mensur den Zugriff auf den Körper der Mitglieder gemein. Im Unterschied zur Mensur hinterließen die Rituale des Biercomments jedoch keine bleibenden körperlichen Spuren.

Fragt man nach der Bedeutung dieses exzessiven Trinkens in den Studentenverbindungen, so fällt die Antwort vielschichtig aus. Einerseits hatte diese Faszination des Rausches mit der »archaische(n) Wertschätzung des Trinkens als Mittel und Zeichen von Körperkraft und entgrenzender Gemeinsamkeit« zu tun und war nicht nur in Deutschland, sondern auch in der Schweiz »mit der bürgerlich-literarischen Zechkunst zu einer nationalen Tugend verschmolzen«.[19] Durch die konnotative Kopplung von exzessivem Alkoholkonsum und Körperkraft lag eine eindeutige Bindung ans männliche Geschlecht vor. Die starke Geschlechtsgebundenheit dieses Verhaltens grenzte die Frauen aus, und mit dem demonstrativen exzessiven Alkoholkonsum wurde ›Männlichkeit‹ inszeniert. Das Spezielle und auf den ersten Blick Paradoxe am verbindungsstudentischen Trinkexzeß liegt darin, daß er festen Regeln folgte und typische Rituale beinhaltete. Sie dienten der Formierung und Verschmelzung der Männer und zementierten so die Abgrenzung spezifisch männlicher und weiblicher Räume.

124

Als kurz nach der Jahrhundertwende der Einfluß der Antialkoholbewegung so groß wurde, daß auch das studentische Trinkverhalten einem Legitimationszwang ausgesetzt war, fanden in vielen Verbindungen Debatten über den Sinn und Zweck des Biercomments statt. Ein Zofinger aus der Romandie faßte 1905 in einem Artikel die Argumentation der Commentbefürworter zusammen: »Pour eux, boire, c'est un sacerdoce. Non pas qu'ils soient des ivrognes. Mais un commerce dans les formes, c'est le symbole d'une grande idee. Si nous les comprenons bien, c'est celle de discipline, celle d'obéissance librement voulue et aussi – ne riez pas – celle de courage. Car il en faut pour affronter l'océan alcoolique qui doit traverser l'organisme encore frêle du fuchs.«[20] Hier reimte sich Mut nicht auf Blut, wie bei der Mensur, sondern – etwas holprig – auf Bier, das vom Verbindungsstudenten die völlige körperliche Hingabe verlangte.

Durch das fast tägliche Exerzieren des Biercomments wurde eine Art Gegenkultur geschaffen, in welcher die herrschenden gesellschaftlichen Regeln durch diejenigen des Biercomments ersetzt wurden. Folgerichtig bezeichnete sich diese Gegengesellschaft denn auch als »Bierstaat«[21]. Dieser nur aus Männern bestehende Bierstaat wurde ab den 1870er Jahren zur Voraussetzung für jede verbindungsstudentische Geselligkeit. Nach dem Vorbild der alten deutschen Trinkcomments wurden unzählige Biercomments neu geschaffen und in seitenlang protokollierten Diskussionen wieder abgeändert, verfeinert und immer ausgeklügelter formuliert. Insofern waren die Aktivmitglieder der Verbindungen an der Konstruktion ihrer spezifischen verbindungsstudentischen Männlichkeit durchaus mitbeteiligt. Die Verbindungsmitglieder waren in diesem Sinne sowohl Politiker als auch Staatsbürger ihres virilen Utopias. Im Bierstaat bündelte sich die gesamte verbindungsstudentische Verhaltenskultur, in verbierter Form. So gab es darin beispielsweise einen *Bier*präses, *Bier*rechte oder eine *Bier*ehre. Die Verbindungsmitglieder wurden als *Bier*gemeinde bezeichnet und ihr Umgang wurde *Bier*verkehr genannt. Betrachtet man den Bierstaat unter einem politischen Blickwinkel, nämlich unter der Frage, welche »Staatsutopie« und welche Werte in diesem komplizierten Bierstaat herrschten, lassen sich die verquer anmutenden Regeln und Bestimmungen im Biercomment erklären und deuten. Es gab vier verschiedene Arten von Regeln: Erstens das sogenannte ›Zutrinken‹, ein mehr oder weniger spielerisches, rituelles Freundschafts- und Bruderschaftstrinken, dem jedoch unbedingt Folge zu leisten war. Das Zutrinken war eine wichtige Kommunikationsbrücke zwischen den Generationen. Zweitens das ›Vor- und Nachtrinken‹, das streng nach der internen Hierarchie der Verbindung verlief. Dabei wurden die internen Rangabfolgen exerziert und körperlich erlebbar gemacht. Da sich die Abstufungen primär am Anciennitätsprinzip orientierten, hatte jedes Mitglied die Möglichkeit, im Laufe der Zeit aufzusteigen und an Macht zu gewinnen, also nicht nur Opfer, sondern auch Machthaber im Bierstaat zu sein. Drittens sind die Trinkstrafen zu nennen, welche für die verschiedensten Vergehen angewendet wurden. Jeder hatte das Recht, dem semestermäßig unter ihm Stehenden bestimmte Quanten Bier »pro poena zu dictieren«. Die höchste Strafe war der sogenannte »Bierverschiß«, das heißt, der Student wurde so lange für ehrlos erklärt, bis er sich aus seiner Schmach wieder herausgetrunken hatte. Der Bierverschiß kam einer Verrufserklärung gleich. In der Regel war der Bierverschiß unterteilt in drei verschiedene Schweregrade. Aus diesem mußte sich der Bestrafte innerhalb einer gewissen Zeit mit einer unterschiedlich festgesetzten Menge Bier wieder ›herauskneipen‹ (heraustrinken). Viertens enthielt der Biercomment kompetitive Bierspiele, die sogenannten Biermensuren oder Bierduelle, deren formaler Ablauf genauestens geregelt wurde.

Obwohl die Biercomments von offensichtlichem Studentenulk geradezu getränkt waren, wurden sie mit Ernsthaftigkeit befolgt. Die sogenannte »Bierebene« war also nicht in dem Sinne ulkig, daß sie nicht ernst genommen wurde, sondern in dem Sinne, daß als natürlich erachtete Sättigungsgrenzen außer Kraft gesetzt und in einer Art Charivari auf den Kopf gestellt wurden. Im Biercomment wurde ein körperlicher Kontrollverlust rituell begangen. Die Einhaltung der Gesetze des Biercomments ging über alles, sie wurden über die körperlichen Sättigungsgrenzen gestellt. Wer nicht trinken konnte, mußte sich *vorgängig* »bierimpotent« erklären lassen. Versagte er während einer sogenannten Kneipe, so geriet er in den Bierverschiß.

Die hervorstechendste Eigenschaft dieses Bierstaates ist seine Erbarmungslosigkeit und seine totalitäre hierarchische Struktur. Persönliche körperliche Grenzen wie beispielsweise die Sättigungsgrenze beim Trinken fielen in den Zugriffsbereich des Bierstaates. Die jungen Männer lernten in den Verbindungen, ihre eigenen Grenzen zu vergewaltigen und auszuschalten. Die Unterwerfung unter den Biercomment war der Eintrittspreis in eine Organisation, die Halt, feste Orientierungen und soziales sowie kulturelles Kapital versprach.

Die Beherrschung des Comments war unabdingbare Voraussetzung für den Verkehr in der verbindungsstudentischen Gesellschaft. Wer in den Augen anderer Verbindungsmitglieder ›keinen Comment im Leibe‹ hatte, war entehrt und mußte alles daran setzen, seine verbindungsstudentische Ehre wiederherzustellen oder anders gesagt, wieder ein »honoriger Bursch« zu werden. Wohl kannte der Verbindungsstudent, der den Comment beherrschte, keine soziale Isolation und war aufgehoben im »academischen Staat«, doch die Ränder des Comments waren sehr verwischt, die Vorschriften waren kompliziert, oft widersprüchlich, und nicht alle waren schriftlich festgelegt. Commentübertretungen waren deshalb für den Handelnden selbst nicht immer klar ersichtlich. Dies hatte einerseits damit zu tun, daß es in der Moral des Comments zwei Ebenen gab, die der Öffentlichkeit und die interne, die nur den Verbindungsmitgliedern bekannt war. Andererseits führte beispielsweise die Tatsache, daß im Biercomment nicht aufgeführt wurde, welche Vergehen zu Trinkstrafen führten, zu Willkür und zu einer großen ›Rechtsunsicherheit‹.

Trotz rigider und detaillierter Vorschriften des Comments galt im Verbindungsstudententum durchaus zweierlei Moral. Beispielsweise wurde der Besuch eines Bordells an sich nicht sanktioniert, wenn er bekannt wurde, sondern bloß die Befleckung der Verbindungsehre, also der demonstrative Gang ins Bordell in Verbindungsfarben. Im Unterschied zu anderen Institutionen mit einer Doppelmoral waren diese offiziellen ›Verfehlungen‹ in der richtigen Form nicht nur geduldet, sondern sie wurden sogar erwartet. Das inoffizielle Bekanntwerden derartiger ›Verstöße‹ war eine Voraussetzung, um als »flotter Bursche« akzeptiert zu werden.

In der Verbindung wurden kulturelle Anforderungen an den jungen Studenten in ihr Gegenteil verkehrt. Er hatte beispielsweise nicht geistreich und gescheit zu sein, sondern sollte innerhalb der Verbindung auf dergleichen Äußerlichkeiten verzichten und sich ganz dem Comment hingeben. So heisst es am Ende des Comments der Sektion Basel des Zofingervereins aus den 1880er Jahren in altertümlicher Schreibweise: »Auf der Stube soll nicht von Philosophey gehandelt werden; wer sich dessen in conviviis nicht zu entrathen vermag, soll das zu Hause thun, da etwann Vetter Lorenz oder Jungfrau Sophiechen dabei sitzet. Da mag er sich dann anstaunen lassen mit seinem Ente Quidditativo und dessen notionibus primis et secundis und was des subtilen Gebäcks von platonischen Geheimnissen mehr ist. Lernet derowegen ihr Gesellichen, die Zung im Zaum halten und sehen, daß ihr sonst an einem gelegenen Ort desto hurtiger und gelehrter erfunden werdet, es wird euch ja nicht etwa die überflüssige Kunst den Bauch aufreißen.«[22]

Klarer als im obigen Zitat wurde dasselbe Ansinnen einige Jahre später im Comment der selben Verbindung formuliert: »Bei allen offiziellen Trinkgelagen darf im Kneiplokale weder Essen, Spielen, Zeitungslesen, Fachsimpeln noch was der ähnlichen klotzigen Unanständigkeiten mehr sind, geduldet werden. Außer der Strafe fallen alle Fehlbaren der allgemeinen Verachtung anheim.«[23] Mit dieser Regelung wurde die Möglichkeit einer intellektuellen Debatte und somit auch die eines intellektuellen Kräftemessens unter den Studenten während der Kneipe ausgeschaltet und durch das kompetitive Trinken ersetzt.

Der Comment war nicht in der Hinsicht rigid, daß er von den Studenten starke Triebverzichte verlangt hätte, wie dies die öffentliche Moral von den Frauen forderte. Im Gegenteil, der Exzeß war unverzichtbarer Bestandteil des Comments. Er bot nicht nur verschiedene Freiräume für exzessives Ausleben von sonst allgemein als primitiv erachteten Verhaltensweisen, er zwang die Verbindungsmitglieder sogar zu Exzessen, wie im sogenannten Trinkzwang deutlich wurde. Durch das gemeinsame Antrinken von enormen Bierräuschen wurden die Grenzen der gesellschaftlichen Sittlichkeit für alle gleichzeitig aufgehoben, und das Bier wurde zum Kittmittel zwischen den einzelnen Verbindungsmitgliedern und zwischen den Generationen.

Betrachtet man die im Biercomment geforderte ›Männlichkeit‹ genauer, so fällt auf, daß nicht wie andernorts die ›Härte‹ und Abgrenzung im Zentrum der heldisch oder männlich konnotierten Attribute stand, sondern die Selbstüberwindung, die Grenzaufgabe, das Entgrenzen und Aufgehen in der Corporation, in einem gewissen Sinne sogar die Hingabe. Das oben zitierte Studentische Wörterbuch von 1886 vermerkt dazu: »Comment lernt der junge Studio nur durch den alten und wenn er sich als Fuchs mit ganzer Seele der Legion der neuen Eindrücke und Verhältnisse hingibt, welche dem Neuling entgegen treten.«[24]

Es liegt nahe, in den verqueren Vorschriften der Biercomments nur eine Art Ventilfunktion für die in rigiden Gesellschaftsformen lebenden jungen Männer zu sehen und die verbindungsstudentische Geselligkeit Ende des 19. Jahrhunderts als geschützten Ort für Exzesse vor dem Eintritt ins Erwachsenenleben zu verstehen. Diese Sichtweise würde jedoch übersehen, daß die massiven Erziehungsmittel durchaus einen längerfristigen Einfluß auf die Persönlichkeit der jungen Männer hatten, der sich auch in ihren späteren Handlungen noch niedergeschlagen haben dürfte. Ein Indiz dafür, daß dieser Effekt durchaus auch gewollt war, liefert die hitzig geführte Debatte um die Lockerung der Commentvorschriften (Trinkzwang) um die Jahrhundertwende. Bei dieser Diskussion, die in allen Verbindungen geführt wurde, waren besonders die Alten Herren für die Weiterführung des rigiden Comments.[25] Auf der anderen Seite waren es auch die Aktivmitglieder selbst, die immer wieder darauf hinwiesen, daß die Commenterziehung eine wichtige Voraussetzung für ein späteres öffentliches Wirken sei. »Jetzt in der wichtigsten Lebensperiode unserer Entwicklung müssen wir trachten, uns zu Persönlichkeiten heranzubilden, uns das anzueignen, ohne welches wir später im öffentlichen Leben nicht bestehen können«[26], meinte der Präsident der Sektion Basel des Zofingervereins 1902 programmatisch.

III.

Aus dem Gesagten dürfte klar geworden sein, daß sich Studentenverbindungen von anderen geschlechtsspezifischen Vereinen der Zeit durch ihr Repertoire an Ritualen und Zeremonien unterschieden. Diese Rituale verweisen auf den männerbündischen Charakter der Studentenverbindungen. Der – bekanntlich 1902 durch den Ethnologen Heinrich Schurtz eingeführte – Begriff des Männerbundes[27] erweist sich für die geschlechtergeschichtliche Einordnung der schweizerischen Studentenverbindungen sogar als außerordentlich fruchtbar. Durch ihn verlieren ihre rituellen Formen viel von ihrer scheinbaren Exotik. Ich gehe von folgender Definition eines Männerbundes aus:

- Ein Männerbund ist eine fest institutionalisierte Körperschaft von Männern. Er erhebt den Anspruch, diese Männer lebenslänglich einzubinden.
- Er beinhaltet einen numinosen Kern, der mit mythischen Vorstellungen von unbezwingbarer Männlichkeit besetzt ist.
- Ein Männerbund zeichnet sich aus durch die symbolische Schaffung eines Kollektivs, die mittels Verschmelzungs- und Entgrenzungsritualen inszeniert wird.
- Die Aufnahme in den Bund wird durch rituelle Handlungen (rites de passages) vollzogen.
- Männerbünde weisen große symbolische Analogien zu Familien auf.[28]

Das erste Merkmal, nämlich die feste Institutionalisierung, war im schweizerischen Verbindungswesen von Anfang an gegeben, da alle als Vereine gegründet wurden. Der Anspruch, die Mitglieder lebenslänglich einzubinden, war als Idee (Lebensbundprinzip)[29] schon von Beginn an enthalten[30], wenn auch diese Absicht erst nach den 1870er Jahren durch fest institutionalisierte Ehemaligenorganisationen formal umgesetzt worden ist. Diese sogenannte Altherrenorganisationen nahmen zunehmend größeren Einfluß auf das Verbindungsleben.

Im zweiten Punkt der Definition, nämlich in der Schaffung eines numinosen Kerns mit mythischen Vorstellungen von unbezwingbarer Männlichkeit, sehe ich das zentrale Charakteristikum eines Männerbundes. In diesem Punkt unterscheiden sich Männerbünde deutlich von anderen geschlechtsspezifischen Organisationen. In der Regel wird auch auf diese Eigenschaft angespielt, wenn im allgemeinen Sprachgebrauch das Wort ›männerbündisch‹ verwendet wird. Im schweizerischen Verbindungswesen lassen sich solche mythischen Vorstellungen einer heldisch interpretierten Männlichkeit durchgängig nachweisen. Bis in die 1860er Jahre hinein standen diese Bilder noch im Banne der deutschen Befreiungskriege gegen Napoleon und den Schlachtgeschichten um die Gründung der Eidgenossenschaft. Sie waren geprägt von einem stark nationalstaatlich-kriegerisch ausgerichteten Heldentum. Die Verschmelzung von »Held« und »Bund« prägte die Geschlechtsidentität der Verbindungsmitglieder bis in die 1860er Jahre hinein. Heißt es doch in einem Zofingerlied aus der Mitte des 19. Jahrhunderts: »Doch was rings um auch verwittert, dein Bund wird nicht erschüttert: ist Gott in uns, so mag die Hölle nah'n, wir wandeln fest die alte Heldenbahn.«[31]

Gegen Ende des 19. Jahrhunderts wurde dieser stark vaterländisch ausgerichtete numinose Kern der drei größten schweizerischen Studentenverbindungen immer stärker vom Comment des deutschen Corpsstudententums überformt. Das heißt, zum vaterländisch-kriegerischen Heldenmythos kam zusätzlich der burschikose. Es ist auffällig, daß dieser numinose Aspekt stark mythische Züge trägt, und daß sich nicht nur die Verbindungen gegen jegliche argumentative, rationale Überprüfung oder Infragestellung dieser Bilder massiv zur Wehr setzen. Der unreflektierte heldisch-männliche Verehrungskern hat in Männerbünden die Funktion einer gefühlsmäßig hochbesetzten Sperrzone des Intellekts.

Das dritte Charakteristikum eines Männerbundes, nämlich das Moment der Verschmelzung, der rituellen Auflösung der Grenzen zwischen den Individuen zur Schaffung eines Kollektivs, war im Verbindungsstudententum ebenfalls bereits zu Beginn enthalten. Allerdings gab es auch hier im Laufe des 19. Jahrhunderts bedeutende Veränderungen. Während in der ersten Jahrhunderthälfte das romantisch-schwärmerische Moment der Männerfreundschaften im Zentrum dieses Verschmelzungskerns stand, verlagerte sich dieser später zusehends zur rauschhaften Aufhebung der Grenzen zwischen den Individuen im Rahmen der Trinkrituale und verlor seinen freundschaftsbetonten Kern.

Die im vierten Punkt angesprochenen rituellen Handlungen zur Aufnahme in den Bund lassen sich ebenfalls durchgängig nachweisen. Die Aufnahmerituale[32] variierten leicht bei den einzelnen Verbindungen. Formal sind sie jedoch eindeutig den »rites de passage« im Sinne van Genneps zuzuordnen. Sie markieren den Übergang zur ›Männlichkeit‹ und sie setzten fest, was Männlichkeit ausmachte. Mit Ausnahme des Aufnahmerituals, welches nur einmal begangen wurde, war es innerhalb der Verbindung für das Mitglied immer wieder nötig, seine Zugehörigkeit zum Bund mit neuen Mutproben zu unterstreichen. Die Bestimmungsmensuren[33] oder die bindende Verpflichtung, sich aus einem Bierverschiß wieder herauszutrinken, sind sprechende Beispiele für diese Art des immer wieder erforderten Kampfes um das »Drinbleiben«.

Das Verbindungsstudententum orientierte sich gemäß dem letzten Punkt der Definition – wie andere Männerbünde (etwa die Freimaurer) auch – stark an familiären Formen. Sie imitierten einige zutiefst familiäre Rituale und Verhältnisse. Allerdings, und das ist der springende Punkt, waren dies familiäre Verhältnisse ohne Frauen. Vergleicht man die verschiedenen persönlichen Zeugnisse über das interne Verbindungsleben, so fällt auf, daß Familientopoi in allen Variationen häufig sind. Solche Familienanalogien lassen sich nicht nur im Diskurs nachweisen, sie finden sich noch weitaus manifester im Brauchtum der Verbindungen. Dem Neueintretenden wurde beispielsweise mit der Aufnahme (die Taufe oder Burschifikation genannt wird) von den Verbindungsmitgliedern ein neuer Name[34] gegeben, der ihm bis ans Lebensende blieb, für den Verbindungsstudenten zur internen Anrede wurde und fortan fest zu seiner Identität in der verbindungsstudentischen Gemeinschaft gehörte. Eine Funktion dieser familienähnlichen Organisationsstrukturen lag in der symbolischen Produktion einer eigenen ›Verwandtschaft‹, die quer zu den genetischen Familienbanden verlief. Ein Großteil der integrativen Verbindungsrituale beabsichtigte, ein emotionales Kollektiv der Mitglieder unter dem Dach der Verbindung zu schaffen. Noch eine Stufe weiter in der Strukturaffinität zur Familie gehen die sogenannten Leibverhältnisse, die in der Zeit der Aufnahme in eine Verbindung errichtet wurden. Leibverhältnisse waren besonders enge freundschaftliche Verhältnisse zwischen zwei Aktivmitgliedern. In der Regel wurden sie zwischen erfahrenen und weniger erfahrenen Mitgliedern geschlossen. Obwohl die Leibverhältnisse keineswegs sexuell konnotiert waren, entstanden aus ihnen dennoch die sogenannten Bierfamilien. Ab der Jahrhundertwende wurden diese häufig analog zu Stammbäumen aufgezeichnet, was besonders augenfällig macht, daß die Verbindungen einen künstlichen Familienverband unter Männern bildeten, welcher sich quasi parthenogenetisch reproduzieren konnte. Die Verbindung selbst repräsentierte symbolisch die Mutter, und die Verbindungsmitglieder verstanden sich als ihre Söhne.[35] Diese frauenlose Art der ›Fortpflanzung‹ in den Verbindungen war nicht an die eigenen Gene geknüpft und hatte den Vorteil, daß durch die Selektion beim Aufnahmeverfahren eine größere qualitative Kohärenz als in der genetischen Familie möglich war. Für katholische Verbindungen barg dieses Prinzip zudem den Vorteil, daß auf diese Weise auch kirchliche Würdenträger eine Art ›Vaterverhältnis‹ eingehen konnten.

Wenn aber die Frauen als Geschlecht nicht die Möglichkeit hatten, in den Männerbund einer Studentenverbindung einzutreten, so heißt das nicht, daß eine männliche Geschlechtszugehörigkeit allein zur Aufnahme genügte. Voraussetzung für den Eintritt in die verbindungsstudentische Welt war zudem die egalitäre Unterwerfung unter den Fuchsenstand. Die Einrichtung des Fuchsenstandes und die im Biercomment festgesetzten Unterwerfungs- und Demütigungsrituale waren ein Instrument, vorher bestehende Herkunftsunterschiede einzuebnen. Mit diesen Initiationsritualen vermochte der Bierstaat seinen Staatsbürgern beim Eintritt die Erfahrung der grundsätzlichen Gleichheit zu vermitteln. Allerdings war dies eine Gleichheit in der Rechtlosigkeit. Vernet, ein Fuchsmajor der Zofingia Genf verteidigte 1897 die Aufteilung in Burschen und Füchse: »Cette Institution de Burschen et Füchse est non seulement excellente, mais même indispensable: il n'est pas admissible, en effet, qu'un tout jeune membre soit sur le même pied que les anciens; il ne connaît rien et n'a aucune expérience, tandis que les vieux ont acquis ces qualités qui lui manquent. ... Les Burschen sont en quelque sorte les parents des Füchse, et c'est comme tels qu'ils ont sur eux certains droits, entre autre celui d'être respectés et obéis.«[36] Erst mit der Aufnahme in den Burschenstand wurden dem Verbindungsmitglied bestimmte Rechte übertragen.

Die Füchse erinnern an die Neophyten in Victor Turners Ritualtheorie: »Es ist, als ob sie auf einen einheitlichen Zustand reduziert würden, damit sie neu geformt und mit zusätzlichen Kräften ausgestattet werden können, die sie in die Lage versetzen, mit ihrer neuen Situation im Leben fertig zu werden. Untereinander neigen die Neophyten dazu, intensive Kameradschaft und Egalitarismus zu entwickeln. Weltliche Status- und Rangunterschiede verschwinden.«[37] Liest man diese Ausführungen Turners einerseits vor dem Hintergrund des Verständnisses der Studentenverbindungen als Männerbünde und andererseits mit dem Bewußtsein, daß es sich bei den Studentenverbindungen im untersuchten Zeitraum um Kaderschmieden der politischen Elite handelte, wird klar, daß der Bierstaat eine Art männerbündische Rekrutenschule darstellte. In ihm wurden die Werte und Verhaltensweisen des verbindungsstudentischen Habitus vermittelt und erfahrbar gemacht.

Die Reichweite dieses aus aus Deutschland importierten verbindungsstudentischen Comments war beträchtlich. Er übertrat nicht nur fast mühelos die nationale Grenze zur deutschsprachigen Schweiz, ebenso leicht gelang ihm auch der Sprung in den französischsprachigen Landesteil, wo er sich in leicht abgeschwächter Form durchsetzen konnte. So gesehen kann für die Zeit zwischen dem letzten Drittel des 19. Jahrhunderts und dem Ersten Weltkrieg von einer Art ›virilen Internationale‹ gesprochen werden, die einen prägenden Einfluß hatte über die verschiedensten ideologischen, staatspolitischen und sogar sprachlich-kulturellen Grenzen hinweg. Durch die Übereinstimmung der verbindungsstudentischen Verhaltenskultur in den verschiedensten Verbindungen wurde ein Habitus geschaffen, der politische Machtträger unterschiedlichster Couleur zu einer Art männerbündischem Dachverband mit gemeinsamem kulturellem Kapital verklammerte. Dissidenten wurden nur ausgegrenzt, wenn sie die heldisch besetzte Männlichkeitsverehrung in Frage zu stellen wagten.

Mit der Schwerpunktverschiebung von der parteipolitischen Ausrichtung der Verbindungen zum Primat der verbindungsstudentischen Formen hat im Schweizerischen Verbindungswesen eine Verschiebung von der Staatspolitik zur Geschlechterpolitik stattgefunden. Ab den 1870er Jahren bildete die Geschlechterpolitik, verstanden als das Primat der Erziehung zur verbindungsstudentischen Männlichkeit, zunehmend das Fundament, auf dem die Staatspolitik der Verbindungsmitglieder später aufbaute.

Die Studentenverbindungen blieben nicht die einzigen Institutionen in der Schweiz, in denen sich ein aus dem Deutschen Kaiserreich importierter Virilitätshabitus durchsetzte. Ab 1895, also rund zwanzig Jahre nachdem im Verbindungswesen die aus dem Kaiserreich importierte corpsstudentische Verhaltenskultur die politischen Inhalte immer stärker überdeckt hatte, war in der Schweizer Armee eine Verlagerung zugunsten eines sich an der gleichen Art von Virilität orientierenden Erziehungskonzeptes für Offiziere auszumachen.[38] In der Frage der Offiziersausbildung unterlag die sogenannt ›nationale Richtung‹, die sich an bürgerlichen Erziehungsidealen orientierte, gegen die militaristische, an Preußen orientierte ›Erziehung zur Männlichkeit‹ der ›Neuen Richtung‹ binnen weniger Jahre. Der spätere General Ulrich Wille, welcher diese ›Neue Richtung‹ maßgeblich vertrat, war in seiner Jugend Corpsstudent in einem schlagenden Corps in Zürich gewesen.

Anmerkungen

1 Brief von Karl Bitzius an die Zürcher vom 10. Juni 1819, zit. nach: Ulrich Beringer, *Geschichte des Zofingervereins 1819-1830*, Basel 1895, S. 45.
2 Robert Steiger in einem Brief vom 15.3.1823 nach Genf, zit. nach: ebd., S. 204.
3 Der deutlich nicht burschikose Name Zofingerverein sollte eine gewisse Distanz zu Deutschen Burschenschaft markieren.
4 In der »Verfassung für die Republik Bern« von 1831 wurde für die Wählbarkeit in die kantonale Legislative entweder ein bestimmter Zensus, ein fester Lehrstuhl an einer Hochschule oder ein wissenschaftliches Patent verlangt, damit war für die Studenten nach dem Studium der Weg in die Politik frei.
5 Julius Ganz, *Geschichte der Sektion Zürich des Schweizerischen Zofingervereins*, Winterthur 1883, S. 36.

6 Willi Buchmann, Übersicht über die Fassungen der Artikel 1 und 2 der Centralstatuten, in: *Der Schweizerische Zofingerverein 1819-1969*, Bern 1969, S. 341-351, S. 344.

7 Urs Altermatt (Hg.), *»Den Riesenkampf mit dieser Zeit zu wagen...«. Schweizerischer Studentenverein 1841-1991*, Luzern 1991, S.7.

8 Werner Kundert/Ulrich Imhof, Geschichte des Schweizerischen Zofingervereins, in: *Der schweizerische Zofingerverein 1819-1969*, Bern 1969, S. 54.

9 Urs Altermatt (Hg.), *Die Schweizer Bundesräte. Ein biographisches Lexikon*, Zürich 1991.

10 Als Beispiel mögen die beiden Berner Helveter Harald Woker und Gustav Müller dienen, die der Sozialdemokratischen Partei angehörten. Letzterer war bis 1893 freisinniger Großrat und wurde zwei Jahre später als erster Sozialdemokrat in die Exekutive Berns gewählt.

11 *Centralblatt des Schweizerischen Zofingervereins*, 1897, S. 654.

12 Herodotus Junior. »*Academica Juventus*. Die deutschen Studenten nach Sprache und Sitte«, Celle 1887, S. 26. Als Reprint erschienen in: Helmut Henne/Georg Objartel (Hg.), *Bibliothek zur historischen deutschen Studentensprache*, Bd. 3, Berlin 1984, S.657-749.

13 Vgl. dazu Ute Frevert, *Ehrenmänner. Das Duell in der bürgerlichen Gesellschaft*, München 1991.

14 Schweizerischer Zofingerverein (Hg.), *Bericht über die Mensurangelegenheit in der Sektion Zürich*, Bern 1903, S. 23.

15 Protokoll des Zentralfestes des Zofingervereins vom 10.8.1887 (PA 412 Staatsarchiv Basel-Stadt)

16 Während im Zofingerverein um die Erlaubnis gestritten wurde, die Ehre mit dem Schläger verteidigen zu *dürfen*, drehte sich die Diskussion in der Helvetia darum, ob in jedem Falle, also »unbedingt«, Satisfaktion gegeben werden muß.

17 Zentralarchiv des Zofingervereins, Sektion Basel, Protokoll 1901-1903, 8.7.1902 (PA 412 Staatsarchiv Basel-Stadt).

18 Ähnliche Bierspiele fanden sich auch im Brauchtum der fahrenden Handwerker und der frühneuzeitlichen Studenten.

19 Hasso Spode, *Die Macht der Trunkenheit,* Opladen 1993, S. 266.

20 *Centralblatt des Zofingervereins*, 1905, S. 28 (Für sie [die Commentbefürworter] ist das Trinken ein Opfer. Sie sind keinesfalls Trinker. Aber ein Kommers nach den Regeln ist das Symbol einer grossen Idee. Wenn wir sie richtig verstehen, dann ist dies die Idee von Disziplin, von frei gewähltem Gehorsam und auch – lachen Sie nicht – die Idee von Mut. Denn es braucht Mut, um sich dem Meer aus Alkohol auszusetzen, das durch den noch schwächlichen Organismus des Fuchsen hindurchströmt.)

21 Vgl. Erwin Bucher, *Hundert Jahre Studentengesangverein Zürich 1849-1949*, Zürich o.J., S. 87.

22 *ZofingerComment; darin von Gebräuchen, Solennitäten, Regeln & Vorschriften, wie solche auf der Stube zum Löwenfels in Basel gehalten werden, diskutiert wird*, S. 19 (PA 412 Staatsarchiv Basel-Stadt).

23 § 5 im: *Comment des Zofingervereins zu Basel*, Basel 1899.

24 Herodotus Junior, S. 26.

25 *Korrespondenzblatt der Studentenverbindungen Halleriana bernensis und Manessia turicensis*, 27.2.1912, S. 1.

26 Zentralarchiv des Zofingervereins, Sektion Basel, Protokoll 1901-1903, 25.10.1902 (PA 412 Staatsarchiv Basel-Stadt).

27 Heinrich Schurtz, *Altersklassen und Männerbünde*, Berlin 1902. Gisela Völger/Karen v. Welck (Hg.), *Männerbünde, Männerbande*, Köln 1990.

28 Ich gehe dabei von der bei Völger/v.Welck, *Männerbünde, Männerbande*, S. XXI formulierten Definition aus; im Unterschied zu ihnen sehe ich jedoch die prinzipielle Egalität der Mitglieder nicht als Merkmal der Männerbünde an.

29 Das Lebensbundprinzip legt fest, daß die Verbindung nicht nur für die Zeit des Studiums, sondern lebenslänglich geplant ist.

30 Festbeschluß des Zofingervereins von 1820: »Hat ein Mitglied des Vereins seine Studien vollendet und tritt in das bürgerliche Leben ein, so bleibt es Mitglied, aber ohne definitive Stimme.« Zit. nach Beringer, *Geschichte*, S. 136.

31 *Liederbuch für die schweizerische Studentenverbindung Zofingia*, Bern 1903, S. 48ff.

32 Zum Ritualbegriff vgl. Arnold van Gennep, *Les rites de Passage*, Paris 1909 (dt.: *Übergangsriten*, Frankfurt/New York 1986) und Victor Turner, *Das Ritual. Struktur und Antistruktur*, Frankfurt a.M. 1989, S. 95f.

33 Studentische Duellform, die sich nicht auf eine Beleidigung bezog. Bei Bestimmungsmensuren wurden die Gegner von den Verbindungen bestimmt.

34 Das sogenannte Vulgo oder Cerevis.

35 Sämtliche Verbindungsnamen waren weiblich. Bezeichnungen wie »mater Zofingia«deuten auf diesen Aspekt hin.

36 *Centralblatt des Schweizerischen Zofingervereins*, 1897, S. 381, (Die Einrichtung des Burschen- und Fuxenstandes ist nicht nur ausgezeichnet, sondern unverzichtbar. Es ist in der Tat nicht zulässig, daß ein ganz junges Mitglied gleichberechtigt mit einem Alten ist, es weiß nichts und hat zu wenig Erfahrung, wobei die Alten diejenigen Qualitäten, die dem Jungen fehlen, schon erworben haben. ... Die Burschen sind auf eine bestimmte Art die Eltern der Füchse, und wie jene haben sie gewisse Rechte über sie, unter anderem müssen sie respektiert werden und können Gehorsam velangen.)

37 Turner, *Ritual*, S. 95.

38 Martin Lengwiler, Männlichkeit und Militär in der Schweiz um 1900, in: Rudolf Jann/Brigitte Studer (Hg.), *Weiblich – männlich. Geschlechterverhältnisse in der Schweiz*, Zürich 1995, S. 171-185.

Männerbund und Politische Kultur in Deutschland*

Nicolaus Sombart

Einstieg: Freundschaft als politischer Begriff

Eines der ersten Dokumente aus den von Karl Kautsky zusammengestellten amtlichen Aktenstücken zum Kriegsausbruch, die Nr. 26, ist ein Brief Kaiser Wilhelms II. an den Kaiser von Österreich vom 14. Juli 1914. Die ganze Tragik der kaiserlichen Politik, des kaiserlichen Politikverständnisses, steckt darin. Es bedarf keiner weiteren Erklärung mehr, warum das Deutsche Reich in den Konflikt verwickelt wurde, sich trotz aller seiner Bemühungen nicht – was eine Welt von Vernunft seinen Führern begreiflich zu machen versuchte, – würde heraushalten können. Sehenden Auges ging es in den Abgrund. Aus – Freundestreue!

»Mein teurer Freund« – beginnt der Brief –, »mit aufrichtiger Dankbarkeit habe ich es empfunden, daß Du in den Tagen, wo Ereignisse von erschütternder Tragik über Dich hereingebrochen waren und schwere Entscheidungen (!) von Dir forderten, Deine Gedanken auf unsere Freundschaft gelenkt und diese zum Ausgangspunkt Deines gütigen Schreibens an mich gemacht hast. Ich betrachte die von Großvater und Vater auf mich überkommene enge Freundschaft zu Dir als ein kostbares Vermächtnis und erblicke in deren Erwiderung durch Dich das sicherste Pfand für den Schutz unserer Länder.«

Das ist nicht die Korrespondenz zweier Wandervogelführer – das ist Weltpolitik, wie sie die deutsche Führungsschicht versteht, ein Akt deutscher Politik, für die das kaiserliche Politikverständnis repräsentativ ist.

Der Brief, den der Kaiser brav in seiner Kajüte auf der »Hohenzollern« abschrieb, fährt dann auch fort: »Durch Deinen bewährten und von mir auf-

---

* Der Beitrag erschien zuerst in: J.H. Knoll/J.H. Schoeps (Hg.), *Typisch deutsch: Die Jugendbewegung*, Opladen 1988, S. 155-176.

richtig geschätzten Botschafter wird Dir meine Versicherung übermittelt worden sein, daß Du auch in den Stunden des Ernstes mich und mein Reich in vollem Einklang mit unserer altbewährten Freundschaft und unseren Bündnispflichten treu an Eurer Seite finden wirst. Dir dies an dieser Stelle zu wiederholen, ist mir eine freudige Pflicht.«

Das für den Ausbruch des Weltkrieges ausschlaggebende Staatsschreiben endet mit den Worten: »In aufrichtiger Anhänglichkeit, Dein treuer Freund Wilhelm« (vom Kaiser eigenhändig geschrieben). Wir finden das komplette Vokabular des soldatischen (deutschen) Mannes: Pflicht, Treue, Entscheidung, das Carl Schmitt in seiner politischen Theorie auf den Begriff gebracht hat. Das war also, im »Ausnahmezustand«, die souveräne Entscheidung für den Freund.

Man möchte es bitte nicht als eine persönliche Marotte des Autors auffassen oder als Konzession an eine Mode, wenn die Erinnerung an Carl Schmitts berühmte Definition des Politischen an den Anfang dieser Überlegungen gestellt wird. Carl Schmitts politische Theorie hat jene politische Kultur in Deutschland, um deren Analyse es hier geht, wie kein anderer auf den Begriff gebracht; darauf beruht, bis heute, sein Erfolg und seine Faszination. Die Eingängigkeit der Formel der Unterscheidung von Freund und Feind als der Essenz des Politischen beruht für deutsche Männer auf einem Evidenzerlebnis. Auf der Schiene dieser Dichotomie läuft – seit einem Jahrhundert – das deutsche Politikverständnis und Politikbewußtsein. Jedem leuchtet sofort ein: Man muß sich gegen den bösen Feind stellen, und zwar kompromißlos. Daß diese Entscheidung auch eine Entscheidung für den Freund ist, ja daß die Feindbestimmung nur möglich ist, weil und wenn feststeht, wer »Freund« ist, wird, nicht wirklich bewußt, umso mehr aber emotionell mißverstanden. Die Suggestivkraft der Formel beruht, so möchte ich behaupten, auf dem Mitschwingen dieses »Freundes«-Begriffes.

Dieser »Freund« nun, erhoben zur Dignität einer staatsrechtlichen politischen Kategorie, ist etwas exklusiv und eminent Deutsches. Das gibt es weder in England noch in Frankreich (dort gibt es den Sozius, den Alliierten), genauso wenig, als es dort »Freundschaft« in dem emphatischen Sinne gibt, der dem deutschen Wort seine Aura verleiht. »Freund« und »Freundschaft« im deutschen Sinne aber sind politische Begriffe, weil, wie ein anderer Exponent der politischen Kultur in Deutschland, den wir noch öfter werden zitieren müssen, Alfred Bäumler, festgestellt hat, in diesem Lande »das Freundschaftsverhältnis ... eine Beziehung zum Staat hat«. Zur Erklärung fügt er hinzu: »Die Freundschaft ist etwas anderes als eine persönliche Liebhaberei. Die Freundschaft als Lebensform gedeiht nur in bezug auf den Bund und den Staat.« »Freundschaft« ist natürlich Männersache, wie der »Staat« Männersache ist (nur Männer können Freunde sein). Der Staat ist eine Sache von »Freunden«. Die Basis des Staates ist ein Freundesbund – mit anderen Worten der »Männerbund«. Damit sind wir schon zum Kern unseres Themas vorgestoßen: der Vorstellung einer wesensmäßigen Identität von Staat und Männerbund.

Die Unterscheidung von Freund und Feind ist natürlich die Entscheidung gegen den »Feind«. Von der Positition des Männerbundes her ist es die Entscheidung für den »Staat«, gegen alles, was den Staat, d.h. den Männerbund, bedroht und gefährdet. Wir werden sehen, wer oder was dieser Feind ist. In dieser Identifikation hat alle deutsche Staatsvergottung, Staatsversessenheit, Staatsbezogenheit ihre Wurzel. Sie unterscheidet das spezifisch deutsche Staatsverständnis und Staatsbewußtsein von jedem anderen. Sie war (ich sage nicht, sie ist!) die Ursache der Unfähigkeit der Deutschen zur Republik, zur Demokratie – die Ursache ihrer konstitutionellen Schwierigkeit, französisches oder englisches (westliches!) Politikverständnis gedanklich und emotional nachzuvollziehen oder sich gar zu eigen zu machen.

Das spezifisch Deutsche, nirgendwo in der Geschichte der Neuzeit so vorzufinden, ist die Wirksamkeit des »Männerbundes«, der als das dem eigenen Volk allein Angemessene, Adäquate, empfunden wird. Der eingangs zitierte Brief Kaiser Wilhelms II. ist ein Dokument dieser spezifisch deutschen »Männerbundkultur«. Carl Schmitts Freund-Feind-Parole – eine Männerbunddevise. Was heißt das?

Der »Männerbund« als kultursoziologisches Phänomen

Der »Männerbund« ist ein ethnologisches, soziologisches, historisches, kulturelles, man kann sagen, kulturanthropologisches Phänomen, das als gesellschaftlichen Idealtypus beschrieben – man kann fast sagen: entdeckt – zu haben, das Verdienst von Hans Blüher ist; zuerst in seinen, noch vor dem Ersten Weltkrieg erschienenen Schriften über den »Wandervogel«, dann, mit systematischem Apparat, in der 1921 erschienenen »Theorie der menschlichen Staatsbildung«, die den programmatischen Titel führte: *Die Rolle der Erotik in der männlichen Gesellschaft.*

Hans Blüher gehört derselben Generation an wie Carl Schmitt und Alfred Bäumler. Er gehört wie sie zu den Meisterdenkern der antirepublikanischen Rechten, deren politische Theorie von so erstaunlicher Kohärenz und Konsequenz ist, daß ihre Äußerungen oft deckungsgleich, oft austauschbar sind – es ist der Diskurs der »konservativen Revolution«, ein Euphemismus. Sie sind die legitimen Wortführer der »deutschen Männer« – die Spitze des Eis-

138

berges. Ihre geheime Botschaft ist das Bekenntnis zum »Männerbund«. (Zu denen ist auch der frühe Ernst Jünger zu zählen und auch Martin Heidegger, von dem zu Recht gesagt worden ist, seine Philosophie sei das auf den Begriff gebrachte Programm des Hohen Meißner.)

Die Rede vom »Männerbund« organisiert sich um zwei Brennpunkte. Der eine ist das männlich-martialische Prinzip. »Mann« ist nur der männliche, der soldatische, der heroische Mann. Das steht gegen den verweichlichten, weibischen Mann, den Zivilisten, den »Bürger«. Das steht gegen den Citoyen, den »Weltbürger«, den »Menschen« im Sinne einer universellen Menschheitsvorstellung. Es steht vor allem gegen alles, was mit dem Weib zu tun hat, und das ist, wie wir sehen werden, sehr viel.

Der andere Pol ist das »Bündische«. Der »Bund« als spezifisch männergemäße, männerbezogene, exklusiv von Männern geprägte Form der Gesellung. Das steht gegen Familie, Clan, Sippe – wo Frauen eine dominierende Rolle spielen. Das steht gegen »Gesellschaft« und jede Art ökonomisch bestimmter Interessenverbände und Organisationsformen. Das steht gegen Bürokratie und jede rationale Form der Ausübung von Herrschaft. Das steht aber auch gegen jede traditionale Sozialstruktur, wie es Stände, Zünfte, Dynastien sind.

Der »Bund« beruht auf der Affinität, Kohäsion und Solidarität von Männern, deren Bindung nicht rational, sondern emotional, affektiv ist – genauer gesagt und to the point: erotisch.

Der »Männerbund« ist eine libidinös bestimmte und nur als solche zu definierende Gesellungsform; sie ist »Gemeinschaft«, aber in einem geschlechtsspezifischen Sinne. Das gemeinschaftsstiftende Agens ist der männliche Eros (dies in Analogie zur »Ehe« als einer Gesellungsform, die per definitionem mit dem heterosexuellen Eros verbunden ist und ohne diesen nicht existieren würde). Es ist das große Verdienst Hans Blühers, mit seiner idealtypischen Beschreibung des »Männerbundes« die sexuelle Dimension in die Politikwissenschaft, um nicht zu sagen in die Staatswissenschaft, eingeführt zu haben. Er war sich dieser innovatorischen Leistung durchaus bewußt und wird auch zugegeben haben, daß sie postfreudianisch ist, d.h. ohne die Erkenntnisse Freuds nicht möglich, nicht »denkbar« wäre.

In seinem inneren Gefüge ist der »Männerbund« hieratisch und hierarchisch. Er strukturiert sich um die zentrale Figur des »Männerhelden« und die libidinöse Bindung der Bundesbrüder, Bundesgenossen, der »Freunde« an ihn. Wenn man diese Tatsache einmal begriffen und anerkannt hat, hat man den Schlüssel zum Verständnis aller für den »Männerbund« spezifischen Verkehrsformen, seiner Verhaltensmuster, seines Wertkodexes und der ihm zugeordneten Denkfiguren.

Das beginnt – und wir haben damit begonnen – mit jener wunderlichen Exaltierung von »Freund« und »Freundschaft«. Freundschaft ist nicht einfach nur ein intersubjektives Aktionsmodell für eine Beziehung zwischen zwei Männern, sondern jene nur zwischen Männern mögliche Beziehung, die sich vor allen anderen dadurch auszeichnet, daß sie vom mannmännlichen Eros bestimmt und getragen wird. Von einem solchen Freundschaftsverständnis ausgehend, erhält die breite Skala der für den »Männerbund« typischen Verhaltensformen und sozialen Wertmaßstäbe ihren besonderen Akzent: Treue, Ehre, Gefolgschaft. Man muß immer nur ein Wort mit »Freund« daraus bilden.

Man erkennt sofort: Es handelt sich um ein anderes Register als das, zu dem Worte wie Solidarität, Loyalität, Anerkennung gehören. Auch das französische »honneur«, das Montesquieu zur aristokratischen Kardinaltugend erhebt, bezeichnet etwas anderes als die männerbündlerische »Ehre«.

So ist auch der »Staat« in dieser Sprache etwas anderes, Besonderes. Wie weit sind wir von der Definition des Staates als Instrument der herrschenden Klasse (im sozioökonomischen Sinne verstanden) entfernt. Es handelt sich nicht um eine Kategorie des Staatsrechtes, sondern um etwas Mystisch-Sakrales, in dessen Erfahrung die Gemeinschaft der Männer als Freundesbund eine das Individuelle transzendierende Steigerung ihres Daseinsgefühls erlebt. »Staat« ist das Telos des Männerbundes. »Macht« und »Herrschaft« sind Attribute der superioren Daseinsverfassung einer Elite.

Dem Staat immanent ist der »Bund«. Nicht als Bundesstaat oder Staatenbund im Sinne verfassungsrechtlicher Distinktionen, denn der Bund, um den es hier geht, das haben wir verstanden, ist ebensowenig wie der Staat ein staatsrechtliches Konstrukt. Er ist archetypische »Gestalt«, die ins Absolute erhobene »Idee« des Männerbundes (der »Bund der Bünde« war eine Lieblingsidee der bündischen Jugend, deren ehrgeizige Führer einen »Jungenstaat« begründen wollten).

»Männerphantasien«! Ja, zweifellos. Theodor Däubler, dessen »Nordlicht« eine wichtige Quelle für das Studium der staatsbezogenen Männerphantasien ist, beschreibt fast karikaturistisch den »Mann, der Staaten ausgeträumt«. Er nennt das den Ra-Wahn:

> »Das da ist das Drama aus Ra's Manngewalten
> Die allseits erwachen, den Ra-Kampf entfachen
> Beim Dreinschlagen lachen, die Massen zerspalten,
> Die Staaten gestalten, die Sklaven bewachen.«

Eine weitere Steigerungsform dieses Männer(bund)traumes ist natürlich das »Reich«. Was da in den Köpfen spukt, hat relativ wenig zu tun mit der tausendjährigen deutschen Reichsgeschichte. Das Wort »Reich« mit seinem weiten Hof von Assoziationen ist libidinös besetzt vom mannmännlichen Eros und in der Wirkung, die es in den letzten hundert Jahren gehabt hat, nur durch seine Männerbundbezogenheit richtig zu verstehen.

Dasselbe gilt für alle Schlüsselbegriffe des soldatisch-martialischen Registers: Kampf, Opfertod, Mannestugend, Heldentum, aber auch Disziplin, Zucht, Befehl und Gehorsam – immer verstanden als »männliche Tugenden«.

Dasselbe gilt natürlich auch für den Komplex »Heer und Armee«. Wenn Alfred Bäumler 1930 feststellt: »Das deutsche Heer war die letzte Gestalt eines heroischen Männerbundes« – so ist das durchaus zutreffend. Man könnte dergleichen weder von der französischen noch von der russischen Armee sagen.

In seinen Lebensformen ist der »Männerbund« karg, asketisch, zölibatär; er definiert seine Einstellung dem Leben gegenüber in radikaler Abgrenzung gegen alles Weiche, Liebliche, Anmutige Weibliche; er grenzt sich ab gegen alles, was mit dem Weibe zu tun hat: seinen Gefahren, seinen Schrecken und seine Verlockungen. Die Welt des Weibes ist materialistisch, sinnlich, hedonistisch, eudämonisch – die Welt des Mannes, für die der »Männerbund« steht, ist geistig, heroisch, dämonisch.

> »Ra selbst ist der mannbare Daseinsgedanke,
> der geisterhaft wächst und den Leib überwindet.«
> (Däubler)

Der »Männerbund« versteht seine spezifische Erotik als »Geist«. »Geist« nicht etwa als Bestimmung der mentalen Fähigkeiten des Menschen, sondern als emphatischer Name für die Weise, in der (bündische) Männer denken. »Logos« ist die vom mannmännlichen Eros geprägte »Männerbundmentalität«. Um sofort zu erkennen, wes Geistes Kind dieser Geist ist, genügt es, sich die berühmten Verse von Stefan George, dem Hohepriester des »Männerbundes«, in Erinnerung zu bringen.

> »Die weltzeit die wir kennen schuf der geist
> Der immer mann ist: ehrt das weib im stoffe.
> Er ist kein mindres heiligtum. Das weib
> Gebiert das tier: der mann schafft mann und weib
> Verrucht und gut ist es aus eurer rippe.
> Rührt nicht an sein geheimnis: ordnend innen
> Ist es am markte ungesetz und frevel.
> Wie in der Bücher Buch spricht der Gesalbte
> In jeder wendewelt: ›Ich bin gekommen
> Des weibes werke aufzulösen.‹«

»Des Weibes Werke aufzulösen« – das ist das Programm!

Genealogie des Männerbundes

Was wir hier beschreiben, ist jedem Kenner der geistigen und politischen Verhältnisse des Vor- und Nachkriegs-Wilhelminismus vertraut. Die Älteren haben es noch im Ohr und in den Köpfen, vor allem dann, wenn sie mit der bündischen Jugend zu tun hatten. Die Frage stellt sich: wo kommt der ganze Zauber her?

Offensichtlich handelt es sich beim Männerbund nicht nur um eine gesellschaftlich-historische Qualität, um eine soziologische Kategorie wie das Paar oder die Sippe, um etwas, was der Fall ist (oder war), sondern auch um ein Phantasma, in dem eine bestimmte Realität sich spiegelt, überhöht wird, einen von der Realität abgesetzten Ausdruck findet, der aber als solcher wieder eine historisch-gesellschaftliche Realität wird, die das Denken und Handeln der Menschen prägt; um eine »Ideologie« also, die form- und stilbildend wirkt und dadurch zu einem für die politische Kultur in Deutschland ausschlaggebenden Gestaltungsfaktor wird. Und darum geht es.

Wo liegen kulturanthropologisch, historisch und soziologisch die Ursprünge des Phänomens? Was hat die zeitgenössische Wissenschaft dazu zu sagen?

1. Kulturanthropologisch, ethnologisch

Die Ethnologie kennt seit eh und je die Institution des »Männerhauses« als konstitutive Einrichtung tribaler, sogenannter primitiver Kulturen und Ethnien (Völker, Stämme). Sie entdeckt zu haben, ist, glaube ich, nicht zufällig ein Verdienst der deutschen Völkerkunde, derselben Periode angehörend, die uns hier besonders interessiert. Das Buch, mit dessen Material Hans Blüher, aber auch Sigmund Freud arbeitete, stammte von Carl Schurz: »Altersklassen und Männerbünde«.

Das »Männerhaus« ist der Versammlungsort der Männer eines Stammes, ihr geselliges, aber auch politisches, Forum und Zentrum. Konstitutiv, obwohl im Herzen des Krals gelegen, ist der Ausschluß der Frauen. Darin stimmen Blühers Definitionen mit dem ethnologischen Befund überein. Hier die Männer, junge und alte – dort die Weiber, die Familien und Clans, in denen die Frauen das Sagen haben.

Das »Männerhaus« ist der Ort einer spezifisch misogynen Männersolidarität, die rituell (wenn man will, religiös) gefestigt ist. Der Zugang dazu läuft über schwierige, schmerzhafte Initiationsriten, in denen der Knabe oder Jüngling aus dem Machtbereich der Weiber in den Herrschaftsbezirk der Männer überwechselt.

Diese Riten sind Prozeduren einer symbolischen und effektiven Mann-Werdung, der physiologischen und symbolischen Abgrenzung gegen das Weibliche im männlichen Menschenjungen, die Absage an eine originäre Bisexualität des Menschen, seine Zweigeschlechtlichkeit. Die Geschlechtertrennung wird vollzogen als ein magischer Gewaltakt. Es handelt sich um eine kulturelle Rollenzuweisung, etwas Widernatürliches.

> »Der Mann, der sich vom Weibe gänzlich abgespalten
> kann in sich selbst den Geist vom Leibe unterscheiden.«
> (Däubler)

Zum Gelingen der Unterscheidung (der Ent-Scheidung) gehört Blut, Sperma und Schmerz. Mit ihr verbunden ist die Transmission eines bestimmten Herrschaftswissens. Die Initiation ist – das hat zuletzt Gisela Bleibtreu-Ehrenberg in ihrer Studie *Mannbarkeitsriten. Zur institutionalisierten Päderastie bei Papuas und Melanesiern* (1980) gezeigt – verbunden mit sexuellen Praktiken, die auf der Vorstellung beruhen, daß über den analen Verkehr des Initiators mit dem Initianten, des Eingeweihten mit dem Neophyten, des Meisters mit dem Schüler das Wissen vom einen in den anderen transportiert werden kann; daß das Sperma der Träger dieses Wissens ist und somit im Initiationszeremonial eine Befruchtung stattfindet, die keine Begattung ist, sondern ein geistiger Schöpfungsakt.

In dieser kühnen Vorstellung fließen mannmännlicher »Eros« und männlicher »Logos«, der ja »Spermatikos« ist, zusammen (»Eros öffnet ein Tor, durch das die Kräfte des Logos Spermatikos einströmen« Lauermann). Die »geistige« Schöpfung des »Logos Spermatikos« ohne weibliche Matrix außerhalb der Naturzyklen, ex nihilo, gehört zu den zähesten Dogmen, resp. Denkfiguren, männlicher Geistigkeit und männlicher Philosophie. Sie ist von schlauen Frauen nicht ohne Witz als Ideologie der »Selbsterfindung des Mannes« entlarvt worden – nicht durch das Studium der Papuas, sondern dank einer aufmerksamen Lektüre von Aristoteles. Wir können das hier nur andeuten, es steht aber außer Frage, daß das richtig gesehen ist (vgl. *Weiblich – Männlich*, hg. von Brigitte Wartmann, Berlin 1980). In diesem Kontext versteht man erst die Carl-Schmittsche These, wonach die »souveräne Entscheidung« ex nihilo entspringe. Das ist Männerbundideologie.

Tatsächlich liefert das wilhelminische Deutschland dem kultur-anthropologischen Männerbundforscher ein reiches Material. Hierzu gehört vor allem die einzigartige deutsche Tradition der studentischen »Mensur« – über die sich Mark Twain so weidlich mokiert hat. Das studentische Corps als Männerbund, das leuchtet sofort ein. Um ein »Mann« zu werden, mußte Blut fließen (wie das im einzelnen zu verstehen ist, kann man in dem Buch

143

von Bruno Bettelheim, *Die symbolischen Wunden. Pubertätsriten und der Neid des Mannes*, nachlesen).

Zu den kulturanthropologischen Befunden, die über den Ursprung des Männerbundes Auskunft geben, möchte ich auch die Entdeckung der »Phantasmère« zählen – den Versuch, auf Grund ethnologischen Materials die konstitutive Misogynie aller bekannten Kulturen zu erklären (Gabrielle Rubin, *Les sources inconscientes de la misogynie*, Paris 1977). Ausgehend von den Theoremen der Psychoanalyse, und zwar der postfreudianischen, die präödipale Phase der Dualbeziehung betreffend, im speziellen die Unterscheidung der guten und der bösen Mutter, wird da die Angst vor dem Weibe (die zur Angst vor dem Weiblichen wird) auf ein Urtrauma frühkindlicher Trennungskrisen zurückgeführt und erscheint als Reflex der Abwehr einer als permanente Bedrohung erlebten Gefährdung. Kurz, die konstituionelle Frauenfeindlichkeit des Mannes wäre eine anthropologische Konstante, zumindest so etwas wie ein latenter Atavismus, der unter bestimmten biographischen oder historischen Verhältnissen jederzeit hervorbrechen und manifest werden kann. Im »Männerbund« organisieren die Männer gewissermaßen ihre Verteidigung gegen die böse Mutter, wobei der so abgeschirmte Binnenraum mit seiner sekurisierenden Wirkung dem Territorium der guten Mutter zugehört.

2. Die Ordensritter-Tradition

Während Hans Blüher mit der Ethnologie nicht viel anzufangen weiß, gehören die Ritterorden des Abendlandes zu seinen direkten Referenzen. Wir können sagen: Sie gehören zum Legitimationsfundus des »Männerbundes«.

Nebenbei gesagt, mit der Ethnologie hat es so seine Bewandtnis. Sie ist ursprünglich die Kunde von den sogenannten »primitiven« Gesellschaften, die man nur ungern in bezug setzt zu den Gesellschaften der europäischen Hochkulturen, besonders der eigenen. Gleichzeitig ist sie zweifellos immer jene »Wissenschaft« gewesen, die es erlaubte, Tabus der eigenen Gesellschaft als solche zu erkennen. Das hat für den selbstbewußten Europäer immer etwas Peinliches. Er liebt es nicht, wenn seine gesellschaftlichen Verhältnisse mit denen der Papuas und Melanesier verglichen werden. Das gilt in besonderem Maße für die Repräsentanten des »Männerbundes«, zu deren Ideologie es gehört, daß der »Männerbund« etwas Nobles, Aristokratisches, kulturell Hochstehendes ist: menschliche Gemeinschaftsbildung und -gesellung in ihrer höchsten, edelsten Form. Man versteht, daß sie sich lieber in die Tradition der Ritterorden stellten.

Ein faszinierendes Phänomen! Entstanden in einer außergewöhnlichen Konstellation: Schutz- und Trutzbünde von Kreuzrittern, die Tausende von Meilen von ihrer Heimat, ihren Gütern, ihrer Familie, ihren Frauen entfernt in einem fast aussichtslosen, fanatischen Kampf mit dem Feind stehen, der für sie der absolute Feind sein muß. »Männerbünde«, in denen das soldatische Ideal des Kriegers mit dem asketisch-zölibatären des Mönchs eine ganz einmalige, seltsame Symbiose einging.

Die Ausschaltung der Frau, zum Prinzip erhoben, erscheint als konstitutiver Faktor der Ordensbildung. Man hatte viele Gründe dafür, angefangen mit der Abwesenheit der eigenen Frauen: die militärische Disziplin – Zölibat und Gehorsam sind ein gutes Gespann; Sicherheitsgründe – der Umgang mit Frauen im Feindesland stellt ein »security risk« dar; hygienische Gründe – obwohl es die Syphilis noch nicht gab, waren Frauen unrein und bedeuteten eine Ansteckungsgefahr (dies auch in moralischem Sinn – es konnte sich ja immer nur um artfremde Frauen handeln, die rassisch und sozial inferior waren: Tänzerinnen, Prostituierte). Ganz generell, und das gab sicher den Ausschlag, war die Inferiorität der Frauen eine ausgemachte Sache; wie Heiden und Metöken standen sie nicht nur sozial, sondern auch theologisch auf einer niederen Stufe, hatten keine Seele und waren eher den Tieren zuzuordnen.

Der Orden schließt die Frauen aus; komplementär dazu kommt die mannmännliche Erotik zu ihrem vollen Recht. Homosexualität war das Selbstverständliche – es wurde als das Superiore empfunden. Auch hier sind Initiationsriten mit eindeutig homosexueller Konnotation bezeugt. Der Kuß auf den Penis des Ordensmeisters, die Sodomisierung der Knappen gehörte – ganz nach Art tribaler Männerhausriten – zur Transmission des »Geistes«. Vielleicht stammt daher der Ausdruck »Esprit de Corps«. Dies ist um so bemerkenswerter, als doch die christliche Moral, der herrschende Sittenkodex, in deren Dienst die Orden standen, die Homosexualität verbot (und das tragische Ende der Templer ist ja nur eines der Schulbeispiele epidemischer Homosexuellenverfolgung).

In diesem Widerspruch findet zweifellos ein anderes Konstitutivum des »Männerbundes« im abendländischen Kulturkreis seine Wurzel: das Moment der Geheimhaltung und Verstellung. Der »Männerbund« hütet sein Geheimnis und ist somit immer »Geheimbund«.

Die Geheimhaltung des Herrschaftswissens (zu dem bei den Templern zumindest ein blasphemischer Atheismus gehörte) wird durch die Geheimhaltung der homosexuellen Rituale aus einer praktischen Notwendigkeit zu einer ethischen Forderung. Die Partizipation am »Verbotenen«, am von einer profanen, minderwertigen hetero-sexuellen Umwelt Verfemten, die damit verbundene Mitschuld und der Zwang absoluten Schweigens darüber, war die Voraussetzung für jene »Treue«, die nötig ist, um die disziplinierte Kohäsion einer Gemeinschaft von Freunden – die dadurch zu einer verschworenen Gemeinschaft wird – im Kampf mit dem »Feind« zu sichern.

Diese Ritterorden waren politisch (und ökonomisch) zu ihrer Zeit ein sehr erfolgreiches Organisationsmodell, das bis zur Vernichtung der Templer durchaus mit anderen Modellen konkurrieren konnte, die die Physiognomie des Abendlandes prägten: die höfische Ritterkultur mit ihren feudalen Bindungen (zu der die Orden ursprünglich auch gehörten), der patrizische Stadtverband, die Ansätze eines monarchischen Zentralismus und der theokratisch-bürokratische Machtapparat der Kirche.

Als dominant erwies sich allerdings der Trend zum absolutistischen Flächenstaat, verbunden mit der Dominanz eines monarchisch-patriarchalischen Gesellschaftsmodells und der dazu passenden Theologie. Nur im fernen Nordosteuropa hielt sich, von der Geschichte vergessen, an der geographischen Peripherie, in der Unterdrückung als inferior empfundener slawischer Kolonialvölker, das Männerbundmodell, als es schon längst obsolet geworden war, und prägte hier tiefgreifend die sich in seinem Schutz etablierende ostelbische »Herrenschicht«. Die Entstehung und Ausbildung dessen, was »Preußen« wurde, ist ohne diesen entscheidenden Einfluß nicht zu denken und nicht zu verstehen. Das preußische Offizierscorps, wie es unter Friedrich II. bestanden hat, war reiner »Männerbund« und von dessen Verhaltensformen und -idealen geprägt. Der Einfluß reicht bis ins wilhelminische Deutschland, dessen Gardeoffizierscorps Männerbünde in Reinkultur waren. Aber nicht nur sie.

3. Das wilhelminische Deutschland

Ohne auf Ethnologie und Geschichte rekurieren zu müssen, fand sich im wilhelminischen Deutschland ein einzigartiges Terrain zum Studium des Männerbundes, und zwar nicht als universelles Phänomen, das es auch hier und da auf der Erde in dieser und jener Phase der Menschheitsentwicklung gegeben hat, sondern als deutsches, urdeutsches, nur deutsches Phänomen. Um das Feld der Beobachtung abzustecken, muß man von zwei Grundvoraussetzungen ausgehen, die hier nicht näher untersucht werden können. Erstens war das wilhelminische Deutschland eine reine Männergesellschaft, eine extreme Variante der patriarchalischen Gesellschaftsordnung, die in ganz Europa herrschte. Der Grad der gesellschaftlichen und politischen Ausschaltung der Frau war in diesem Lande höher als anderswo. Zweitens war

146

die wilhelminische Gesellschaft in einem kaum zu überschätzenden Ausmaß homosexuell durchwachsen, besonders ihre Führungsschicht. Das war allgemein bekannt. Homosexualität galt im Ausland als »vice allemand«. Der »Deutsche« wurde – in den meisten Fällen nicht zu Unrecht – als homosexuell perzipiert und verspottet. Die deutsche Homosexualität stellt aber, wenn man sie mit der auch in anderen europäischen Ländern durchaus verbreiteten Homosexualität vergleicht, eine ganz besondere Spielart dar: Ihr Charakteristikum ist jene mannmännliche bund- und staatsbezogene Erotik, von der hier die Rede ist und die es sonst nicht gibt.

Nehmen wir das Stichjahr 1907. Es erscheinen ungefähr gleichzeitig *Der siebente Ring* von Stefan George und der *Tod in Venedig* von Thomas Mann; zwei Werke, in denen die kulturelle Essenz des Männerbundes ihren höchsten künstlerischen Ausdruck findet. Beide Autoren, repräsentativ für ihre Epoche wie kaum andere, waren selber Repräsentanten des »vice allemand«. Dasselbe gilt für Theodor Däubler, dessen »Nordlicht« wir schon als wichtige Quelle für unser Thema zitieren konnten. In das gleiche Umfeld gehören die Philosopheme von Alfred Schuler und die *Denkwürdigkeit eines Nervenkranken* von Daniel Paul Schreber. Das alles sind wichtige, symptomatische Dokumente. Man ermißt ihren vollen kultursoziologischen Stellenwert erst dann, wenn man sich daran erinnert, daß 1907 das Jahr war, in dem die größte politische Krise des wilhelminischen Deutschland zum Ausbruch kam, die mit den sogenannten Eulenburg-Prozessen begann und in der Daily-Telegraph-Affaire kulminierte. Man kann die politische Bedeutung der Eulenburg-Prozesse nicht hoch genug veranschlagen. Stärker als irgendeine andere der inner- und außenpolitischen Krisen erschütterte sie das deutsche Reich in seinen Grundfesten und trug entscheidend dazu bei, das Vertrauen in die Monarchie und den Monarchen, in die Führungsschicht und deren Führungsstil, zu diskreditieren. Es ging nicht um soziale oder ökonomische, Kolonial- oder Rüstungsfragen, militärische oder verfassungsrechtliche Kontroversen, sondern um die angebliche Gefahr, die dem deutschen Reich von Männern »mit normwidrigem Sexualempfinden« (Harden, Köpfel, 170) drohte. Das Problem der Homosexualität in seiner spezifisch deutschen Ausprägung war im wilhelminischen Deutschland tatsächlich das zentrale politische Problem.

Die manifeste und die latente Homosexualität der deutschen Führungsschicht (möglicherweise inklusive der Person des Kaisers) wurde da plötzlich öffentlich decouvriert und denunziert. Die Verdächtigung »homosexuell zu sein«, wurde zur tödlichen Waffe eines politischen Machtkampfes. Was da gelaufen ist, ist sehr komplex und kann hier nicht im einzelnen erörtert werden. Es fehlt bisher jede tiefgreifende Analyse. Das bedeutende historische Faktum wird von der deutschen Geschichtsschreibung, was durchaus symptomatisch ist, bagatellisiert oder ignoriert. Worum ging es?

In Abweichung von legalen und traditionellen Herrschaftsformen, in denen dieser moderne Staat organisiert war, hatte der »junge Kaiser« seine Herrschaft nach dem okkulten Ordnungsmuster des »Männerbundes« – d.h. aus der Mitte eines Freundeskreises heraus – ausüben wollen. Das sollte ihm verwehrt werden. Der Versuch seiner Entmachtung – denn um nichts anderes handelte es sich – ging aber nicht etwa aus von republikanischen, konstitutionellen Kräften, sondern von einer anderen Fraktion des deutschen Männerhauses. Die »Homosexuellenverfolgung« wurde inszeniert von dem anderen, dem unangenehmsten und verbreitetsten Typus des homosexuell veranlagten Mannes: dem Verdränger, der zum Verfolger wird. Mit den Worten Blühers: »Derjenige, der einen ungeheuerlichen Abscheu und Widerwillen vor der Berührung mit dem eigenen Geschlecht hat, aber ihm doch leidenschaftlich verfallen ist.«

In den Strudel dieser durch die Eulenburg-Prozesse ausgelösten epidemischen Homosexuellenverfolgung ist auch der Wandervogel geraten. Unter diesem Schock hat Hans Blüher – vom marginalen Fall der Jugendbewegung ausgehend – seine Soziologie der deutschen Männergesellschaft entworfen, natürlich in apologetischer Absicht, aber in kühner Mißachtung der die Öffentlichkeit beherrschenden Vorurteile und unter Verletzung der auch von den Betroffenen selbst respektierten Tabus.

Wenn es in den Eulenburg-Prozessen hieß: Homosexuelle gefährden die Sicherheit des Staates, Homosexuelle sind für das harte Handwerk der Politik nicht geeignet – sagt Blüher den Deutschen die Wahrheit ins Gesicht: Der Staat wird getragen von mannmännlicher Erotik, die Politik ist essentiell und exklusiv Sache von homoerotischen Männern! Mit seiner Theorie des Männerbundes griff Blüher in den politischen Kampf ein. Gegen ihre Verächter hatte er zur staatstragenden Tugend stilisiert, vor allem aber die Homosexuellenverfolgung als einen Fall latenter verdrängter Homosexualität entlarvt. Noch wichtiger war es, daß er den Kaiser (»unseren jungen Kaiser«) durch seine Theorie des »Männerhelden« gegen alle perfiden Insinuationen in Schutz genommen hatte.

Darauf beruhte die erstaunliche Wirkung seiner Schriften – nicht etwa darauf, daß er den Wandervögeln eine Verständnishilfe für ihr seltsames Treiben geliefert hat.

Die Theorie des »Männerbundes«

1. Soziologie und Staatstheorie

Erstaunlicherweise gibt es vor Hans Blüher keine Theorie des »Männerbundes«. Dieses Organisationsmodell, diese Gesellungsform, dieses Interaktionsmuster kommt in der Schulsoziologie nicht vor. Ehe, Familie, Sippe, Stamm, Stand, Klasse, Staat – was immer man will. Aber nach einer gesellschaftswissenschaftlichen Theorie des Männerbundes wird man vergeblich Ausschau halten. Dabei hätte nichts näher gelegen, als daß der große Soziologe des Wilhelminismus, Max Weber, ihm in seiner Typologie »legitimer Herrschaftsformen« den gebührenden Platz als einem für die deutsche Gesellschaft konstitutiven Modell der Herrschaftsausübung zugewiesen hätte. Er hat es beinahe getan. Bei der Definition des dritten »Idealtypus« – der charismatischen Begründung von Herrschaft – hat er sich, soweit er konnte, an eine Beschreibung des »Männerbundes« herangewagt. Alles, was er über charismatische Herrschaft sagt – über ihren nicht-rationalen, nicht-traditionalen, »außeralltäglichen« Charakter, gestiftet durch eine außergewöhnliche Führerpersönlichkeit, in ihrer Dauer von deren Einfluß und Erfolg abhängig –, trifft haarscharf auf den »Männerbund« zu und entspricht den Analysen Hans Blühers. Bloß schreckt Weber, im Gegensatz zu Blüher, davor zurück, die erotische Dimension dieser Herrschaftsform aufzudecken (wenn er sie je gesehen hat, was vor der »Zwischenbemerkung« nicht zu vermuten ist), und verfehlt damit das Essentielle des Phänomens. Erst Hans Blüher wagt diesen Schritt.

Weil er ohne seine erotischen/sexuellen Konnotationen weder beschrieben, noch überhaupt perzipiert werden kann, bleibt der »Männerbund« für die Schulwissenschaft (bis heute) ein Pudendum, über das zu sprechen Verlegenheit ist.

Wenn das für die »Gesellschaftswissenschaften« gilt, so brauche ich nicht hinzuzufügen, daß es in erhöhtem Maße für die Staatswissenschaften und die politischen Wissenschaften gilt. Eine rühmliche Ausnahme bildet bis heute Hans Kelsen mit seinem 1922 erschienen Buch *Der soziologische und der juristische Staatsbegriff*, in dem er mit Bezug auf Freud die libidinösen Bindungen für die Strukturierung politischer Verbände thematisiert. Er zitiert Schurz, aber nicht Blüher (den er hätte kennen können).

2. Sexualwissenschaften

Nun könnte man meinen, daß es eine Theorie des »Männerbundes« in den einschlägigen Sexualwissenschaften gäbe, dort, wo die Homosexualität als anthropologisches und soziales Phänomen behandelt wird. Sonderbarerweise ist das nicht der Fall. Die Homosexualitätsforschung, die doch das zentrale, im Grunde einzige Anliegen der im wilhelminischen Berlin zur Blüte gelangten Sexualwissenschaft ist, nimmt den »Männerbund« nicht wahr. Wir finden seine Beschreibung in der Systematik des Dr. Hirschfeld und seines Institutes nicht vor, obwohl ihm doch eigentlich nichts entgangen ist, was irgendwie unter Homosexualitätsverdacht fallen konnte.

Das erkenntnisleitende Interesse war kein soziologisches, es lag vielmehr in der Stoßrichtung des Kampfes um die Aufhebung des berühmten Paragraphen 175 und zielte darauf, den Leidensdruck der durch dieses Gesetz diskriminierten Individuen in ihrer privaten Daseinssphäre zu lindern.

Auch heute ist die Homosexualitätsforschung noch nicht zur Analyse des »bündischen« Aspektes der Homoerotik vorgestoßen. Man könnte zu dem Schluß kommen, daß es zwei ganz verschiedene Register der Homosexualität gibt: ein weibliches – das der Tunten und Literaten, für die Proust und Wilde repräsentativ waren, und ein männliches, heroisches, bündisches, für das der Eros des »Männerbundes« mit seiner Symptomatik steht.

Beide Varianten stimmen in einem wesentlichen Punkt überein: der phobischen Ablehnung des Weibes. Der Unterschied liegt darin, daß nur die zweite Variante jene politische Dimension hat, die daher rührt, daß sie mit Staat und Staatsbildung in Verbindung steht – sowohl objektiv (soziologisch) als auch subjektiv im Selbstverständnis ihrer Vertreter.

Niemand hat sich unerbitterlicher dagegen gewehrt, daß »Männerbund« und Homosexualität auf einen Nenner gebracht werden, als Hans Blüher. Er hat energisch darauf bestanden, daß die mannmännliche Erotik, von der er spricht, nicht mit dem gleichgesetzt werden darf, was die Sexualwissenschaft à la Hirschfeld, die Kriminalistik und die Sexualpathologie unter Homosexualität verstehen.

3. Psychoanalyse

Obwohl das Männerbundsyndrom in Wien, im Gegensatz zu Berlin, kaum eine Rolle spielte – in Wien hatten die Frauen gesellschaftlich eine viel zu starke Position –, liefert Sigmund Freud in seinem Buch *Massenpsychologie und Ich-Analyse* (1925) über die Theorie der Homosexualität hinaus einen wichtigen Ansatz, um die homosexuelle Komponente bei der Entstehung politischer Gruppierungen methodisch in den Griff zu bekommen. Und tatsächlich muß man bei Freud anknüpfen, wenn man die Rolle der mann-männlichen Erotik in der Gesellschaft und somit das Phänomen des Männerbundes verstehen und erklären will.

Zusammenfassend läßt sich sagen: Eine zeitgenössische Theorie des »Männerbundes«, die über den Blüherischen Versuch hinausgeht, gibt es nicht. Dabei ist sie dringend erforderlich – als Erkenntnishilfe zum Verständnis der deutschen Geschichte.

Neben dem »Männerbund« als soziologischem Idealtypus wird man heute das »Männerbundsyndrom« als psychisches Verhaltensmuster und als Mentalitätsraster, als geistes- und ideengeschichtliches Phänomen einer detaillierten Untersuchung unterziehen müssen. Es wurzelt in einer psychischen Disposition deutscher Männer und ist eine Folge der Organisation ihrer Triebstruktur in einem für die deutschen Verhältnisse typischen Sozialisierungsprozeß – führt also zu einer bestimmten Persönlichkeitsstruktur, einem Typus, der sich in seinem Fühlen, Denken und Handeln auf eine charakteristische, voraussehbare, stereotype Weise verhält, die man als »männerbündlerisch« bezeichnen kann. Das reicht von der Mimik und der körperlichen Geste bis in die kapillarischen Verästelungen des intellektuellen Habitus. Als spezifische Sensibilität und Mentalität ist das »Männerbundsyndrom« auch dort noch wirksam und nachweisbar, wo es eine akute Männerbundbindung nicht (mehr) gibt. Der »Männerbund«-Typus und das »Männerbund«-Denken sind zur Lebensführung und Lebensordnung prägenden Form eines ganzen Volkes geworden.

Wie das geschehen konnte, bleibt eine offene Frage. Ihre Beantwortung bleibt ein Desiderat der deutschen Sozialgeschichte, die die Genese einer kollektiven Verhaltensstruktur zu erforschen hätte. Mentalitätsgeschichte, Sozialpsychologie und Psychohistorie weisen den Weg, den eine solche Analyse beschreiten müßte. Kein Zweifel kann daran bestehen, daß das »Männerbundsyndrom« von dem, was seit hundert Jahren deutsches Staatsbewußtsein, deutscher Militarismus, deutsche Universität und Wissenschaft, was deutsche Kultur und Kulturkritik, was deutsches Politikverständnis und politische Kultur in Deutschland, mit einem Wort, was der »deutsche Sonderweg« ist, nicht wegzudenken ist. Wer davon abstrahiert, hat keine Chance, das »Eigentliche« der geschichtlichen Entwicklung dieses Volkes zu verstehen. Das »Männerbundsyndrom« ist der vielleicht entscheidende Faktor der deutschen Nationalgeschichte. In einem Deutschen Historischen Museum gebührt seiner Darstellung ein zentraler Platz.

Die tödlichen Alternativen

Es fällt nicht schwer, die Struktur der typisch deutschen Männerbundmentalität zu analysieren. Wir brauchen nur dort anzusetzen, wo wir begonnen haben: bei der Unterscheidung von »Freund« und »Feind«. Wir haben auch schon eine Vorstellung davon gewonnen, was es mit dem »Freund« für eine Bewandtnis hat und was alles zum »Feind« wird. Die radikale Polarisierung in Wert und Unwert, die Dichotomisierung der kulturellen Lebenswelt in zwei angeblich unvereinbare Bereiche, die sich als feindliche Mächte gegenüberstehen, ist das erstaunliche Ordnungsprinzip.

Ich zitiere hier als Beispiel einen Text von Alfred Bäumler aus dessen Kampfschrift »Männerbund und Wissenschaft«:

»Ich will die Mächte, um die es sich wesentlich handelt, in kurzen Zügen schildern. Zwei Lebenssysteme, zwei Kulturen, stehen heute im Kampf.

Im Mittelpunkt des ersten Lebenssystems steht die materielle Kultur. Das Wort »materiell« ist hier nicht moralisch zu nehmen! Auch hier werden Götter angebetet! Da steht der Götze Mammon, da steht der Moloch, der die Jugend verschlingt. Wirtschaft und Gesellschaft ist das Losungswort. Der Staat wird zu einer Organisation des Schutzes und der Förderung übler Geschäfte. Sicherheit, nämlich Sicherheit der gewohnten Lebensumstände, der gewohnten Genüsse, ist das oberste Gut...

Die materielle Kultur ist, wo sie zur Vollkommenheit emporsteigt, ... durch das Weib bestimmt. Der Mann hat innerhalb dieser Kultur nur eine sekundäre Rolle. Er kann es zu repräsentativen Typen bringen, aber sobald es zur Entscheidung kommt, ordnet er sich der überlegenen Kultur, dem entschiedeneren Geschmack und dem stärkeren Willen des Weibes unter. Das Weib erreicht innerhalb dieses Systems seine Höhe als Verführerin und Beherrscherin des Mannes...

Der Gefühlsuntergrund der materiellen Kultur ist der eines dunklen, ausweglosen, nie zu befriedigenden sinnlichen Begehrens. Wehrlos fühlt sich hier der Mensch seinen Trieben ausgeliefert; er ist selbstsüchtig und einsam und spricht es vor sich selbst und unter vier Augen offen aus. Anmutige Verzweiflung, verzweiflungsvolle Anmut ist hier der beste Fall; der schlimmste Fall ist anmutloser, gieriger Materialismus. Vereinigung von Skepsis und Anmut, Lebensgenuß und Melancholie – das ist die Seelenstimmung des urbanen Lebenszustandes... In seiner Vollkommenheit findet er sich da, wo die vollkommenste Stadt ist ... Paris.

Die entgegengesetzte Lebensform ist die des Mannes. Nicht die Wirtschaft und der Genuß, sondern der Staat und die Arbeit stehen hier im Mittelpunkt. ›Arbeit‹ bezeichnet die Welt des Mannes. Es ist charakteristisch, daß das Werk des größten Kriegers und das Werk des schlichtesten Arbeiters im Deutschen mit dem selben Wort benannt werden kann: ›Von großer Arbeit‹ spricht der Dichter am Eingang des Nibelungenliedes und meint damit die Schwerttaten der Helden. Die Welt der materiellen Kultur ist eine Welt des Genusses; die Welt der Arbeit ist eine Welt der Tat. Dem Lebenssystem dieser Tat ist die städtische Wohnweise nicht wesentlich, ja sie kann ihm feindlich werden ... Für die urbane Lebensform bedeuten die Mauern der Stadt, die die Häuser umschließen, etwa Heiliges. In dieser Lebensform dagegen heißt es, nicht die Mauern sind es, sonder die Männer, das das Vaterland ausmachen. Nicht das Haus und der Salon, sondern die Männerversammlung und das Feldlager sind die symolischen Wirklichkeiten dieser Welt. Ich stelle sie als die heroische der urbanen gegenüber.«

Das kommt uns alles auf fatale Weise bekannt vor. Politisch klingt das dann so: »Deshalb kann die Demokratie, die in ihrer letzten Konsequenz dazu führt, daß Weiber über Männer richten dürfen, niemals in Deutschland gedeihen.« (Wir zitieren immer denselben Autor.) Als Beweis galt ihm, als er diesen Satz, der ein Dogma ist, formulierte, die skandalöse Tatsache, daß Frau Lüders, demokratische Reichstagsabgeordnete, gegen die Amnestie der Fememörder gestimmt hatte. »Sie (die Demokratie) kann sich in der Tat nur da erhalten, wo das Weib und die Beziehung zum Weibe vorherrschend ist, niemals da, wo die Freundschaft (!) herrscht.« Als Abschluß der Beweisführung dann, die uns dadurch abgenommen wird: »Beachten Sie das Vordringen des Weibes in der demokratischen Republik, und Sie wissen, was die bloße Tatsache des Männerbundes bedeutet.« In einem Vortrag über »Das akademische Männerhaus« von 1930 wird das Programm auf die Formel gebracht: »Der Gegner, den der Männerbund überwinden muß, ist die bürgerliche Lebensform.« Genau das, der Kampf des Soldatenstaates gegen den bürgerlichen Konstitutionalismus, des Soldatischen gegen den »bürgerlichen Typus« ist das Schema, das Carl Schmitt seiner Analyse von »Staatsgefüge und Zusammenbruch des zweiten Reiches« (1934) zugrundegelegt hat. Es ist das Denkschema von Jüngers »Arbeiter«. Wir können also die folgende Tabelle von Gegensätzen aufstellen:

Männerbund	Demokratie
Freundschaft	Weiberherrschaft
Staat	Stadt (Paris)
Soldat	Bürger/Zivilist
Heerlager	Salon
Askese/Kampf	Genuß/Friede
»Geist«	Materialismus
Eros	Sexualität
heroisch	urban
dämonisch	eudämonisch

Das Schema ist klar: Auf der einen Seite Exaltierung des Männlich-Martialischen, Kriegerisch-Asketischen, die Hypostasierung des »Geistes« – auf der anderen Ablehnung und Unterdrückung der Frau und alles »Weiblichen« (auch der weibischen Männer).

Auf der einen Seite Führer-Gefolgschaft-Prinzip, Initiation, Kooptation,

Befehl und Unterordnung, Elitarismus – auf der anderen Demokratie, Wahl, Anerkennung des Gleichheitsprinzips, der Kommunikation, der individuellen Freiheit.

Auf der einen Seite heroisch-tragisches Lebensgefühl, Opfer- und Untergangsbereitschaft, Alles-oder-Nichts-Denken, Eschatologie, Tod – auf der anderen Anpassung, Toleranz, Verhandlung, Kompromiß, Utopie, Leben.

Wir erkennen hinter diesen Alternativen mühelos das Grundmuster der deutschen Kulturkritik, die Dichotomie von »Kultur« und »Zivilisation«, und sehen jetzt auch, worum es im Grunde geht: um den ideologischen Ausdruck einer nicht bewältigten Angst vor dem Weiblichen, eine auf den Begriff gebrachte männliche Abwehrstrategie.

Das aber ist der obsessionelle, wenn man will neurotische Kern eines politischen Denkens in Freund-Feind-Kategorien. In dem obskurantisch-mystisch-aggressiven Klima trotziger Selbstbehauptung radikalisieren sich alle Alternativen, und es bleibt für den »soldatischen (deutschen) Mann« nur die Wahl zwischen Sieg und Untergang.

Niemand wird bestreiten wollen, daß die politische Kultur Deutschlands, die durch Familie, Schule, Militärdienst und Universität seit der Bismarckschen Reichsgründung dem deutschen Volk vermittelt wurde und über die Etappen von 1918 und 1933 mit innerer Konsequenz in die Katastrophe von 1945 geführt hat, von diesen Wertvorstellungen geprägt wurde, deren letzte Legitimation die Herrschaft des Männerbundes war.

Wie soll man aus heutiger Sicht das beschriebene Phänomen als wesentlichen Ausdruck eines deutschen Sonderweges beurteilen? Es gab dergleichen in keinem anderen Land oder Staat der Neuzeit.

Zwei Möglichkeiten bieten sich an: man erkennt, daß man es mit einem pathologischen Phänomen zu tun hat, einer seltsamen Fehlentwicklung; oder aber man stellt sich auf den Standpunkt, es handele sich um die Manifestation einer »kulturellen Identität«, die man den Deutschen ebenso zubilligen muß wie jeder anderen Ethnie. In beiden Fällen müssen wir anerkennen, daß es sich um die geschichtliche Antwort, im Sinne des Toynbeeschen »Challenge and Response«, auf eine Notlage handelt: Das arme mitteleuropäische Volk der Deutschen, von Feinden umgeben, die es kulturell oder militärisch überlagern wollen, ist in seiner Eigenständigkeit und Eigenart von der Gefahr der Überfremdung bedroht!

In einem Fall beurteilen wir das Phänomen negativ, als eine Neurose, die das Sozialprofil der deutschen Führungs- und Bildungsschicht verzerrt hat. Triebstruktur – Sozialstruktur – Persönlichkeitsstruktur haben sich unter den herrschenden Umständen in einer Weise ausgeformt, die zu den »bündi-

154

schen« Verhaltens- und Denkmustern führte, die wir als das Männerbundsyndrom gekennzeichnet haben. Zugrunde liegt ein vielleicht in jeder Kultur angelegtes Mißverhältnis des Mannes zur Frau, das sich hier aber unter besonderen Umständen in radikaler Weise verschärft und verhärtet hat, um in einer extremen Zuspitzung zu einer Trübung des Realitätsbezuges, zu einer Perzeptionsstörung zu führen, in deren Konsequenz eine Unfähigkeit lag, politisch verantwortlich zu handeln.

Im anderen Fall urteilen wir vom Standpunkt eines »ethnischen Fundamentalismus« aus, der heute für jeden Kulturvergleich maßgeblich ist, positiv, indem wir sagen, das Männerbundsyndrom ist ein legitimer Bestandteil der authentischen, autochthonen Kultur der Deutschen (so wie die Exzision der Frauen zur Kultur arabischer Ethnien gehört). Der »Männerbund« ist eine ihrem nationalen Wesen zutiefst gemäße Lebensform. Er ist Abwehr des »Fremden«, Auflehnung gegen die Weltzivilisation.

»Wir reiten die Sehnsucht tot« oder: Melancholie als Droge

Anmerkungen zum bündischen Liedgut

Jürgen Reulecke

In ihrer gezeichneten Autobiographie mit dem Titel *Marie, es brennt!* hat die Karikaturistin Marie Marcks (geb. 1922) eine kurze Begegnung mit der Bündischen Jugend um 1932 festgehalten[1]: Eine in Dreierreihen im Gleichschritt marschierende Mädchengruppe – blaue Halstücher und Röcke, braune Jacken, grüne Rucksäcke, vorweg eine Führerin mit flatterndem Wimpel – singt, offenbar voller Hingabe, ein Lied; die eigentlich noch zu kleine Marie, die von ihrer größeren Schwester Ike in diese Gruppe der »Wölsungen« mitgenommen worden ist, bemüht sich – einen Meter hinter den anderen mit großen Schritten folgend – mitzuhalten. Aus Sprechblasen kann man erschließen, auf welches Lied Marie Marcks anspielt: »Blut'ger Ka-ampf allewege, dazu sind wir bestellt!« singen die Mädchen; und in der Sprechblase der damals zehnjährigen Marie ist die letzte Zeile der dritten Strophe dieses Liedes zu lesen: »O Herr, laß uns stark sein im Strei-eiten, dann sei unser Leben vollbracht!«

Es handelt sich – wie Kenner des bündischen Liedguts ebenso wie ehemalige Soldaten sofort wissen werden – um das damals viel gesungene Lied »Es klappert der Huf am Stege«. Der dreistrophige Text stammt von Hans Riedel, der von 1919 bis Anfang der 30er Jahre Führer bei den bündischen Neu- bzw. Ringpfadfindern war.[2] Vertont wurde der Text 1920 von Robert Götz, einem äußerst erfolgreichen »Liedermacher« bündischer »Gebrauchslieder« (geb. 1892) – vor dem Ersten Weltkrieg Wandervogel, seit den 20er Jahren Musikerzieher im Rheinland[3]. Das Lied wurde in der damaligen Bündischen Jugend durch Veröffentlichungen auf Liederblättern und in Liederbüchern sehr bekannt, tauchte dann in den meisten HJ-Liederbüchern (allerdings nicht in BDM-Liederbüchern!) sowie im Liederbuch der Wehrmacht von 1939 (Herausgeber: Hans Baumann) auf und wurde schließlich 1962 auch ins Liederbuch der Bundeswehr übernommen. Die Jugendgruppen in der frühen Bundesrepublik lernten es vor allem durch die millionenfach aufgelegte »Mundorgel«, herausgegeben vom CVJM, kennen. Verschiedene Chöre und Sänger, so der Botho-Lucas-Chor (Titel: »Die Landsknechtstrommel«), haben es zudem auf Schallplatten verewigt.[4]

In seiner Anthologie *Lieder aus dem Krieg* hat Rudolf Walter Leonhardt den Kalauer überliefert[5], das Lied sei von den Soldaten im Zweiten Weltkrieg wegen seiner oft verballhornten Titelzeile das »Mediziner-Lied« genannt worden (»Äskulap-ert der Huf am Stege«), fügt aber dann hinzu, das eigentlich recht sentimentale Lied sei dort nicht als kitschig zu bezeichnen, »wo es als wahr empfunden wird«: Zwar seien im Zweiten Weltkrieg nur noch wenige Soldaten geritten, aber die Zeile »für uns gibt es kein Zurück« sei »mit einer Inbrunst gesungen worden, die ihre realen Gründe hatte«. Der vollständige Text des Liedes lautet:

> »Es klappert der Huf am Stege,
> wir ziehn mit dem Fähnlein ins Feld.
> Blutger Kampf allerwege,
> dazu sind wir bestellt.
> Wir reiten und reiten und singen,
> im Herzen die bitterste Not.
> Die Sehnsucht will uns bezwingen,
> doch wir reiten die Sehnsucht tot.
>
> Dörfer und Städte flogen
> vorüber an unserem Blick.
> Wir sind immer weiter gezogen,
> für uns gibt es kein Zurück.
> Wir reiten durch Täler und Hügel,
> wo der Sommer in Blüte steht.
> Es knirschen Zaumzeug und Zügel,
> der Wimpel über uns weht.
>
> Leis sinkt der Abend nieder,
> uns wird das Herze so schwer.
> Leiser werden unsre Lieder,
> wir sehn keine Heimat mehr.
> Wir reiten und reiten und reiten
> und hören von fern schon die Schlacht.
> Herr, laß uns stark sein im Streiten,
> dann sei unser Leben vollbracht.«

Eindringlicher und pfiffiger als in Marie Marcks' Bildbiographie läßt sich die soldatische Männerbundgefühligkeit, wie sie in vielen in den frühen 20er Jahren neugeschaffenen Liedern der Bündischen Jugend beschworen wurde, wohl kaum karikieren: Ausgerechnet eine Mädchengruppe ist es, die

Abbildung 4: »Blut'ger Kampf allewege ...« © Marie Marcks, »Marie, es brennt!«,
Verlag Antje Kunstmann

diesen geradezu idealtypisch heldisch-melancholischen Text singt, und dem
kleinsten, sichtlich sowieso schon überforderten Mädchen wird dann auch
noch jene Zeile in den Mund gelegt, in der das männerbündische Ethos seine
besonders zugespitzte Formel gefunden hat. Dies Ethos war in den 20er und
frühen 30er Jahren keineswegs nur in jugendbewegten Kreisen verbreitet; es
war fast idealistisches Gemeingut bei der Beschreibung des heroischen Jung-
männerbildes jener Zeit und diente nach 1933, allerdings mit spezifischer
Nuancierung (s.u.), der männlichen Hitlerjugend als Basis ihrer »Pädago-
gik«. Liedermacher der Bündischen Jugend waren es seit Anfang der 20er
Jahre gewesen, die dieses Bild in durch das Singen erlebbare Emotion umgesetzt hatten. Sie schufen damit einen neuen Liedtypus, den man geradezu
»Männerbundlied« nennen kann und der zweifellos eine deutsche Besonder-
heit darstellt. Wenn Nicolaus Sombart einmal – m.E. mit vollem Recht – gefordert hat, bei einem Deutschen Historischen Museum des 20. Jahrhunderts
müsse dem »Männerbundsyndrom« ein zentraler Platz eingeräumt werden[6],
so ist sogleich zu ergänzen, daß dies nicht ohne Einbeziehung des männerbündischen Singens gehen kann. Im Singen – auf Fahrt, im Lager, bei Auf-
märschen in der Öffentlichkeit oder in der kleinen Runde bei Feuerschein –
fand der jugendliche Männerbund seinen höchsten Ausdruck[7] und zog den
Einzelnen in den magischen Bann eines Verbundenheitsgefühls, das rausch-
hafte, oft sogar quasi-erotische Züge besaß. Daß dieser durch bündische Lieder bewirkte »Überschwang der Gefühle« durchaus gewollt war, hat der
schon genannte Liedermacher Robert Götz ausdrücklich bestätigt.[8]
    Auf den ersten Blick erinnert die in dem zitierten Riedel/Götz-Lied be-
schworene Szenerie an Rilkes »Cornet«, der – obwohl bereits 1899 ge-

schrieben – als Insel-Buch Nr. 1 seit dem Jahre 1912 zu einem Bestseller avancierte und vor allem in jugendbewegten Kreisen begeistert gelesen worden ist.[9] Doch trotz mancher Ähnlichkeiten, so in der melancholischen Grundstimmung (»Sehnsucht«) und in der Metapher des Reitens (»Reiten, reiten, reiten, durch den Tag, durch die Nacht, durch den Tag ...«), ist der Unterschied bemerkenswert: Der Höhepunkt in Rilkes dramatischem Gedicht, gewissermaßen das Initiationserlebnis des Kornetts Christoph Rilke, ist die nächtliche Vereinigung mit einer Frau (»sie haben sich ja gefunden, um einander ein neues Geschlecht zu sein«), während der lediglich anvisierte Höhepunkt des Riedel/Götz-Liedes die Initiation durch die Schlacht ist, d.h. durch das tapfere Kämpfen und das ehrenvolle Sterben des jungen Reiters in der männlichen Bewährung. »Bitterste Not« im Herzen, Sehnsucht und das Wissen darüber, daß es kein Zurück und kein Wiedersehen der Heimat mehr geben wird – diese demoralisierenden Anfechtungen müssen niedergeritten werden, um im Streiten stark sein zu können.

Wenn man sich die bündischen Liederbücher der 20er und frühen 30er Jahre ansieht, ist es geradezu verblüffend, in wie vielen Liedern diese melancholische Grundstimmung in sentimentalen Texten und Melodien beschworen wird. Lieder wie »Zelte sah ich, Waffen, Fahnen«, »Ihr lieben Kameraden«, »Wir ziehen über die Straßen«, »Es tropft von Helm und Säbel« und viele weitere[10] kreisen immer wieder um die gleichen Elemente: eine mehr oder weniger unbestimmte Grundsehnsucht, das Erahnen des Todes und des eigenen oder fremden Leids, ein soldatisch-männliches »Wir«, in das das Individuum eingebunden ist, männliche Tugenden (Stärke, Kraft, Standhaftigkeit), ein unumkehrbares »Vorwärts« und oft auch eine Strategie zur Bewältigung solcher Gefühligkeit, die am klarsten mit der Formel »wir reiten die Sehnsucht tot«, aber auch mit »still dein Lied im dunklen Wein« oder »in Traurigkeit gehen wir verloren, in Freude siegen wir« beschrieben wird. Die Sehnsucht nach einer Geliebten oder Liebesleid spielen bei diesen Liedern praktisch keine Rolle. D.h. es handelt sich hier nicht um eine Variante des in anderen Kulturen wie unter den traditionellen deutschen Soldatenliedern vorfindbaren Typus der »Rekrutenklagelieder«[11], die oft auch die Perspektive der Geliebten, der Ehefrauen und Mütter wiedergeben, sondern tatsächlich um einen neuen Typus von Liedern, die nach dem Ersten Weltkrieg eine spezifische Generation geschaffen hat und die wohl »zu den wichtigsten Vermittlern des Kriegserlebnisses an die Nachkriegswelt«, konkreter: an die männliche Nachfolgegeneration gehörten.[12] Dabei ging es überhaupt nicht um eine realistische Beschreibung konkreten Kämpfens, sondern um den Versuch, nacherlebbare Gefühle zu vermitteln und zugleich zu zeigen, wie man diese bewältigt, d.h. männlich in den Griff bekommt.

Melancholie wird so zu einer zwar gefährdenden, aber zugelassenen Droge, von deren Wirkung man sich dann durch die Tat, durch eine Flucht nach vorn wieder befreien kann. Nicht einzelne Kriegshandlungen aus dem Ersten Weltkrieg werden demnach besungen, sondern das Geschehen wird in eine ferne Reiter- und Landsknechtswelt, später gelegentlich auch in die Welt der Kosaken und anderer Reitervölker (z.B. der Mongolen, vgl. das Lied »Langsam reitet unsre Horde« von Erich Scholz-olka) verlegt; Pferde, das Lagerleben, Feuer, Fahnen und Trommeln liefern die Kulissen bzw. sind die Requisiten einer Handlung, die meist zur Sonnenuntergangszeit oder am frühen Morgen im Frühling oder Frühsommer stattfindet und deren Beschreibung in die selbstbeschwörende Folgerung mündet: »Die Männlichkeit stirbt nicht in der Welt, unser Herz ist fest und jung«, wie es in einem Liedtext des Pfadfinder- und Freischarführers Karl Seidelmann heißt.[13]

Vielleicht sollte an dieser Stelle betont werden, daß bei einer mentalitäts- und wahrnehmungsgeschichtlichen Spurensuche nach der emotionalen Qualität des Männerbundsyndroms die Tatsache selbstverständlich keine Rolle spielt, daß in den Männerbundliedern viele gängige romantische Versatzstücke und Klischees ineinandergeschoben worden sind und man unter literaturkritischem Gesichtswinkel die meisten Texte nur als lyrischen Kitsch bezeichnen kann: Hier geht es ausschließlich um die emotionalisierenden und damit prägenden Wirkungen auf jene Generation junger Männer, die in der zweiten Hälfte der 20er und in den 30er Jahren in bündischen Gruppen, aber auch in Gruppen der großen politischen und weltanschaulichen Jugendorganisationen als 12- bis 20jährige heranwuchsen, denn die bündischen Lieder wurden damals ebenso wie viele der sonstigen jugendbewegten Stil- und Umgangsformen weitgehend in den Organisationen der Jugendpflege nachgeahmt und auch später von der HJ übernommen.

Daß die hier »Männerbundlieder« genannten Lieder tatsächlich in den 20er Jahren so etwas wie eine mentalitätsgeschichtliche Innovation waren, läßt sich leicht durch einen Vergleich mit den Liedern des mit Abstand bedeutendsten jugendbewegten Liederbuchs der Vorkriegszeit belegen: des erstmalig 1908/09 von Hans Breuer herausgegebenen *Zupfgeigenhansl*. Rekrutenklagelieder, vor allem Abschieds- und Sterbelieder, finden sich hier durchaus in größerer Zahl, aber es fehlt darin sowohl die Beschwörung jener Grundmelancholie des jugendlichen Reiters als auch die männerbündische Erlösungsstrategie. Ähnlich steht es auch mit fast allen im Ersten Weltkrieg in großer Zahl neu geschaffenen Soldatenliedern und Kriegsgedichten, von denen das wohl berühmteste von Heinrich Lersch stammt: sein »Soldatenabschied« mit der vielzitierten Schlußzeile »Deutschland muß leben, und wenn wir sterben müssen!« Eine weitere, ebenfalls sehr populär gewordene und für den »Normalfall« typische Neuschöpfung war das Hermann-Löns-Lied »Heute wollen wir ein Liedlein singen«, das in den Refrain »denn wir fahren, denn wir fahren, denn wir fahren gegen Engeland« mündet. Martialisches Wollen und ernste Bereitschaft zum pflichtbewußten und heldenhaften Dienst für Kaiser, Volk und Vaterland bestimmen die Aussagen; Kampf- und Streitlieder mit nationalem Pathos stehen neben Texten, die im Volksliedton teils voller Wehmut, teils voller Stolz von der Heimat und den dort zurückgelassenen geliebten Menschen handeln. All diese Neuschöpfungen können aber durchaus noch in die lange Traditionslinie der herkömmlichen Soldatenlyrik eingeordnet werden; ein neues Männerbild läßt sich in der weit überwiegenden Zahl der Kriegsgedichte jedenfalls zunächst nicht entdecken. Allerdings nahmen im Laufe des Krieges Texte zu, die heldisches Pathos verballhornen, die stärker eine unheroische Auffassung widerspiegeln, resignative Gedanken enthalten oder sogar zum Widerstand auffordern.[14] Eine entscheidende Ausnahme mit beträchtlichen mentalitätsgeschichtlichen Wirkungen in der Nachkriegszeit stellen in diesem Kontext jedoch die Dichtungen von Walter Flex dar. Sein Gedicht »Wildgänse rauschen durch die Nacht«, das nicht zufällig Robert Götz bereits 1916 vertont hat und das nach dem Krieg eines seiner ersten Lieder mit durchschlagendem Erfolg werden sollte, enthält bereits eine Reihe zentraler Elemente des Männerbundliedes, zumal Flex' Erzählung *Der Wanderer zwischen beiden Welten*, aus der der Text stammt, noch weitere einschlägige Gedichte und insgesamt eine Stimmungslage enthält, die eine Brücke schlägt vom Weltgefühl der Wandervögel der Vorkriegszeit – ausgedrückt in dem Lied von Hjalmar Kutzleb (geb. 1885) »Wir wollen zu Land ausfahren« – über eine idealistisch-melancholische Verarbeitung der Kriegserfahrung durch die »Frontwandervögel« hin zu einem neuen jugendlichen Ethos der Zukunft. Den durch die Kriegserfahrung bereicherten »Geist des Wandervogels« hat Flex geradezu als Basis einer geläuterten Zukunftsnation verstanden[15]: »Das Bild des jungen willensstarken Menschen mit seinem reinen Idealismus und reichen Schönheitssinn will mir so recht geeignet erscheinen, als Vorbild auf die nachwachsende Jugend fortzuwirken«, schrieb er in einem Brief. Seine Deutung des Krieges, diese Völkerschlacht sei ein Altar, auf dem »aus deutschem Blut ... Christi Wein bereitet« werde[16], und Verse wie »Bei Schwertern und bei Fahnen, schlief uns das Lachen ein. Wen schert's ! – Wir soll'n die Ahnen lachender Enkel sein«[17] stifteten einen Sinn, der bis weit in den Zweiten Weltkrieg hinein – nicht zuletzt im Kontext der Beschwörung des Langemarck-Mythos[18] – generationsprägende Kraft besaß. Unterlegt war dieser Botschaft jedoch jene melancholische Grundstimmung, die das Gedicht »Wildgänse rauschen durch die Nacht« ebenso beherrscht wie zahlreiche weitere in den Text eingestreute Verse, so z.B.:

161

»Der Wald ist wie ein Sterbedom,
Der von verwelkten Kränzen träuft,
Die Kompanie ein grauer Strom,
Der müde Wellen rauschend häuft...

Es schwillt der Strom und ebbt und schwillt...
Mein Herz ist müd', mein Herz ist krank
Nach manchem hellen Menschenbild,
Das in dem grauen Strom versank.

Die Welt ist grau, die Nacht ist fahl,
Mein Haupt zum Pferdehals geduckt,
Träum' ich, wie hell durchs Todestal
Mein Strom einst klang lichtüberzuckt...«[19]

In solchen Zeilen tritt das Martialische, Balladesk-Folkloristische, Heldische und Nationalistisch-Pathetische des üblichen Soldatenliedes völlig hinter den Versuch zurück, die individuellen schmerzvollen Erfahrungen mit dem Grauen des Krieges – bei Flex' den Tod des geliebten Wandervogelfreundes Ernst Wurche, in anderen Quellen oft auch die »Augen des ersten im Nahkampf getöteten Menschen«[20] – in ein lyrisches Gewand zu kleiden, dabei sich selbst in den »grauen Strom«, in die »graureisigen Geschwader«, in ein »graues Heer ... ohne Wiederkehr« einzuordnen und dennoch dem vorausgeahnten eigenen Tod einen tröstlichen Sinn im Rahmen einer höheren geschichtlichen Logik zu verleihen. Eine ähnliche »fatalisierende Entpersönlichungsgeste«[21] findet sich nicht nur bei Flex, sondern auch in einigen jener *Kriegsbriefe gefallener Studenten*, deren Edition durch Philipp Witkop nach dem Krieg bis weit ins »Dritte Reich« hohe Auflagen erlebte[22]. So schrieb z.B. der Student Walter Stock (geb. 1894) am 1. Mai 1917 an seine Mutter:[23]

»Was schadet es, wenn dies Köstliche, Wunderbare [gemeint ist ein erhofftes »Zeitalter der Menschenliebe«, J.R.] nur durch das Opfer unserer Generation einträte? Nur aus dem Tod wächst neues Leben, und über Leichen führt der Weg zur Freiheit. Sonst waren wir so wilde Dramatik nur auf dem Theater gewohnt, jetzt führen wir selbst als handelnde Personen das erschütternde Drama der Weltgeschichte auf.«[24]

Daß vor allem das Buch von Walter Flex für die Bündische Jugend nach dem Ersten Weltkrieg ein »Kultbuch« ersten Ranges war,[25] ist durch viele autobiographische Zeugnisse ausführlich belegt: Seine Beschreibung eines neuen idealistischen Ethos der Jugendlichkeit (»rein bleiben und reif werden – das ist schönste und schwerste Lebenskunst«[26]), die von ihm beschworene Stimmungslage einer Grundmelancholie, die die »große Fahrt in den Orlog«[27] wie grundsätzlich die Fahrt durchs Leben begleitet, die Hoffnung auf Erlösung durch Selbstaufopferung kamen den Orientierungsbedürfnissen vor allem der aus dem Bildungsbürgertum stammenden jugendbewegten jungen Männer in der Weimarer Republik offenbar sehr entgegen. Dem überzeitlich-anthropologischen, gewissermaßen normalen Hin- und Hergerissensein des 15- bis 20jährigen Heranwachsenden zwischen Begeisterungsfähigkeit und Einsatzbereitschaft einerseits, Melancholie und Selbstzweifeln andererseits vermittelten unter den spezifischen mentalen Verhältnissen der 20er und frühen 30er Jahre Texte wie die von Walter Flex ebenso wie die Männerbundlieder eine heroisch-melancholische Gefühlswelt, in der man sich jenseits der tristen Alltagsverhältnisse emotional einrichten konnte. Was der Volkskundler John Meier schon 1916 bei einer Untersuchung des Unterschieds zwischen den an der Front gesungenen Kunstliedern und den Volksliedern festgestellt hat, trifft auch hier in zugespitzter Weise zu:[28] Das Singen von gefühlvollen Liedern war eine Droge und ein Ventil zugleich, um sich von allzu starker innerer Spannung zu befreien: »Das Aussprechen der Gefühle, hier im Gesang mit Worten eines anderen, entlastet den Einzelnen von dem sonst zu starken Drucke, unter dem er leiden und verkümmern würde.« Mit anderen Worten bzw. in Form eines auf die Toten von Langemarck gemünzten Gedichts von Walter G. Oschilewski (geb. 1904) ausgedrückt:[29]

> »So fällt von ihren Knabenlippen bang
> das Mütterliche. Sie werden Krieger,
> und zwischen Volk und Tod –: Gesang!«

Bisher ist zur Kennzeichnung der in den frühen Männerbundliedern in exemplarischer Weise beschworenen Stimmungslage der Melancholiebegriff benutzt worden. Es stellt sich jedoch die Frage, ob der Begriff an dieser Stelle nicht zu hoch gegriffen ist und man nicht besser von Sentimentalität als einem eher oberflächlichen und unreflektierten Momentangefühl sprechen sollte. Bei dem Versuch, hierauf aus wahrnehmungsgeschichtlicher Sicht eine Antwort zu geben, bewegt man sich allerdings noch sehr stark im Bereich des Spekulativen: Trotz einer umfangreichen, vor allem literaturwissenschaftlichen Forschung über die Melancholie und trotz der unzähligen künstlerischen Aussagen zu diesem Phänomen fehlt es weitgehend an Untersuchungen, die die historischen Hintergründe melancholischer Wirklichkeitserfahrung und -gestaltung aufdecken.[30] Als erster Schritt zur Annäherung an mögliche Zusammenhänge in unserem Kontext ist noch einmal darauf hinzuweisen, daß es fast ausschließlich Angehörige der Frontgeneration, meist mit jugendbewegter Erfahrung waren, die den Typus des Männerbundlieds erfunden und in den 20er Jahren verbreitet haben. Sie entstammten durchweg bildungsbürgerlichen Kreisen und gehörten zu jenen idealistischen jungen Männern, die 1914 voll Begeisterung, mit Goethe- und Nietzsche-Texten im Rucksack, in den Krieg gezogen waren und durch »der Stunden Ernst« – wie es in einem Gedicht Heinrich Zerkaulens (geb. 1892) heißt – im Rausch, nun ein Mann geworden zu sein, der »Jugend buntes Kleid ... zu Blumen, Glück und Ruh« geworfen und der »Träume Türen ... lachend« zugeschlagen hatten.[31] Doch wenige Jahre später war – so ein Gedicht in der Zeitschrift *Die Woche* vom 9.11.1918[32] –

>»gebleicht der goldenen Locken lichthelle Pracht
>von Not und Tod, Entbehrung und blutiger Nacht.
>Und in dem Auge, von Kampflust einstens erhellt,
>liegt brennend und abgrundtief das Weh der Welt...«

Die Überlebenden aus den »Stahlgewittern« kehrten 1918/19 zurück in ein »Land, das ergraut«, »von fremdem Schritt befallen« war (Hans Friedrich Blunck, geb. 1888):[33]

>»Auf grauen Schollen hocken schwarze Raben,
>der Abend sinkt und Regen rieselt schwer...
>Zur Heimat fliehn, die keine Heimat haben,
>zur grauen Heimat zieht das graue Heer«,

bedichtete Fritz Woike (geb. 1890) die Situation dieser »verlorenen Generation«, und Otto Paust (geb. 1897) beschrieb die Stimmungslage folgendermaßen:

>»Wir schauen fremd uns in der Heimat um,
>gehören nicht in Freude und Genuß,
>gehören nicht in Alltagsmenschentum:
>um uns ist noch ein kalter Todesgruß...«

Und Paust läßt dann sein Gedicht enden:

>»Es klingt das Lied vom großen Totenhügel
>und hängt gleich einer Last in unsrer Mitten.«

Mit dieser Last mußten die noch jungen Männer von jetzt an leben. Tiefe Resignation, eine »Seelenlähmung«[34], war bei vielen die Folge der Kriegserfahrungen, und Melancholie die Stimmung, die sich dauerhaft einstellte und Teile der bürgerlichen »jungen Generation« nicht mehr losließ. Einer von ihnen, der Gründer des jugendbewegten katholischen Bundes Quickborn, Romano Guardini (geb. 1885), hat später als Religionsphilosoph versucht, den »Sinn der Schwermut« aus der Sicht seiner Generation jenseits psychologischer und psychiatrischer Deutungen zu verstehen und kam zu dem vieldeutigen, aber sehr bezeichnenden Befund: »Die Schwermut ist die Not der Geburt des Ewigen im Menschen,« und schränkt dann aber ein: »vielleicht sagen wir besser, in bestimmten Menschen«.[35] Marxistische Gesellschaftskritiker haben solche Melancholie als ein klassenspezifisches Phänomen und als Ausweichen ins Anthropologische interpretiert: Hier zeige sich – so Georg Lukacs[36] – die historisch und soziologisch bedingte Unfähigkeit der bürgerlichen Intelligenz, »den Widerspruch zwischen Möglichkeit und Wirklichkeit positiv zu lösen«. In typischer Weise zugespitzt findet sich dieser Melancholievorwurf in einer Kritik Walter Benjamins aus dem Jahre 1931 an einem Gedichtband Erich Kästners. Kästner – so Benjamin[37] – genieße nur »in negativistischer Ruhe sich selbst«, statt die »Gabe, sich zu ekeln« als Antrieb zu produktiver politischer Tat zu verstehen.

Der Zeitpunkt dieser Frontalkritik ist allerdings bezeichnend: In der Treibhausatmosphäre seit Ende der 20er Jahre standen sich als vehement propagierte radikale Lösungen zwei utopische Entwürfe gegenüber, die handlungshemmende Melancholie und individuelle Innerlichkeit nicht zulassen konnten: die marxistisch-kommunistische Utopie einer klassenlosen Gesellschaft und die völkisch-rassistische Utopie einer arischen Volksgemeinschaft –: »In Utopia wird Melancholie denunziert; sie ist als Störungselement im Plan unerwünscht.«[38] Auch für die inzwischen herangewachsene »Jahrhundertgeneration« der nach 1902 Geborenen, die keine Fronterfahrung mehr bewältigen mußten, besaßen die in melancholischen Distanzierungen via Männerbundlied gebändigten Kriegserlebnisse keine existentielle Bedeutung mehr, obwohl sie die Lieder selbst weiterhin gerne sangen und bis weit in die Zeit der Bundesrepublik weitertradierten. Neue Lieder entstanden in den bündischen Gruppen, die den Männerbund in einer Weise beschworen, die das melancholische Element bewußt ausschloß. Gefühlvolle, von unbestimmten Sehnsüchten und von Fernweh geprägte Texte und Melodien gab es zwar auch weiterhin, aber das neue Männerbundlied im engeren Sinn erhielt nun ebenso wie das männlichen Heroismus verherrlichende Gedicht eine andere Qualität. In dem vielgesungenen Lied »Die grauen Nebel hat das Licht durchdrungen«[39] aus Kreisen der Jungenschaft (d.j.1.11) Eberhard Koebel-tusks (geb. 1907) heißt z.B. die letzte Strophe:

> »Sie werden Männer, die ihr Reich erringen,
> die es schützen vor dem großen Feind.
> Die Augen strahlen und die Lieder klingen,
> und die Herzen sind im Kampf vereint.«

Und in einem anderen Lied (»Hurra hoch das Regiment!«) lautet ein Anruf an den Kornett:

> »Spar uns nicht, wir sind bereit,
> das Leben ist nicht mehr als Maienblüte.
> Werft es hin und Haß und Neid
> wäscht unser Blut weg für alle Zeit!«

Noch bezeichnender – vor allem wegen der angedeuteten Generationenkonstellation – sind schließlich die Verse aus dem d.j.1.11-Lied »Silberglänzende Trompete«:

> »Graue Fahnentücher wehen über ihnen,
> feige Friedensträume spielen mit den
> sonnverbrannten Söhnen: Seid Soldaten!
> Zehn bleiche Männer woll'n nach Haus,
> ein Wink, – sie treten aus der Reihe.
> Das alte Heer ist wieder jung,
> die Trommel spricht: Appell ist aus!«

Es ist dieselbe Zeit, in der Hans Baumann (geb. 1914) als 19jähriger für den katholischen Schülerbund Neudeutschland sein Lied »Es zittern die morschen Knochen« – eines der späteren »Pflichtlieder« des Reichsarbeitsdienstes – schrieb, ehe er am 1. Mai 1933 in die NSDAP eintrat und in kürzester Zeit einer der bedeutendsten »Liedermacher« für die Nationalsozialisten wurde.[40] Statt der melancholischen Selbstbespiegelung in der kleinen elitären Gruppe ging es nun um eine Befreiung von aller Gefühligkeit »durch Taten«, wie ein frühes Gedicht Baldur von Schirachs (geb. 1907) überschrieben ist[41]:

> »Ihr sollt brennen!
> Nicht wie Asketen,
> die in Gebeten
> sich bekennen,
> nein! Wie Soldaten,
> die tief in Gräben
> Gebete leben
> durch ihre Taten!«

Heinrich Anacker (geb. 1901), Werner Altendorf (geb. 1906), Herybert Menzel (geb. 1906), Eberhard Wolfgang Möller (geb. 1906), Gerhard Schumann (geb. 1911) bildeten zusammen mit Baumann und Schirach eine neue »junge Mannschaft«, die seit 1929/30 parallel zu den neuen Männerbundliedern der bündischen Jungenschaft das typische »nationalsozialistische Gemeinschaftslied« schuf.[42] Hier ging es um den Aufbau eines »idealistisch-kämpferischen Selbstbewußtseins einer Gruppe«[43]; die Lieder sollten keine wehmütige Gefühligkeit nach innen bewirken, sondern Kraft für den Kampf spenden und »die letzten Schläfer wachrütteln ... für den deutschen Freiheitsmorgen«[44]: Von den kernigen Texten und stählernen Rhythmen gehe – so der SA-Mann Hans Bajer 1936 – eine geheime Kraft aus, »die uns stets anspornte zu unermüdlichem Kampfesmut und größter Opferbereitschaft«. Um im Bilde zu bleiben, das in der Überschrift zum vorliegenden Essay angesprochen worden ist: Man brauchte die Sehnsucht nicht mehr totzureiten, weil man erst gar keine aufkommen ließ. Im dröhnenden Marsch der Kolonne gab es keinen Raum für Melancholie: Taten reimte sich auf Spaten und Soldaten; jeder hatte »fest im Glauben« und »froh im Werk« zu sein,[45] denn – so bestätigten die Lieder im Gestus der Selbstversicherung –:

> »Und keiner ist da, der feige verzagt,
> der müde nach dem Weg uns fragt,
> den uns der Trommler schlägt.«[46]

Blut, Volk, Treue waren die neuen Kernbegriffe neben Trommel und Flamme, aber geradezu inflationär wurde als zentrales Symbol die Fahne besungen, denn »die Fahne ist mehr als der Tod« (Schirach)[47]:

> »Wissen wir auch nicht, wohin es geht,
> wenn nur die Fahne vor uns weht.
> Jetzt müssen wir marschieren,
> ich und mein Kamerad,«

lautet der typische Refrain eines Liedes von Herbert Napierski.[48] Obwohl viele Lieder aus der Jugendbewegung übernommen wurden, galt jetzt das Singen der bündischen Gruppen ebenso wie das Musizieren der Jugendmusikbewegung als verpönter Selbstzweck. Es frage sich, so schrieb die nationalsozialistische Lehrerzeitung bereits 1932[49], »ob das Negieren oder Vorbeisingen an gesellschaftlichen und dringenden menschlichen Problemen von echtem Wert sein kann. Letzten Endes hat das in vielen Fällen zur endgültigen Isolierung oder zu rein jenseitigem ›Gemeinschaftsgeist‹ geführt, weil man keine eigentliche gesellschaftliche Verantwortung zu fühlen verpflichtet schien...« Stattdessen müßten auch die Lieder zur schnelleren Entwicklung der nationalsozialistischen Nationalkultur eingesetzt werden.

An die Stelle einer Instrumentalisierung des melancholischen Männerbundliedes für die individuelle Spannungslösung trat jetzt mehr und mehr die Instrumentalisierung des Einzelnen mit Hilfe des nationalsozialistischen Männermarschliedes, das dazu beitragen sollte, die Heranwachsenden einer nächsten Generation zu gefügigen Werkzeugen des Regimes zu machen und zu blinder Treue zu erziehen. In beiden Typen des Männerbundliedes geht es zwar um die Selbstaufopferung des Ich, doch ist der jeweilige Kontext ein durchaus anderer: Im melancholischen Landsknechtslied der Bündischen Jugend wird ein Opfer besungen, dessen Sinn unklar ist, dem man sich nicht

167

entziehen kann und das man männlich-tapfer nur erbringen kann, wenn man die Sehnsucht und die »bitterste Not... im Herzen« niederreitet. Noch vom klaren Wissen um das Grauen des Krieges und die Bitterkeit des Sterbens erfüllt, lebten die bündischen Liedermacher und -sänger in den Nachkriegsjahren in solchen Liedern ihre Melancholie aus, um sich jedoch dann im vollen Sinn des Wortes selbst zur Ordnung zu rufen. In einer Rede des Wandervogelführers Friedrich Kreppel (geb. 1903) bei einer bündischen Langemarck-Feier im Herbst 1923 wird dieser Schritt eindrucksvoll beschrieben.[50] Zwar spricht auch Kreppel von der Ehrfurcht vor den jungen Toten von Langemarck und vom Stolz, daß »Deutschlands Söhne so herrlich fielen«, aber für ihn war jener Angriff der jungen Regimenter letztlich ein »sinnloser Opfersturm«: Inzwischen habe »das Grauen... unsere Seele reif gemacht« und zu einem »Gefühle der Nichtigkeit unseres Selbst« geführt. Vor diesem Hintergrund fordert er einen »Abbau des Herzens«, d.h. der unreflektierten Gefühligkeit, und warnt davor, mit dem Langemarck von gestern einen Kult zu treiben: »Hüten wir uns, daß es [das Ereignis von Langemarck, J.R.] aus dem Gedächtnis des Gestern morgen abermals komme«. Er erinnerte dabei an eine Aufforderung Hans Breuers an die Überlebenden vom Mai 1915, die dieser an der Front kurz vor seinem Tod in ein kurzes Vorwort zu einer Neuauflage seines *Zupfgeigenhansl* hineingeschrieben hatte: »Und eure Arbeit sei euer Denkmal! – Bald wird Mittag sein! Wandervögel an die Arbeit!«[51] Und die eigene Befindlichkeit, d.h. die der älteren Wandervögel um 1923 beschreibt Kreppel mit den Worten: »Uns aber hat die Nacktheit des Geistes und die Kälte des Bewußtseins gepackt. Wir fragen mit dem Wort nach dem Sinn und ringen erbittert von Tag zu Tag mit dem Zweifel. Die Lieder der Begeisterung und die Reden des Pathos wollen uns schwer von den Lippen...«

Das sollte sich bald wieder ändern: Völlig anders ist dann vom Opfer die Rede, als Baldur von Schirach genau zwölf Jahre später in einer Rede am 11.11.1935 eine neue Generation auf Langemarck einzuschwören versuchte.[52] Hier ging es um die Treue bis in den Tod nach dem Hitlerjugend-Motto »treu leben, todtrotzend kämpfen, lachend sterben«, und Schirach stilisierte den Tag von Langemarck zu einem »Fest des Wiedersehens« der Gefallenen mit der neuen Jugend, das nicht – so Schirach – durch den schwarzen Flor der Trauer, sondern von der leuchtenden Fahne der jungen Soldaten von Langemarck bestimmt werde, die »einer neuen Zeit voranstürmen, die ihres Glaubens und ihres Geistes ist.« Die Zahl der Lieder und Gedichte, die seit Anfang der 30er Jahre diese Art des begeisterten Sichaufopferns besangen, ist gewaltig: Eine neue Generation – ohne Kriegserfahrung – und damit ungebremst durch eine melancholische Selbstbefragung – ließ sich vom Rausch einer hemmungslosen und aggressiven Vorwärtsstrategie erfassen und begann erst in Stalingrad allmählich zu begreifen, daß es am Rande des Abgrunds »kein Zurück« mehr gab.[53] Im Angesicht des eigenen Todes stellte sich, wie aus vielen Frontbriefen herauszulesen ist,[54] dann jene Stimmungslage wieder ein, die bei Walter Flex wie in den Männerbundliedern der frühen 20er Jahre zu beobachten ist. Und es war sicher kein Zufall, daß nach 1945 in den wiederauflebenden freien und konfessionellen Jugendgruppen gerade diese melancholischen Lieder aus den 20er Jahren mit ihrer männerbündischen Romantik des »verlorenen Haufens« und der in den Tod reitenden jungen Landsknechte noch eine Weile weiterleben konnten, obwohl einige führende Sprecher aus den Kreisen der Jugendbewegung vor ihnen warnten. Walter Scherf (geb. 1920) schrieb z.B. in einem Text mit dem Titel »Unsere Lieder«[55], man solle nicht versuchen, den sogenannten Gemeinschaftsgeist durch Lieder einzufangen, die »mit ›wir‹ zu tönen beginnen, mit ›wir marschieren‹ und ›wir sind die und jene Garde‹ – auf solchen Gemeinschaftsgeist kannst du unbesehen verzichten«. Werner Helwig (geb. 1905) kritisierte die »männliche Sentimentalität«[56], die viele dieser Lieder beschwere und »etwas Erstickendes (sei), das einen fremd und sehnsuchtsvoll stimmt«, und er fügte hinzu: »Und sich fremdgestimmt zu fühlen, das ist wohl eine der merkwürdigsten Seligkeiten innerhalb des Deutschen.«

Nun ging es im vorliegenden Essay allerdings nicht um das angeblich spezifische Verhältnis der Deutschen zu Tragik und Schwermut und auch nicht um einen Beleg für das Nietzsche-Wort, daß der Mensch das »unglücklichste und melancholischste Tier«[57] sei, sondern um die Funktionalisierung von Melancholie in einem besonderen historischen Generationenkontext und deren Überwindung bei der Abrichtung einer neuen Jungmännergeneration – dies am Beispiel einer zweifellos winzigen, aber doch mentalitätsgeschichtlich bedeutsamen Facette: am Männerbundlied. Viele autobiographische Berichte und Oral-History-Untersuchungen[58] bestätigen inzwischen die emotionalisierende und langfristig stark prägende, d.h. Gefühligkeiten und Stimmungslagen präformierende, auslösende oder verstärkende Bedeutung des Singens solcher Lieder in der kleinen Gruppe, im Soldatenunterstand, in der marschierenden Truppe usw. Mochte sich der Einzelne rational auch von den Inhalten der von unbestimmter Sehnsucht, von bitterem Sterben oder von heroischem Opfertod kündenden Texte distanzieren und diese oft als kitschig empfinden – die irrationale Komponente, die erst durch das Zusammenwirken dieser Texte mit den subjektiven Befindlichkeiten und Bedürfnissen, der Wahrnehmung der äußeren Umstände und des sozialen Kontextes, der Melodien und Rhythmen zustande kam, war dadurch keineswegs verringert. Um es abschließend in Anlehnung an einen Aphorismus von Stanislaw Jerzy Lec zu sagen: Die Männerbundlieder waren bittere Pillen in süßem Zuckerguß. Die Pillen waren unschädlich, das Gift steckte in der Süße.[59]

Anmerkungen

1 Marie Marcks, *Marie, es brennt! Eine gezeichnete Autobiographie 1922 – 1968,* 2. Aufl. München 1995, ohne Seitenzählung.

2 S. zu Riedel: *Dokumentation der Jugendbewegung III. Die bündische Zeit,* hg. von Werner Kindt, Düsseldorf/Köln 1974, passim.

3 Vgl. Robert Götz, *Ich wollte Volkslieder schreiben. Gespräche mit Ernst Klusen,* Köln 1975. Von Götz stammen z.B. die Melodien folgender Lieder: Wildgänse rauschen durch die Nacht, Aus grauer Städte Mauern, Jenseits des Tales, Wie oft sind wir geschritten (Heia Safari), Wir ziehen über die Straße. Sein erstes Liederbuch »Aus grauer Städte Mauern« erschien 1924 im Verlag Günther Wolff, Plauen; es folgte ebd. 1926 »Wir traben in die Weite«.

4 Auf genauere bibliographische Angaben wird hier verzichtet. Der m.E. jüngste Abdruck des Liedes erfolgte 1988 in Heft 31 der *Liederblätter deutscher Jugend* (Heidenheim), S. 31.

5 Rudolf Walter Leonhardt, *Lieder aus dem Krieg,* München 1979, S. 14, Text des Liedes S. 25.

6 Nicolaus Sombart, Männerbund und politische Kultur in Deutschland, zuerst 1988, wiederabgedruckt in diesem Band, S. 136-155.

7 Selbstaussagen aus der Jugendbewegung über die Bedeutung des Singens sind Legion. Eine scharfe Kritik des jugendbewegten »Musikanten« liefert Theodor W. Adorno, *Dissonanzen. Musik in der verwalteten Welt,* 2. erw. Aufl., Göttingen 1958, S. 62-101. Aus psychologischer Sicht s. die Dissertation von Ulrich Paetzold, *Die deutschen Jugendbewegungen dieses Jahrhunderts – eine psychologische Analyse ihrer Inhalte anhand des Liedgutes,* Bamberg 1988. S. außerdem grundsätzlich zum Thema die anregende Arbeit von Vladimir Karbusicky, *Ideologie im Lied, Lied in der Ideologie. Kulturanthropologische Strukturanalysen,* Köln 1973.

8 Götz, *Volkslieder,* S. 48.

9 Vgl. Harry Pross, *Jugend, Eros, Politik. Die Geschichte der deutschen Jugendverbände,* Bern/München/Wien 1964, S. 130 sowie S. 394: »Und immer wieder, in allen Lagern, bei Jungen und Mädchen gleichermaßen die Geschichte von Rilkes ›Cornet‹.«

10 Die Verfasser der Texte und die Komponisten gehörten fast ausschließlich zur Frontgeneration; die Spanne reicht von Börries Freiherr von Münchhausen (geb. 1874) mit seinem Text »Jenseits des Tales« bis zu Fritz Sotke (geb. 1902) mit seinem Lied »Wilde Gesellen, vom Sturmwind durchweht«.

11 S. dazu Anton Kovac, Unzeitgemäße Menschlichkeit. Das Kriegs- und Soldatenlied der Slowenen, in: Klaus Vondung (Hg.), *Kriegserlebnis,* Göttingen 1980, S. 312-330, bes. S. 325.

12 George L. Mosse, Zum deutschen Soldatenlied, in: ebd., S. 332.

13 Titel des Liedes: »Die Trommel schlägt und schmettert«, hier zit. nach dem Liederbuch der Bundeswehr (1962), S. 13. Seidelmann (geb. 1899) war zuletzt Pädagogikprofessor in Marburg.

14 Zum Soldatenlied im Ersten Weltkrieg s. neben Karbusicky, *Ideologie*, und Mosse, Soldatenlied, John Meier, *Das deutsche Soldatenlied im Felde*, Straßburg 1916; Winfried Elbers, *Das deutsche Soldatenlied im Ersten Weltkrieg und seine publizistische Bedeutung*, Diss., Münster 1963, und Reinhard Olt, *Krieg und Sprache. Untersuchungen zu deutschen Soldatenliedern des Ersten Weltkrieges*, 2 Bde., Gießen 1980/81; vgl. auch Klaus Latzel, *Vom Sterben im Krieg*, Warendorf 1988, bes. S. 63ff.

15 Zit. nach Justus H. Ulbricht, Der Mythos vom Heldentod. Entstehung und Wirkungen von Walter Flex' »Der Wanderer zwischen beiden Welten«, in: *Jahrbuch des Archivs der deutschen Jugendbewegung* 16, 1986/87, S. 136.

16 Zit. nach Walter Flex, *Vom großen Abendmahl. Verse und Gedanken aus dem Felde*, München 1922, S. 5.

17 Ders., *Der Wanderer zwischen beiden Welten*, hier zit. nach der Auflage München 1960, S. 94.

18 Auf die vielen Querverbindungen zwischen dem Jungmännerbild und dem Langemarck-Mythos in der Weimarer Republik kann hier nur hingewiesen werden; s. dazu Uwe K. Ketelsen, »Die Jugend von Langemarck«. Ein poetisch-politisches Motiv der Zwischenkriegszeit, in: Thomas Koebner u.a. (Hg.), *Der Mythos Jugend*, Frankfurt a.M. 1985, S. 68-96; außerdem Karl Unruh, *Langemarck. Legende und Wirklichkeit*, Koblenz 1986, sowie Reinhard Dithmar (Hg.), *Der Langemarck-Mythos in Dichtung und Unterricht*, Berlin 1992.

19 Flex, *Wanderer*, S. 94f.

20 Auf dieses häufige Motiv, bes. eindrucksvoll in Szene gesetzt in der Filmfassung des Buches von Erich Maria Remarque *Im Westen nichts Neues*, weist Karbusicky, *Ideologie*, S. 154, hin.

21 Ebd.

22 S. dazu Manfred Hettling/Michael Jeismann, Der Weltkrieg als Epos. Philipp Witkops »Kriegsbriefe gefallener Studenten«, in: Gerhard Hirschfeld u.a. (Hg.), *Keiner fühlt sich hier mehr als Mensch... Erlebnis und Wirkung des Ersten Weltkriegs*, Essen 1993, S. 175-198.

23 Philipp Witkop (Hg.), *Kriegsbriefe gefallener Studenten*, hier zit. nach der Auflage München 1928, S. 311.

24 Dem in Briefen und Gedichten zum Ausdruck kommenden männlichen Blick auf den Krieg ließe sich ein weiblicher entgegensetzen, da es auch eine beachtliche Kriegslyrik von Frauen gibt. So stammt z.B. eines der eindrucksvollsten Totentanzlieder des Ersten Weltkriegs von Elsa Laura von Wolzogen, einer Wandervogelführerin: »Der Tod reit auf einem kohlschwarzen Rappen« (1917).

25 S. dazu ausführlich Ulbricht, Mythos vom Heldentod.

26 Flex, *Wanderer*, S. 44.

27 Winfried Mogge, Wandervogel, Freideutsche Jugend und Bünde, in: Koebner, *Mythos Jugend*, S. 183f.; vor allem Gudrun Fiedler, *Jugend im Krieg. Bürgerliche*

Jugendbewegung, Erster Weltkrieg und sozialer Wandel 1914-1923, Köln 1989, bes. S. 37ff., außerdem Dietmar Schenk, *Die Freideutsche Jugend 1913-1919/20. Eine Jugendbewegung in Krieg, Revolution und Krise*, Münster 1991.

28 Meier, *Soldatenlied im Felde*, S. 6.

29 Zit. nach Herbert Böhme (Hg.), *Rufe in das Reich. Die heldische Dichtung von Langemarck bis zur Gegenwart*, Berlin 1934, S. 13. Oschilewski war zunächst Wandervogel, trat aber dann dem Hofgeismarkreis der Jungsozialisten bei.

30 S. dazu Ludwig Völker, Einleitung, in: ders. (Hg.), *»Komm, heilige Melancholie«. Eine Anthologie deutscher Melancholie-Gedichte*, Stuttgart 1983, S. 19-43, hier: S. 34.

31 Abgedruckt in Böhme, *Rufe*, S. 11.

32 *Die Woche* vom 9.11.1918; hier zit. nach Jürgen Reulecke, Vom Kämpfer zum Krieger. Zur Visualisierung des Männerbildes während des Ersten Weltkriegs, in: Siegfried Quandt/Horst Schichtel (Hg.), *Der Erste Weltkrieg als Kommunikationsereignis*, Gießen 1993, S. 166f.

33 Diese und die folgenden Zitate stammen aus Böhme, *Rufe*, S. 32ff.

34 S. dazu grundsätzlich Johann Glatzel, *Melancholie und Wahnsinn. Beiträge zur Psychopathologie und ihren Grenzgebieten*, Darmstadt 1990, hier: S. 93.

35 Romano Guardini, *Vom Sinn der Schwermut*, Zürich 1949, S. 50, hier zit. nach Wolf Lepenies, *Melancholie und Gesellschaft*, Frankfurt a.M. 1972, S. 225.

36 Zit. nach Völker, Einleitung, S. 35.

37 Zit. ebd., S. 33f.

38 Lepenies, *Melancholie*, S. 226.

39 Die im folgenden genannten Lieder befinden sich in den Liederbüchern »Lieder der Eisbrechermannschaft« und »Soldatenchöre der Eisbrechermannschaft« Plauen 1933 und 1934, hg. von d.j. 1.11 und tusk, hier zit. nach der Faksimileausgabe Heidenheim 1970, S. 6f., S. 12f. und S. 61f.

40 Zur Entstehung und Bedeutung dieses Liedes sowie zu Hans Baumann liegt demnächst eine Darstellung von Winfried Mogge vor; der Verf. bedankt sich für die Einsicht in das noch unveröffentlichte Manuskript.

41 Zit. nach Böhme, *Rufe*, S. 268.

42 Vgl. dazu Uwe-K. Ketelsen, *Völkisch-nationale und nationalsozialistische Literatur in Deutschland 1890-1945*, Stuttgart 1976, S. 65.

43 S. dazu Alexander von Bormann, Das nationalsozialistische Gemeinschaftslied, in: Horst Denkler/Karl Prümm (Hg.), *Die deutsche Literatur im Dritten Reich*, Stuttgart 1976, S. 256-280, hier: S. 264.

44 Die beiden Bajer-Zitate finden sich bei Karbusicky, *Ideologie*, S. 16, Anm. 5.

45 Bormann, Gemeinschaftslied, S. 271.

46 Verse aus dem von Herbert Napierski stammenden Lied »Es dröhnet der Marsch der Kolonne«.

47 Über die Wirkung des bündischen und nationalsozialistischen Liedguts, nicht zuletzt auch auf Mädchen, siehe z.B. Eva Sternheim-Peters, *Die Zeit der großen Täuschungen. Eine Jugend im Nationalsozialismus*, 2. Aufl., Köln 1992, bes. S. 174f. und passim. Die folgende Zeile stammt aus dem HJ-Lied »Unsere Fahne flattert uns voran«, erstmals publik gemacht durch den Film »Hitlerjunge Quex«.

48 Es handelt sich um das Lied »Jetzt müssen wir marschieren« von Napierski.

49 Zitat nach Karbusicky, *Ideologie*, S. 191.

50 Gekürzt abgedruckt in: *Dokumentation der Jugendbewegung I. Grundschriften*, hg. von Werner Kindt, Düsseldorf/Köln 1963, S. 436f.; hier zitiert nach der Originalbroschüre »Den Toten im Wandervogel«, 4. Sendbrief Juli/August 1924, hg. von Friedel Kreppel (ohne Paginierung).

51 Hans Breuer: Zur Neuauflage 1915 (= 11. Auflage 1915) des »Zupfgeigenhansl«. Exakt heißt es dort: »Das ist heilige Pflicht vor Euren Brüdern, die gefallen sind; ihr Leben floß dahin, damit Ihr weiter bautet. Und Eure Arbeit sei ihr Denkmal!«

52 Hier zitiert nach der Originalton-Wiedergabe der Rede vom 11.11.1935. Schirach fährt dann fort: »Daß wir uns selbst vergessen, daß wir uns opfern, daß wir treu sind, das ist die Botschaft der Gefallenen an die Lebenden. Das ist der Ruf des Jenseits an die Zeit.«

53 S. das Zitat von Leonhardt (s. Anm. 5).

54 Eindrucksvolle Beispiele finden sich in dem Band »*Ich will raus aus diesem Wahnsinn*«. *Deutsche Briefe von der Ostfront 1941-1945*, 2. Aufl., Wuppertal 1991; s. auch den Versuch einer Analyse dieser Stimmung in dem Beitrag von Thomas Kohut/Jürgen Reulecke, »Sterben wie eine Ratte, die der Bauer ertappt«. Letzte Briefe aus Stalingrad, in: Jürgen Förster (Hg.), *Stalingrad. Ereignis-Wirkung-Symbol*, München 1992, S. 456-471.

55 Walter Scherf, Unsere Lieder; Wiederabdruck in: ders.: *Lautlos wandert der große Bär*, Heidenheim 1982, S. 64ff.

56 Werner Helwig, *Auf der Knabenfährte*, Bad Godesberg 1953, S. 174.

57 Zit. bei Lepenies, *Melancholie*, S. 228.

58 Dagegen befindet sich die wahrnehmungsgeschichtliche und psychohistorische Analyse solche Phänomene noch in den Anfängen, wie die Untersuchungen von Bormann, Gemeinschaftslied, Karbusicky, *Ideologie*, u.ä. zeigen. S. auch Paetzold, *Jugendbewegungen*.

59 Stanislaw Jerzy Lec, *Unfrisierte Gedanken*, München 1959, S. 56.

»... aus diesem Krieg werden nicht nur harte Männer heimkehren«

Kriegskameradschaft und Männlichkeit im 20. Jahrhundert[1]

Thomas Kühne

Mütterliche Männlichkeit: Kriegserinnerung nach 1945

Auf den totalen Krieg folgte am 8. Mai 1945 in Deutschland die totale Niederlage und die nicht minder totale Diskreditierung des Soldatentums, das die preußisch-deutsche Staats- und Gesellschaftsordnung, ihre politische Kultur, ihr soziales Leben und das System der Geschlechterbeziehungen seit dem ausgehenden 18. Jahrhundert in entscheidender Weise geprägt hatte. Die tiefe Verunsicherung, die die »Kriegsgeneration« angesichts der kollektiven und individuellen Katastrophen im Zuge des Zweiten Weltkrieges ergriff, machte auch vor jenen Männern nicht halt, die trotz der fundamentalen Abwertung des Militärs und alles Militärischen die Erinnerung an ihre Kriegszeit nicht ganz ablegen wollten, die also jenen Teil ihrer Biographie, der als eigentlicher Garant ihres Mannseins konzipiert war, nicht einfach hinter sich lassen konnten.

Sichtbar wird die moralische Verunsicherung der deutschen Soldaten des Zweiten Weltkrieges besonders im politischen Totenkult, in den in Stein gehauenen oder in Worte geformten Denkmälern, die die überlebenden ihren gefallenen Kameraden errichteten. Die »Gefallenen-Gedenkrede«, die Dr. Tim Gebhardt, ehedem Generalstabsoffizier der Wehrmacht und später Stuttgarter Standortkommandeur der Bundeswehr, am 2. Oktober 1955 im Ratskellersaal in Ludwigsburg anläßlich der Gefallenen-Gedenkfeier des Grenadierregiments 470 hielt, steht stellvertretend für viele andere.[2] Sie bezeugt die Schwierigkeiten der Veteranen, die Erfahrung der eigenen Verwicklung in das Kriegsgrauen und die Kriegsgreuel mit den als überzeitlich begriffenen Traditionen des Soldatentums und der soldatischen Männlich-

174

keit in Einklang zu bringen. Anklänge an das heroische Soldatentum werden in dieser Rede zwar nicht ganz unterdrückt, aber sie wirken doch fast wie Fremdkörper im Zusammenhang ihrer Botschaft und sind auf formelhafte Epitheta beschränkt. Wenn von dem Grenadierregiment oder der übergeordneten Division gesprochen wird, so werden diese zwar am Anfang der Rede als »ruhmreich«, »tapfer«, »glorreich« und »stolz« gepriesen. Aber alle heroischen Taten endeten in »erschütternden Tragödien«. An das »bittere Ende« wird denn auch im weiteren Verlauf der Rede immer öfter erinnert, und schließlich verdrängt es die ohnehin verhaltenen heroischen Erinnerungen ganz.

Die Rede kreist um das »Schlimmste am 2. Weltkriege«: das »Gefühl, daß unsere Soldaten ein Opfer ohne Sinn gewesen seien« – und der Versuch, dieses Gefühl der Sinnlosigkeit zu überwinden. Die Suche nach dem Sinn des Opfertodes, auf die der Redner seine Zuhörer dann mitnimmt, entbehrt jeglicher Rückgriffe auf den nationalistischen Opfermythos, der die Kriegstoten seit den Befreiungskriegen umhüllt und in der NS-Propaganda – vor allem nach »Stalingrad« ihren (in Deutschland) letzten Höhepunkt gefunden hatte.[3] Stand im Zentrum des vaterländischen Opfermythos die Vorstellung der reinigenden, erneuernden und stärkenden Kraft des Opfers und schließlich die Forderung nach neuen Kriegen und neuen Opfern, so wird in Gebhardts Gefallenenrede das nationalistische Pathos ganz von biblischen Analogien und dem christlichen Appell an die Nächstenliebe, an »die Bereitschaft zum Verstehen des Nächsten«, verdrängt: »Der geschichtliche Sinn der zahlreichen Opfer des 2. Weltkrieges, die außer uns auch viele andere Völker brachten, kann nur der sein, daß wir die Träger der Fackel des gegenseitigen Vertrauens und des gegenseitigen Verständnisses werden.«

Was freilich hat dieses Plädoyer, »mit unserem Nächsten friedlich zusammenzuleben«, mit dem Krieg zu tun? Man könnte es als Gegenentwurf zu den Greueln des Krieges verstehen, aber das ist nicht das Anliegen des Redners. Eine solche Deutung würde jenes Gefühl der Sinnlosigkeit des Krieges und der Opfer nur verstärken, nicht aber davon befreien. Die Keimzelle und das Grundmuster jener Nächstenliebe sieht er vielmehr gerade im Krieg, an der Front: in der »Pflege der Kameradschaft, so wie wir sie im Felde vor allem in Russland kennengelernt haben«. Und Kameradschaft ist auch das, was an die Spitze der Männlichkeitsideale der Kriegsgeneration gestellt wird. Im Zentrum der Gefallenenrede steht das apodiktische Bekenntnis: »Das Beste im Leben des Mannes ist und bleibt die Kameradschaft.«

Was aber ist Kameradschaft? Den Erinnerungen des Redners nach bestand sie im Alltag des Krieges vor allem darin, daß »man die Nöte und Sorgen des andren kennt und auch die Freuden mit ihm teilt.« Das »unantastbare Gesetz der treuen Kameradschaft« bedeutete zwar im Ernstfall auch den heldenhaften Einsatz des eigenen Lebens, »wenn es galt, einen draußen im Schnee liegenden Verwundeten zu holen, um ihn nicht in Feindeshand fallen zu lassen«. Aber es geht dem Redner nicht darum, Stärke, Todesmut, Heldenhaftigkeit des Soldaten als Inbegriff des Mannes zu beschwören – ganz im Gegenteil: Wirklich wurde das Ideal der Kameradschaft, wenn jener »verwundete, nun gerettete Kamerad fühlte, wie ihm sein Retter sanft über das Haar strich, wie es die Mutter zu tun pflegte«, denn »dann konnte er beruhigt sterben«.

Die Geborgenheit der Familie als Urbild des »Besten im Leben des Mannes«, zärtliche, ja mütterliche Männlichkeit als Leitbild der geschlagenen Krieger des nationalsozialistischen Vernichtungskrieges: Ist das nur ein Produkt der selektiven und verklärenden Erinnerung oder kam ihr im Kriegsalltag eine reale Bedeutung zu?

Also noch einmal: Was war Kameradschaft im Zweiten Weltkrieg? Was bedeutete Kameradschaft für die deutschen Soldaten dieses Krieges? Wie erklären sich die emphatischen Wertungen auf der einen und die Verurteilungen auf der anderen Seite? Welche Werte und welche praktischen Erfahrungen verknüpfen sich mit diesem Ideal des Mannseins? Sucht man nach Antworten auf diese Frage, so stellt man zunächst einmal recht bald fest, daß die Männerkameradschaft als Leitbild der retrospektiven Kriegsdeutung keine Erfindung der Wehrmachtveteranen war. Kameradschaft strukturiert – diesen Schluß jedenfalls legen historische und soziologische Studien nahe – in der ein oder anderen Form die soziale Praxis des Soldatenlebens in der Friedens- und erst recht in der Kriegszeit, und dies nicht nur in Deutschland, sondern auch in anderen Ländern, und nicht erst im Zweiten Weltkrieg, sondern auch schon vorher, zumindest seit dem Anbruch der Moderne.[4]

Martialische Männlichkeit: Kriegserinnerung nach 1918

Für das Verhältnis von Männlichkeit, Militär und Krieg in Deutschland hatte Kameradschaft freilich deswegen eine besondere Bedeutung, weil diese ideologisch zunächst relativ unverfängliche militärische Kategorie im Zuge des Ersten Weltkrieges auf die Zivilgesellschaft übertragen wurde und im staats-, gesellschafts- und geschlechterpolitischen Diskurs eine eminente Wirkungsmacht entfaltete. Die Wurzeln dieser Entwicklung wiederum lassen sich nicht nur bis in die Gemeinschaftserfahrungen des Krieges, sondern bis in die bürgerlichen Gemeinschaftssehnsüchte des Kaiserreichs zurück-verfolgen. Diese hatten in Ferdinand Tönnies berühmter Gegensatzbildung ihren ersten wissenschaftlichen Niederschlag gefunden und sich dann im wilhelminischen Deutschland, besonders in der Jugend- und in den Reform-bewegungen verstärkt zu artikulieren begonnen. Sie suchten nach einem Ge-genmodell »gegen den abstrakten Rationalismus und die entfremdete Ge-sellschaft der puren Individuen und ihrer reinen Kontraktbeziehungen«, nach einer Alternative zur soziokulturellen Fragmentierung der politischen Kultur, nach einem Kapitalismus ohne Proletariat, nach einer Gesellschaft ohne Konflikte.[5] Die Schützengrabenkameradschaft des Ersten Weltkrieges wurde von vielen Männern als Erfüllung dieser Sehnsüchte erlebt und gedeu-tet. Die Welt der Schützengräben war eine Welt für sich. Gemeinsame Todes-gefahr und gemeinsamer Überlebenswille ließen die sozialen und kulturellen Gegensätze, die das zivile Leben bestimmt hatten, oft bedeutungslos werden. Auch die Vereinzelung des zivilen Lebens schien manchmal sogar überwun-den zu sein. Jedenfalls blieb eben dieses Erlebnis in der Erinnerung bestehen, während gegenläufige dem Vergessen und der Verdrängung anheimfielen.

Nach 1918 wurde die Frontkameradschaft zur Leitidee eines antiplurali-stischen Gesellschaftsmodells und der geschlechterpolitischen Restauration ausgebildet. Dieses Modell richtete sich gegen den »Parteienhader«, gegen die politisch-gesellschaftliche Zersplitterung des Kaiserreichs und der Wei-marer Republik, mit zivilisationskritischem Impetus gegen die gesellschaft-liche Anonymisierung und Atomisierung sowie gegen die zunehmende Effeminierung des sozialen und politischen Lebens, für die das Frauen-wahlrecht, der Eintritt der Frauen in männliche Berufsfelder und das Leit-bild der »neuen Frau« nur die sichtbarsten Indikatoren zu sein schienen.[6] Zielprojekt war die auf dem Männerbund der soldatischen Kameraden auf-ruhende Volksgemeinschaft, wie sie der Nationalsozialismus dann einzulö-sen vorgab. Im Nationalsozialismus wurde denn auch das ganze Volk als eine Gemeinschaft von Kameraden stilisiert, Kameradschaft wurde als for-males Organisationsprinzip der Jugend (als kleinste Einheit der Hitlerju-gend), des Berufslebens (»Arbeitskameraden« der »Betriebsgemeinschaft«) und der Familie (Ehefrau als »Kameradin«) eingesetzt. Hitler beschwor in einer Sportpalastrede am 30. September 1942 »das große Reich einer in Leid und Freud verbundenen engen Volksgemeinschaft. Denn eine große, lichte Seite zeigt dieser Krieg doch: Nämlich die große Kameradschaft.«[7]

Die soldatische Kameradschaft, die Frontgemeinschaft des Ersten Welt-krieges verkörperte das Prinzip der Volksgemeinschaft in nuce, freilich in einer extrem und einseitig stilisierten, im Grunde völlig veränderten Form. Die Schützengrabengemeinschaft des Ersten Weltkrieges war, davon zeugen

Feldpostbriefe und Tagebücher, zunächst und vor allem als Inbegriff der Geborgenheit einer Gemeinschaft gleichrangiger Männer, meist einfacher Mannschaftssoldaten, erlebt worden, als warme Nische in der Kälte des technisierten Massenvernichtungskrieges.[8]

Die NS-Propaganda und vor ihr schon die im Umfeld der Freikorps und der Konservativen Revolution angesiedelte Literatur bogen *diese* Kameradschaftserfahrung in zweierlei Hinsicht ab: ins Hierarchische und ins Heroisch-Martialische. War die Schützengrabengemeinschaft tendenziell[9] egalitär strukturiert, so wurde Kameradschaft nun zum einen neu definiert als Gefolgschaft, und zwar als blinde Gefolgschaft. Der 1943 erschienene vierte Band von Trübners Deutschem Wörterbuch verkündet denn auch als »neuen tiefen Sinn«, den der »Begriff Kameradschaft« im Dritten Reich erhalten habe, den »Grundsatz der Kameradschaft, der die Gefolgschaft Adolf Hitlers im Glauben und Gehorsam zu einer verschworenen Gemeinschaft zusammenschließt«.[10] Der egalitäre Anspruch der nationalsozialistischen Volksgemeinschaft war ein Ideologem. Sie war militärisch hierarchisch gegliedert, ihre arische Exklusivität stand dem tendenziell integrativen Charakter der Schützengrabengemeinschaft entgegen, und die Anrede der Frau als Kameradin war ein besonders raffinierter Versuch, Frauen in das Räderwerk dieser militarisierten Volksgemeinschaft einzugliedern.

Und zum anderen wurde die Frontkameradschaft nun zur Keimzelle eines »neuen Menschen« und zum Inbegriff der Mannmännlichkeit, der Härte, der Entschlossenheit, der Tatkraft. Militär und Krieg als Schule der Männlichkeit – dieses mit der Einführung der allgemeinen Wehrpflicht zu Beginn des 19. Jahrhunderts auf eine neue argumentative Grundlage gestellte Stereotyp des Geschlechterdiskurses erhielt mit dem Ersten Weltkrieg nochmals eine immense Bedeutungssteigerung. Galt die Militärzeit zuvor nur als männlicher Initiationsritus der von ihr betroffenen Individuen, so wurde dem Krieg nun die Funktion einer nationalen, »völkischen« Initiation oder eigentlich: Wiedergeburt zugeschrieben. Der Krieg habe einen neuen Männertyp hervorgebracht, so eine Vorstellung, der Ernst Jünger zweifellos die wortgewaltigste Form verliehen hat: »Der Geist der Materialschlacht und des Grabenkampfes, der rücksichtsloser, brutaler, wilder ausgefochten wurde als je ein anderer, erzeugte Männer, wie sie bisher die Welt nie gesehen. Es war eine ganz neue Rasse, verkörperte Energie, mit höchster Wucht geladen. ... Sie waren Überwinder, Stahlnaturen, eingestellt auf den Kampf in seiner gräßlichsten Form.«[11] Die Frontkameradschaft der so gestählten Männer, ihr Männerbund sollte die Keimzelle eines neuen Staates sein. Die Angehörigen der Freikorps schienen die wahren Männer zu sein, ihre Kameradschaft verkörperte das Beste der Nation.[12]

Die ins Martialische gesteigerte Kameradschaft war zudem gekennzeichnet durch Aus- und Abgrenzungen, durch das Herrschaftsprinzip der Trennung, durch das Männlichkeitsideal der »Entscheidung«, das das mentale und psychische Unterfutter der Freikorpsliteratur abgegeben und dem Carl Schmitt die Weihe der politischen Theorie verliehen hatte.[13] Vor allem definierte sich der kameradschaftliche Männerbund in der völkischen und nazistischen Variante durch den Ausschluß der Frauen, des Weiblichen als des Weichlichen schlechthin, durch seinen Gegensatz zur Familie, durch seine kalte Gleichgültigkeit gegenüber Gefühlen und Emotionen ebenso wie gegenüber christlichen Humanitätsidealen. Emotionale Bindungen sollte der neue Mann nicht zu Familie oder Frauen, sondern zu seinem Volk, zum Vaterland haben. Für dieses sich zu opfern mußte er jederzeit bereit sein – »treu leben, todtrotzend kämpfend, lachend sterben«, lautete ein Motto der Hitler-Jugend, das die Konsequenzen des martialischen Männlichkeitkeitsideals auf eine bündige Formel brachte.[14]

Die Normen der Ideologie und Propaganda freilich waren eine, die Praxis der Kameradschaft sogar in der HJ war ein andere Sache. Beide waren keineswegs deckungsgleich, und ganz irrig wäre es, anzunehmen, daß die Soldaten 1939 oder 1941 allein mit dem heroischen Leitbild von Männlichkeit in den Krieg gezogen wären. Es ist bezeichnend für die neuerdings wiederholt thematisierte Janusköpfigkeit des NS-Systems, daß neben diesem martialisch-harten Kameradschaftsmodell ein zweites, scheinbar konträres existierte. Dieses freilich wurde in der Propaganda weniger herausgestellt. Wenn also auch die martialisch-heroische Männlichkeit die hegemoniale Stellung innehatte, so wurde sie doch in der Kriegserinnerung der Veteranen des Ersten Weltkriegs überlagert durch das gleichsam »weiche« Gegenteil, die tatsächlich erlebte oder in der Erinnerung verklärte Wärme und Geborgenheit der Schützengrabengemeinschaft. »Wärme« und »Geborgenheit« tauchen als Epitheta im Kameradschaftsdiskurs der Zwischenkriegszeit immer wieder auf, wenn sie ihn auch, wie gesagt, nicht dominierten. Sie finden sich in persönlichen Zeugnissen ebenso wie Kriegsromanen, vor allem den pazifistisch motivierten. Remarques »Im Westen nichts Neues« ist nur das bekannteste Beispiel.

Nicht zuletzt waren es große Teile der Jugendbewegung, auch der bündischen, die Kameradschaft in diesem weichen Sinne praktizierten. Die Tatsache, daß die disparate Jugendbewegung ihren Anteil an der Verbreitung der Männerbundideologie in Deutschland geleistet hat, darf darüber nicht hinwegtäuschen. Kameradschaft erscheint hier oft als zwar nicht identisch, aber doch eng verbunden mit Freundschaft als einem auf Sympathie (und Freiwilligkeit) beruhenden Zusammengehörigkeitsgefühl. Kameradschaft manifestierte sich in der Jugendbewegung denn auch bei den kleinen praktischen Problemen der Fahrten- und der Lagerfeuerromantik und war damit der vertrauten Gemeinschaft der Familie (der sie gleichwohl entfliehen wollte) faktisch näher als dem martialischen Männerbund: Die Jugendbewegung suchte Gefühle, »während die soldatische Gemeinschaft der Freicorpskämpfer Gefühle abtötete«.[15]

Die Nazis grenzten ihren Kameradschaftsbegriff von dem der bürgerlichen Jugendbewegung zwar programmatisch ab; Baldur von Schirach verpönte die »Kameradschaft, bei der man immer beiander hockt«, und stellte ihr »eine Kameradschaft im gemeinsamen Bekenntnis, eine Kameradschaft der Tat« gegenüber.[16] Allerdings konnte und wollte die HJ auf die Anziehungskraft und Massenwirksamkeit der weichen Kameradschaftsideale nicht ganz verzichten. Das zeigen nicht nur die Erinnerungen der Angehörigen der HJ-Generation, sondern auch die Schulungs- und Ausbildungsmaterialien. Sie hielten mit konkreten Beispielen kameradschaftlicher Geborgenheit und fürsorglicher, verständnisvoller HJ-Führer zu einer integrativen (nicht nur martialisch-exklusiven) Praxis an.[17]

Kameradschaftskult und militärische oder paramilitärische Männlichkeitskonstruktionen der Zwischenkriegs- und der NS-Zeit lassen sich nicht ohne weiteres auf eine Formel bringen, sie sind komplex und widersprüchlich. Der Eindruck einer *relativen* Vielfalt der kameradschaftlich vermittelten Männlichkeitsnormen darf freilich, das muß betont werden, weder über deren hierarchische Anordnung noch über ihre (nicht nur geschlechter-)politische Funktion hinwegtäuschen. »Harte« und »weiche« Männlichkeit rangierten nicht einfach auf gleicher Ebene nebeneinander, sondern jene stand über dieser. Und die Nischenfunktion der »weichen« Männlichkeit stellte das hegemonial strukturierte nationalsozialistische Geschlechtersystem und letzlich das Herrschaftssystem insgesamt auf eine breitere Basis, machte es flexibler, belastbarer, stabiler.

Kameradschaft als soziale Praxis

Ähnlich komplex und auf den ersten Blick widersprüchlich stellen sich die Erfahrungen und die Funktion von Kameradschaft in der sozialen Praxis der Soldatenalltags im Zweiten Weltkrieg selbst dar.[18] Repression, Drill und Disziplin allein garantierten die Funktionsfähigkeit einer Armee nicht. Dessen war sich auch die militärische Führung bewußt, und so stellte Wilhelm Reiberts in vielen Auflagen erschienenes und überaus verbreitetes »Handbuch für den deutschen Soldaten« 1934 fest: »Nächst der Mannszucht«, also der Disziplin, »ist die Kameradschaft das unentbehrliche Bindemittel, das eine Armee zusammenhält. Ohne Mannszucht würde sie zu einem zügellosen Haufen herabsinken, ohne Kameradschaft das Soldatenleben ein unerträgliches Dasein bilden.«[19] Kameradschaft sollte das Soldatenleben erträglich gestalten. Das bedeutete nicht nur, für Freizeitaktivitäten wie Sport und andere kollektive Vergemeinschaftungstechniken zu sorgen. Noch wichtiger war auch aus der Sicht der militärischen Führung, daß sich – wie es Erich Weniger in seinem Buch über »Wehrmachterziehung und Kriegserfahrung« 1939 formulierte – ein »Gefühl der Sicherheit und damit der Heimat« einstellte. Voraussetzung dafür war die kollektive Internalisierung des Prinzips der gegenseitigen Hilfeleistung und die Gewißheit, von den Kameraden nie im Stich gelassen zu werden.

Dieses »Gefühl der Geborgenheit«, die »Stütze«, die »der Schwache am Starken«[20] finden solle, war freilich aus der Sicht der »Wehrerziehung« und militärischen Führung keineswegs Selbstzweck, sondern diente der Effizienzsteigerung. Die »Leistungen der Gemeinschaft werden nun größer als die Leistungen aller Einzelnen«, formulierte Weniger, und Erich Ludendorff nahm die gruppenpsychologischen Erkenntnisse der späteren Militärsoziologen vorweg, als er feststellte: »Ein Kämpfer, in eine geschlossene Masse gestellt, wird durch die Masse mitgezogen, er fühlt sozusagen die Augen der Masse auf sich gerichtet und sich in ihr geborgen und von ihr getragen, sie gibt ihm auch seelischen Halt.«[21]

Kameradschaft war also zunächst ein Instrument der Kampffähigkeit der Truppe. Ihre instrumentelle Funktion als Kampfgemeinschaft ist freilich nur eine von vielen Seiten der Kameradschaft. Denn diese tendierte auch dazu, sich eben dieser Instrumentalisierung zu entziehen. Die vom militärischen System im Prinzip gewünschte Gruppenkohäsion entfaltete eine beträchtliche Eigendynamik, die sich, zumindest implizit, ebenfalls der »wehrpsychologischen« und militärischen Erziehungsliteratur der NS-Zeit entnehmen läßt. Wenn man hier unter »Kameradschaft« nachschlägt, findet man meist mehr Hinweise darauf, was man darunter nicht zu verstehen habe als darauf, was sie denn nun eigentlich ist. Reiberts Handbuch etwa belehrte den Soldaten darüber, daß Kameradschaft sich »in einträchtigem Zusammenleben und steter Hilfsbereitschaft« zeige, freilich nur »in erlaubten Dingen«. Und dann heißt es unter anderem: »Geld einem Kameraden zu borgen ist nicht kameradschaftlich.« Oder: »Ein Verbrechen an der Kameradschaft wäre es, wenn jemand seine Kameraden in unerlaubten Dingen unterstützt, z.B. einem, der sich im Arrest oder Lazarett befindet, heimlich Lebensmittel zusteckt oder, um einen der wohlverdienten Strafe zu entziehen, zu lügen, etwas zu verschweigen usw.«

Es gehört nicht allzu viel Phantasie dazu, sich vorzustellen, daß das, was hier aus der Sicht von oben als unkameradschaftlich verpönt wird, »unten«, unter den Soldaten, gerade als Ausweis von Kameradschaftlichkeit galt. Der von der militärischen Führung dekretierte Kameradschaftskodex war nur teilweise mit dem identisch, den die Mannschaftssoldaten (aber auch die Unteroffiziere und Offiziere) unter sich befolgten. Das gilt ganz besonders für das, das, was die militärische Obrigkeit unterbinden wollte, wenn sie erklärte: »Kameradschaft ist nie eine Versicherung auf Gegenseitigkeit zur Tarnung eigener oder anderer Fehler.«[22]

Ob etwas als Verfehlung galt oder nicht und wieweit die Deckung ging, war eine Frage des Standpunktes und der jeweiligen Moral der Gruppe. Der Primat des unbedingten Gruppenzusammenhalts und -erhalts konnte zu vergleichsweise harmlosen innermilitärischen Diebstählen zu Lasten anderer Truppenteile führen, er mag in Einzelfällen den Deserteur, in anderen den Mörder gedeckt haben.[23] Für die daran beteiligten Soldaten war das dann Kameradschaft, für die militärische oder auch zivile Obrigkeit, die die Disziplin oder ihre Verfügungsgewalt bedroht sahen, war es Gruppenegoismus oder Kameraderie, die gebräuchlichste Bezeichnung für diese pathologische Variante der Kameradschaft.

Der Schulterschluß der Soldaten einer unteren Hierarchieebene gegen die höhere zählte zum Kern des Kameradschaftskodexes. Insofern hatte er immer eine tendenziell subversive Seite. Meist nahm sie sich harmlos aus – so, wenn Rekruten schikanöse Ausbilder »auflaufen« ließen oder ihren Unmut auf andere Weise kundtaten, und sei es, daß sie ihm im vertrauten Kreis verbal Luft verschafften. Eine radikale Variante dieses Schultersschlusses hat der Erzähler in Alfred Anderschs *Winterspelt* formuliert:

»Der Kamerad ist der, mit dem man sich, oft nur unbewußt, gegen das Kollektiv verschwört. Die Behauptung, Kameradschaft entstehe aus gegenseitiger Hilfe beim Kampf mit der Waffe gegen den ›Feind‹, also selbstverständlichen Akten der Kriegstechnik, wird bestritten. Beweis: die meisten Akte und Gefühle von Kameradschaft entstehen außerhalb jeglichen Bezugssystems mit dem ›Feind‹. Nicht der ›Feind‹ ist der Feind, sondern das Zuchthaus des militärischen Kollektivs, in dem man lebt.«[24]

Mit dem »Zuchthaus des militärischen Kollektivs« ist die Kehrseite jenes Schulterschlusses angesprochen: der aus dem System der Kollektivhaftung und Kollektivbestrafung resultierende Konformitätsdruck nach innen. »Einer für alle, alle für einen«, das hieß zwar, daß man den, der etwas »ausgefressen« oder »verbockt« hatte, nicht »verpfiff«, aber das bedeutete auch, daß dann nicht einer, sondern alle strafexerzieren mußten. Dieses Zwangssystem war die Grundlage des Konformitätsdrucks, der auf den »Kameraden« lastete. Um der kollektiven Diskreditierung oder Bestrafung zu entgehen, wurden schwächere Soldaten zwar von stärkeren mitgezogen. Aber diese maßten sich auch ein eigenes Erziehungsrecht über jene an. Die so entstehende Hackordnung war ebenso wie der Konformitätsdruck ein integrierender und durchaus gewollter Bestandteil der sozialen Praxis der Soldatengemeinschaft. Daher bestand für Reibert »gute Kameradschaft« darin, »daß die Leute innerhalb der Kompanie usw. sich gegenseitig überwachen«. Und Wenigers Rechtfertigung der Hackordnung liest sich unter anderem folgendermaßen:

»Wenn eine Gruppe von Soldaten sich als Kameradschaft fühlt, so leitet sie ... auch Rechte über den einzelnen daraus ab. Sie will, daß die Gruppe ihre Aufgaben erfüllt ... So hält die Kameradschaft eine strenge Zucht und unterdrückt die böswilligen, unzuverlässigen und unkameradschaftlichen Elemente. Sie begründet dann auch eine feste Rangordnung unter ihren Gliedern und gibt den Stärkeren die Verantwortung vor allem für die moralisch Schwachen.«[25]

Alles, was den kollektiven Interessen zuwiderlief, war verpönt. Dem Erfindungsreichtum an erzieherischen Strafmaßnahmen, die Kameraden an ihresgleichen exerzierten, waren keine Grenzen gesetzt. Sie konnten vom einfachen Links-Liegen-Lassen (schlimm genug) über nächtliche, vom »Heiligen Geist« verabreichte Prügelaktionen bis hin zum Vorhängeschloß reichen, das dem »Kameraden«, der seine Einheit im Krieg durch nächtliche Liebesexkursionen in Mißkredit und Gefahr gebracht hatte, über den Hodensack gehängt wurde.

Kameradschaftserfahrungen konnten durch das Mit- und Gegeneinander von subversiven und konformistischen Elementen, von kameradschaftlicher Geborgenheit und kameradschaftlicher Zwangsjacke nicht anders als widersprüchlich sein. Dies nicht nur, weil das Mischungsverhältnis dieser Elemente nicht in allen Einheiten gleich war, sondern vor allem, weil sie aufgrund individuell unterschiedlicher Sozialisationen und psychischer Verfassungen unterschiedlich wahrgenommen, akzeptiert oder abgelehnt wurden. Ein Beispiel für einen Soldaten, der mit dem Kameradschaftssystem nicht ohne weiteres zurechtkam und auch nicht zurechtkommen wollte, ist der protestantische Pfarrer und Dichter Sigbert Stehmann, der seit 1940 als Mannschaftssoldat in Skandinavien diente. Stehmann beteuert in den Feldpostbriefen an seine Frau immer wieder seine Einsamkeit, »obwohl man unter Menschen ist«: »Man lebt völlig allein, auch als Kamerad, der in treuer Kameradschaft steht. Die Existenz wäre keine mehr ohne diesen Mantel der Einsamkeit.« Aber wie schon diese beiden Sätze andeuten, war die Einsamkeit nicht total. Sie war vielmehr Ausdruck der Abscheu vor dem derben, radauhaften, von Sarkasmus, Nihilismus und Zynismus geprägten Umgang der meisten seiner Kameraden. Diese Abscheu wurde zumindest

183

teilweise aufgefangen durch die Geborgenheit der Stubengemeinschaft und jener Kameraden, mit denen Stehmann sich in der gleichen religiösen Einstellung verbunden wußte. Dem »Mantel der Einsamkeit« stand daher in den Briefen die »Liebe der Kameraden« gegenüber, die er »wie einen Mantel um mich«, auch als Schutz gegen einen ihm mißgesonnenen Unteroffizier, erfuhr.[26]

Stehmanns Einsamkeitsbeteuerungen richteten sich gegen den Zwangscharakter des Kameradschaftssystems, auch gegen dessen ideologische Überhöhung durch die NS-Propaganda. Aber das ist eben nur eine Seite des äußerst schillernden Problems der militärischen Kameradschaft im allgemeinen und der der deutschen Soldaten des Zweiten Weltkriegs im besonderen. Daß in der pazifistischen Nachkriegsdichtung – Andersch ist ein Beispiel, Böll ein anderes[27] – der Zwangscharakter der Kameradschaft hervorgehoben wird, ist nicht allzu überraschend und darf vor allem die Sicht auf die Masse der gegenteiligen Erfahrungen nicht verstellen.

Brutalisierung des Krieges und rauhe Geborgenheit der Soldatengemeinschaft

Schon der Blick auf den Kameradschaftsdiskurs der militarisierten Volksgemeinschaft legte den Schluß nahe, daß die durch die NS-Propaganda (und die im Umfeld der Freikorps und »Konservativen Revolution« entstandene Literatur) beschworene Gleichung »Kameradschaft = heroisches Soldatentum = Inbegriff von Härte und Stärke = exklusive Männlichkeit« nicht deckungsgleich mit der Wahrnehmungsebene der einfachen Soldaten war. Auch die, die ihr nacheiferten, wurden von der Realität des Kriegsgrauens eingeholt. Ein durch persönliche Zeugnisse recht gut belegtes Beispiel ist der Napola-Schüler Karlheinz Ziegler (Jahrgang 1924), der 1939 als 15jähriger noch fürchtete, zu spät zu den Soldaten zu kommen, 1942 als Reserveoffiziersbewerber scheiterte, weil er bei einem Manöver aus Hunger seine »Eiserne Ration« aufgegessen hatte, dann als Grenadier an die Ostfront geschickt wurde und hier zunächst große Probleme mit den Kameraden hatte; im März 1943 schrieb er seiner Mutter: »Wenn ich nur bessere Kameraden hätte. Aber sie sind so gemein. Hoffentlich lernen sie noch Kameradschaft, diese Sauschwaben.« Erst im Zuge schwerer Kämpfe im Sommer desselben Jahres »akklimatisierte« er sich in der soldatischen Gemeinschaft und schwärmte von der Fürsorge seines Zugführers (der wie er Badener war). Aus dieser Zeit stammt auch ein Brief an seine Eltern, der den Zwiespalt zwischen der »harten« Männlichkeitsnorm und der Unmöglichkeit, ihr gerecht zu werden, andeutet:

»... Viele Kameraden aus der Rekrutenzeit in Kolmar sind schon gefallen. Wenn wir sie gegen Morgen in den Graben zurückschleppen, um ihnen das Heldengrab zu bauen, denken wir alle das Gleiche: ›Herrgott, laß' uns gesund heimkommen!‹ Von Tag zu Tag werden wir männlicher. Seit dem Angriff, stellt Euch vor, habe ich mich nicht mehr rasiert. Ich glaube, manche Mutter würde ihren Sohn nicht mehr wieder erkennen. Vor ein paar Tagen habe ich Helmut Kienzler getroffen und die alten Kameraden. Wir haben fast geweint. Bei denen sind auch viele gefallen. ... Ich glaube, daß es nicht mehr lange dauert, bis ich Urlaub bekomme. Aber wenn ich an die Rückkehr hierher denke, wird mir jetzt schon elend.«

Dieser Brief datierte vom 18. Juli – drei Wochen vorher hatte er sich die Beförderung zum Gefreiten verscherzt, weil er wieder seine Eiserne Ration verzehrt hatte. Seinem Tagebuch vertraute er in dieser Zeit seinen tatsächlichen Zustand ohne Reverenzen an das Ideal des soldatisch-harten Mannes an: 7. Juni: »Meine Nerven machen nicht mehr lange mit.« 9. Juni: »Ich bin so kaputt. ... Unsere Moral ist am Arsch.« Und so weiter, und noch am 2. August: »Morgens dann stundenlanges Trommeln der 60-Ari-Geschütze. Es ist Wahnsinn! ... Es ist furchtbar.«[28]

In gewisser Hinsicht muß man wohl sagen, daß die männliche Gemeinschaft der Kriegskameraden viel weniger als vielfach angenommen auf Ausschluß und Abgrenzungsstrategien gegenüber *dem* »Weiblichen« (oder was man dafür hielt, also Gefühlsäußerungen, zu weinen, oder Gedanken an und Gespräche über Familie und Heimat usw.) beruhte. Ihre Attraktivität, ihre häufige Glorifizierung und Mystifizierung war vielmehr ein Resultat ihrer vielfältigen integrativen Funktionen. Der Habitus, den »Mann« sich unter Männern in der Soldatengemeinschaft erlauben konnte, war keineswegs so eingeschränkt, wie es die Konnotationen des heroischen Soldatentums suggerieren.

Im Laufe des Krieges, im Zuge seiner Brutalisierung, wurde die Geborgenheit des kameradschaftlichen »Haufens« (meist 30 bis 60 Mann) für viele Soldaten immer wichtiger.[29] Manchmal sogar wichtiger als die Heimat, von der sie sich durch die lange Trennung ohnehin entfremdet hatten und die durch die Bombenteppiche auch nicht mehr die vertraute war. In Hasso Stachows Kriegsroman *Der kleine Quast* stellt die Hauptperson, ein Gefreiter, einmal fest: »Meine Heimat war das Bataillon.« Und es wird geschildert, wie Quast in der Endphase des Krieges auf Urlaub in seine Heimatstadt zurückkommt, sich dort aber nicht mehr zurechtfindet und froh ist, als er wieder an der Front ist. Das ist nicht nur eine literarische Stilisierung, ähnliche Empfindungen finden sich auch in Tagebüchern und Briefen, in mündlichen oder schriftlichen Erinnerungen.[30]

185

Der »alte Haufen« wurde für viele Soldaten – auch für solche, die die Prioritäten letzten Endes anders setzten als Quast – zu einer Art Familienersatz. In dieser – paternalistisch organisierten – Familie der Kameraden gab es nicht nur familienanaloge Rollenaufteilungen (mit dem Spieß als Mutter der Kompanie und dem Kommandeur als Vater oder Papa). Ihre Faszination rührte daher, daß Männer hier sowohl heroische Härte demonstrieren wie auch Gefühle ausleben und erfahren konnten. Beides gehört zusammen: Der heroische Nahkampf, der Lärm, das Getümmel und die fieberhafte Hektik der Rückzugsgefechte, in denen für Gedanken an und zum Nachdenken über die große Politik und die eigene Verwicklung in den verbrecherischen Krieg keine Gelegenheit war, die zotige, derbe, sarkastische Landsersprache, die Alkoholexzesse auf der einen Seite und das ganz und gar unheroische, melancholische Weihnachtsfest im Bunker, die kleinen Gesten der Menschlichkeit, die Möglichkeit, sich »ausheulen« zu können, wenn man dem Tod von der Schippe gesprungen war oder eine Todesnachricht von zuhause erhalten hatte. Auf eben diese Seite der Kameradschaftspraxis spielt ein Kriegsteilnehmer an, der in seinen pazifistisch motivierten Kriegserinnerungen gegen nachträgliche Glorifizierungen und Heroisierungen zu Felde zieht und schließlich schreibt: »Die konkret gelebte und erfahrene Kameradschaft war meist leise und unpathetisch, eher weiblich-zart als männlich-heldenhaft.«[31]

Freilich: Zunächst und vor allem richteten sich diese Gesten der Menschlichkeit an die Kameraden der *In-Group*, sie waren es, die die Wärme der Kameradschaft erfuhren. In seiner frühen Studie über die SS hat Hans Buchheim einmal von der »Tendenz zur milden Praxis« gesprochen, »mit der die Apotheose der Härte und des Rigorismus des offiziellen Selbstverständnisses neutralisiert wurde. Gegenüber anderen war jede Härte recht, untereinander aber sah man sich die Schwächen nach; das war noch die alte Mentalität der Schlägerkolonnen der ›Kampfzeit‹ und deren Ganovenmoral.«[32] Buchheim erörtert diese Tendenz zur milden Praxis als Begleiterscheinung der Kameraderie, also der pathologischen Kameradschaft. Deswegen und auch weil der Kameradschaftskodex der SS – hier geht es ohnehin primär um die nichtmilitärische Führungsebene – nicht der der Wehrmacht war, läßt sich diese »milde Praxis« im Inneren der SS nicht ohne weiteres auf den soldatischen Kameradschaftskodex übertragen. In ihm spielte das Gebot der Ritterlichkeit, also der Kameradschaft, der »Milde« gegenüber dem Gegner, immer noch eine Rolle, auch in der Praxis. In welch gewaltigem Ausmaße allerdings eben in der Praxis anstelle dieses Gebots die Maxime Hitlers trat, die Gegner im Osten nicht als Kameraden anzusehen, ist durch Christian Streits Untersuchungen über die Mißhandlung und Ermordung der sowjetischen Kriegsgefangenen bekannt geworden.[33]

Aber eben diese Brutalisierung des Krieges müßte weitaus stärker, als das bisher geschehen ist, in ihren historischen, nicht nur ideologischen, sondern auch soziologischen und psychologischen Kontext eingeordnet werden. Das kann an dieser Stelle nicht geschehen. Immerhin sind Kameradschaft und Verbrechen an Zivilisten oder Kriegsgefangenen zwei Bereiche, die durchaus miteinander zusammenhängen. Welch zentrale Rolle der Konformitätsdruck (und nicht etwa nur die schiere Mordlust) bei der Durchführung der Judenermordungen im Osten gespielt hat, läßt sich Christopher Brownings Studie über das Wirken eines Reservepolizeibataillions – »Ganz normale Männer« – in Polen entnehmen.[34] Soweit Wehrmachtsoldaten an solchen Verbrechen beteiligt waren, haben vermutlich ähnliche Mechanismen gewirkt. Und was die Tötung von Kriegsgefangenen und (tatsächlichen oder vermeintlichen) Partisanen anbelangt, so kommt noch ein weiteres hinzu: die Eigendynamik, die die kameradschaftliche Gruppensolidarität entfaltete. Der Primat des unbedingten Gruppenzusammenhalts und -erhalts, die »dem Kameradschaftsdenken innewohnende Tendenz zur Klassifizierung der Menschen in Kameraden und ... Nichtkameraden«[35] war eine der Vorausetzungen dafür, daß enthemmte Rachegefühle und -aktionen das kameradschaftliche Gebot der Ritterlichkeit außer Kraft setzten. Was das bedeuten konnte, läßt sich einem Anfang Juli 1941 aus Tarnopol geschriebenen Feldpostbrief entnehmen:

»Liebe Eltern! Soeben komme ich von der Aufbahrung unserer von den Russen gefangenen Kameraden ... Die Kameraden sind gefesselt, Ohren, Zungen, Nase und Geschlechtsteile sind abgeschnitten, so haben wir sie ... gefunden ... Die Rache folgte sofort auf dem Fuße. Gestern waren wir mit der SS gnädig, denn jeder Jude, den wir erwischten, wurde sofort erschossen. Heute ist es anders, denn es wurden wieder 60 Kameraden verstümmelt gefunden. Jetzt müssen die Juden die Toten aus dem Keller herauftragen, schön hinlegen und dann werden ihnen die Schandtaten gezeigt. Hierauf werden sie nach Besichtigung der Opfer erschlagen mit Knüppeln und Spaten. Bis jetzt haben wir zirka 1 000 Juden ins Jenseits befördert aber das ist viel zu wenig für das, was die gemacht haben.«[36]

Daß die NS-Propaganda mit ihrer Verunglimpfung christlicher Traditionen des Mitleids und soldatischer Traditionen der Ritterlichkeit als »Humanitätsduselei« dieser Brutalisierung der Psyche der Soldaten mental vorgearbeitet hat, steht außer Frage. Aber das Gros der Soldaten war diesem Männlichkeitsdiktat ebensowenig »gewachsen« wie jenem, das man ihnen schon in der HJ einzuimpfen versucht hatte, nämlich »lachend« zu »sterben«.[37] Der Beteiligung an den kollektiven Verbrechen gegen die Zivilisten entzogen sich viele Soldaten in den unterschiedlichsten Formen der diskreten, selten freilich ostentativen Verweigerung. Ohne den kollektiven Rückhalt der Kameraden wäre dieses Ausweichen vor dem Verbrechen nicht möglich gewesen. Die nazistische Diskreditierung solcher systemimmanenter Fluchten als unmännlich wurde durch den Rückhalt, die Geborgenheit in der engen vertrauten Gemeinschaft des »Haufens« konterkariert. Ebenso wie das Kameradschaftsystem zum Schulterschluß gegen oben und außen neigt, wurde der »Haufen« vielfach als Schutzzone vor der totalen Vereinnahmung und Instrumentalisierung durch das NS-System gedeutet und erfahren.[38]

Erlebnis und Wahrnehmung der Kameradschaft waren widersprüchlich und ambivalent. Das Kameradschaftspostulat trug zur Verinnerlichung des NS-Ideals der Kampfgemeinschaft als dem Kern der totalitären Volksgemeinschaft bei, zur Ausrichtung der Soldaten auf das heroische Männlichkeitsideal. Und in seiner ideologisch überhöhten Form konnte der von ihm ausgehende Konformitätsdruck zum zentralen Faktor des nationalsozialistischen Vernichtungskrieges, der Verbrechen an Kriegsgefangenen und Zivilbevölkerung, werden. Diesem konformistischen Charakter der Kameradschaft stand sein tendenziell subversives Moment gegenüber, die Neigung der Soldatengemeinschaft zum Schulterschluß gegen oben und außen. In dem selben Krieg wirkte das Kameradschaftssystem daher auch als Schutz gegen die totalitäre Vereinnahmung der Soldaten, gegen ihre völlige Indienstnahme für die Ziele des Rassenkrieges. Der Kameradschaftsgedanke wurde ent-martialisiert und ent-totalisiert. Aus dem Prototyp der militarisierten Volksgemeinschaft wurde das Imitat der kleinen Gemeinschaft, wie sie aus der Zivilgesellschaft in Gestalt der Familie oder Nachbarschaft vertraut war.

Kameradschaftserfahrung und Geschlechtersystem nach 1945

Damit wurde das Kameradschaftssystem nicht völlig neu geschaffen – beide Seiten, die harte und die weiche, die Kameradschaft der Kampfgemeinschaft und die der Leidensgemeinschaft, lassen sich bis in den Ersten Weltkrieg zurückverfolgen. Das Neue nach 1945 war die Umkehrung der *Hierarchie* der Männlichkeitsideale, die mit dem Leitbild Kameradschaft verbunden waren. Der Hegemonie der »harten«, männerbündisch-martialischen Kameradschaft nach 1918 stand die Hegemonie der »weichen«, familiennahen Kameradschaft nach 1945 gegenüber.[39] Für die »alten Kameraden« rückte die Pflege ihrer Kontakte auf eine Ebene mit der Familie, die ebenso wie die Soldatengemeinschaft im Krieg patriarchalisch strukturiert war. Kriegskameradschaft wurde – in einem übertragenen Sinne »privatisiert«. Vielfach waren (und sind) Familie und Ersatzfamilie eng miteinander verbunden, z.B. dadurch, daß die »Kameradenfrauen« an den regelmäßigen Kameradentreffen teilnehmen und diese den Charakter von Familienfesten bekamen.

Die Entwicklung der Geschlechterverhältnisse in der Nachkriegszeit wird im allgemeinen als ein Trennungsprozeß gesehen. Die unterschiedlichen Kriegserfahrungen an der Heimatfront auf der einen und an der Kriegsfront und in der Gefangenschaft auf der anderen Seite hätten zur Entfremdung von Frauen und Männern geführt. Für die »alten Kameraden« wurde der Geschlechtergegensatz aber bald überlagert und in den Hintergrund gedrängt durch den als weitaus tiefer empfundenen Gegensatz zur nachgeborenen Generation. Brachte diese Generation doch im Zuge der Individualisierung der Lebenswelten für den vom Gemeinschaftsgefühl und Opfergeist geprägten Tugendkatalog der Vätergeneration und für deren Taten kein Verständnis mehr auf. Die Frauen der Kriegsveteranen dagegen hatten in einer Hinsicht vergleichbare Erfahrungen gemacht. Sie hatten die Geborgenheit der kleinen Solidargemeinschaften im Bombenkrieg, bei Flucht und Vertreibung und in der Trümmerlandschaft der Nachkriegszeit kennengelernt. Und mochten die Kriegserfahrungen von Frauen und Männern dennoch unterschiedlich sein, so konnten sie doch über den Leitbegriff der Leidensgemeinschaft ähnlich erinnert und gedeutet werden.

Durch ihren geschlechterübergreifenden Charakter und ihren defensiven, retrospektiven Sinngehalt steht die *Leidens*gemeinschaft in denkbar schärfstem Kontrast zum prospektiven, aggressiven Impetus jenes Kameradschaftsmodells der männerbündischen *Kampf*gemeinschaft, das dem Krieg 1939 sein ideologisches Unterfutter gegeben hatte. Die »Zivilisierung« der Männlichkeit nach 1945 beendete jene Militarisierung der Männlichkeit, die in Deutschland mit der Einführung der allgemeinen Wehrpflicht zu Beginn des 19. Jahrhunderts begonnen hatte und im nationalsozialistischen Vernichtungskrieg kulminiert war. Der Abschied von der militarisierten Männlichkeit war in eben diesem Krieg bereits angelegt und wurde durch die Erfahrung der Gefangenschaft einerseits und die politischen Rahmenbedingungen im Nachkriegsdeutschland andererseits weiter vorangetrieben. Er ging ebenso wie die »Vergangenheitsbewältigung« insgesamt mit der Verdrängung aller dem Selbstverständnis der Kriegsgeneration als Leidensgemeinschaft entgegenstehenden Erlebnisse und Kenntnisse (die Verwicklung der kameradschaftlichen Kampfgemeinschaft in das Vernichtungsprogramm) einher: »Vom Krieg erzählen«, das bedeutete, »von den Verbrechen [zu] schweigen«.[40] Aber auch die verklärende kollektive Erinnerung ist ein Stück kollektiver Identitätsbildung und eben deswegen von geschlechtergeschichtlichem Interesse.

189

Anmerkungen

1 Das Zitat stammt aus einem Feldpostbrief des Oberleutnants Erich Eggebrecht aus Stalingrad am 20. Oktober 1942, Privatbesitz.- Der folgende Versuch – und um mehr kann es vorerst nicht gehen – steht im Zusammenhang eines größeren, auf schriftlichen wie mündlichen Quellen basierenden Untersuchungsvorhabens, aus dem hier einige erste Ergebnisse vorgestellt werden. Die Anmerkungen beschränken sich großenteils, der Anlage dieses Bandes entsprechend, auf den Nachweis wörtlicher Zitate. Auf die Auseinandersetzung mit der kontroversen Forschungsliteratur muß aus Platzgründen verzichtet werden.

2 »In Memoriam. Gefallenen-Gedenkrede, gehalten von Dr. Tim Gebhardt [...].« Alte Kameraden, Sonderdruck für die 260. ID., Stadtarchiv Ludwigsburg, Depositum Traditionsverband 260. ID.

3 Insa Eschebach, »Das Opfer deutscher Männer.« Zur Funktion des Opferbegriffs in der Rezeptionsgeschichte der Schlacht um Stalingrad, in: *Sozialwissenschaftliche Informationen* 22, 1993, S. 37-41, und allgemein George L. Mosse, *Gefallen für das Vaterland. Nationales Heldentum und namenloses Sterben*, Stuttgart 1993.

4 Für die Historie vgl. die beiläufigen Bemerkungen von Mosse, *Gefallen*, passim (auch für die folgenden Abschnitte), für die Militärsoziologie den Überblick von Klaus Roghmann/Rolf Ziegler, Militärsoziologie, in: René König (Hg.), *Handbuch der empirischen Sozialforschung*, Bd. 9: *Organisation. Militär*, 2. Aufl., Stuttgart 1977, S. 142-227.

5 Zitat: Thomas Nipperdey, *Deutsche Geschichte 1866-1918*, Bd. 2: *Machtstaat vor der Demokratie*, München 1992, S. 151.

6 Vgl. dazu und zum Folgenden die kursorischen Beobachtungen bei Mosse, *Gefallen*, passim, Jürgen Reulecke, Männerbund versus Familie, in: Thomas Koebner/Rolf-Peter Janz/Frank Trommler (Hg.), »*Mit uns zieht die neue Zeit*«. *Der Mythos Jugend*, Frankfurt a.M. 1985, S. 199-223; Klaus Theweleit, *Männerphantasien*, 2 Bde., Frankfurt a.M. 1977/78.

7 Max Domarus, *Hitler. Reden und Proklamationen 1932-1945*, Bd. II/2, München 1965, S. 1922.

8 Beispiele dafür u.a. bei Philipp Witkop (Hg.), *Kriegsbriefe gefallener Studenten*, 4. Aufl., München 1928.

9 Nicht absolut: die militärische Hierarchie bestand fort, und zu ihren Auswüchsen vgl. z.B. Hermann Kantorowicz, *Der Offiziershaß im deutschen Heer*, Freiburg i. Brsg. 1919.

10 *Trübners Deutsches Wörterbuch*, hg. von Alfred Götze, Bd. IV, Berlin 1943, S. 84.

11 Ernst Jünger, *Der Kampf als inneres Erlebnis*, Berlin 1922, S. 32.

12 Mosse, *Gefallen*, S. 206.

13 Vgl. dazu auch den Beitrag von Nicolaus Sombart in diesem Band.

14 Hier zitiert nach Reulecke, Männerbund, S. 216.

15 Ulfried Geuter, *Homosexualität in der deutschen Jugendbewegung*, Frankfurt a.M. 1994, S. 304f.

16 Baldur von Schirach, *Die Hitler-Jugend*, Berlin 1934, S. 96.

17 Vgl. Jochen Hering u.a., *Schüleralltag im Nationalsozialismus*, Dortmund 1984, S. 148f.

18 Dabei werden primär die Massenverbände des Heeres, also Infanterie- und Panzerdivisionen der Wehrmacht, nicht aber die auf mehr oder weniger starker Selektion beruhenden Eliteeinheiten (Luftwaffe, Marine, nicht zuletzt die Waffen-SS) ins Blickfeld genommen.

19 Wilhelm Reibert, *Der Dienstuntericht im Reichsheer. Ein Handbuch für den deutschen Soldaten*, 6. Aufl., Berlin 1934, S. 96.

20 Erich Weniger, *Wehrmachterziehung und Kriegserfahrung*, Berlin 1938, S. 118.

21 [Erich] Ludendorff, *Der totale Krieg*, 101.-103. Tsd., München 1938 (zuerst 1935), S. 57. Roghmann/Ziegler, *Militärsoziologie*, S. 173f.

22 [Friedrich] v. Rabenau, *Vom Sinn des Soldatentums*, Köln 1940, S. 7.

23 Für letzteres vgl. als Beispiel einer literarischen Verarbeitung Franz Fühmann, Kameraden, in: ders., *Erzählungen 1955-1975*, Rostock 1980, als historisch verbürgtes Beispiel Manfred Messerschmidt, Deutsche Militärgerichtsbarkeit im Zweiten Weltkrieg, in: Hans Jochen Vogel/Helmut Simon/Adalbert Podlech (Hg.), *Die Freiheit des Anderen. Festschrift für Martin Hirsch*, Baden-Baden 1981, S. 111-142, hier S. 135f.

24 Alfred Andersch, *Winterspelt. Roman*, Zürich 1977 (zuerst 1974), S. 399.

25 Weniger, *Wehrmachterziehung*, S. 118f.

26 Sigbert Stehmann, *Die Bitternis verschweigen wir. Feldpostbriefe 1940-1945*, Hannover 1992, S. 126 und 73f.

27 Heinrich Böll, Entfernung von der Truppe [zuerst 1964], in: ders., *Werke. Romane und Erzählungen*, Bd. 4: 1961-1970, hg. von Bernd Balzer, Köln o.J., S. 271-322.

28 Hans Ziegler (Hg.), *Im Glauben an den Endsieg. Kriegstagebuch und Briefe eines Gefallenen*, Freiburg i. Brsg. 1995, die Zitate S. 52, 73, 29, 35.

29 Die auf die gegenteilige Einschätzung hinauslaufende und den frühen Studien von Edward A. Shils/Morris Janowitz (Cohesion and Disintegration in the Wehrmacht in World War II, in: *Public Opinion Quarterly* 12, 1948, S. 280-315) widersprechende These Omer Bartovs (*Hitlers Wehrmacht. Soldaten, Fanatismus und die Brutalisierung des Krieges*, Reinbek bei Hamburg 1995, engl. Orig. 1992) von der »Zerstörung der Primärgruppe« in der zweiten Hälfte des Krieges kann hier nicht diskutiert werden. Sie beruht m.E. u.a. auf einer unzureichenden Berücksichtigung der persönlichen Zeugnisse und einem allzu formalen Begriff der (informellen) Primärgruppe.

30 Hasso G. Stachow, *Der kleine Quast*, München/Zürich: 1979. Ein Beispiel aus den Briefen: Walter Bähr/Hans W. Bähr (Hg.), *Kriegsbriefe gefallener Studenten 1939-1945*, Tübingen/Stuttgart 1952, S. 90f.

31 Martin Schröter, *Held oder Mörder? Bilanz eines Soldaten Adolf Hitlers*, Wuppertal 1991

32 Hans Buchheim, Befehl und Gehorsam, in: ders. u.a., *Anatomie des SS-Staates*, Bd. 1, München 1967, S. 213-318, hier S. 258.

33 Christian Streit, *Keine Kameraden. Die Wehrmacht und die sowjetischen Kriegsgefangenen 1941-1945*, Neuausg. Bonn 1991 (zuerst 1978).

34 Christopher R. Browning, *Ganz normale Männer. Das Reserve-Polizeibataillon*

101 und die »Endlösung« in Polen, Reinbek bei Hamburg 1993.

35 Wido Mosen, *Bundeswehr – Elite der Nation? Determinanten und Funktionen elitärer Selbsteinschätzungen von Bundeswehrsoldaten*, Neuwied/Berlin 1970, S. 71.

36 Walter Manoschek (Hg.), *»Es gibt nur eines für das Judentum: Vernichtung«. Das Judenbild in deutschen Soldatenbriefen 1939-1944*, Hamburg 1995, S. 33.

37 Siehe oben, S. 179.

38 Ein Beispiel für viele: Fritz Farnbacher, Mein Kriegstagebuch. 1417 Tage Krieg mit der Sowjetunion, Sonntag, 22. Juni 1941 bis Dienstag, 8. Mai 1945, Bundesarchiv-Militärarchiv Msg 1/3266-3294.

39 Wenn hier von der Hegemonie bestimmter Kameradschafts- und Männlichkeitsideale gesprochen wird, so soll damit nicht die Existenz abweichender Leitbilder bestritten werden. (Siehe dazu auch die Einführung zu diesem Band.) Die Kriegserinnerung in den 50er und 60er Jahren war auch geprägt durch die das soldatische Draufgängertum reproduzierenden Landserhefte und ähnliche Produkte der Unterhaltungsindustrie. Entscheidend ist ihr (untergeordneter) Platz in der Wertehierarchie der kollektiven Erinnerung.

40 Gabriele Rosenthal, Vom Krieg erzählen, von den Verbrechen schweigen, in: Hannes Heer/Klaus Naumann (Hg.), *Vernichtungskrieg. Verbrechen der Wehrmacht 1941-1944*, Hamburg 1995, S. 651-663.

Entblößte Brust und schwingende Hüfte

Momentaufnahmen von der Jugend der fünfziger Jahre

Kaspar Maase

> Warum sollte nicht ein Mann klagen dürfen, ein Soldat nicht weinen dürfen?
> Weil es unmännlich ist! Warum ist es unmännlich?
> *August Strindberg, Der Vater, II. Akt., 5. Szene*[1]

Im Herbst 1959 fragten Medienpädagogen dreitausend deutsche Jugendliche, Mädchen und Jungen zwischen 14 und 18: »Haben Sie an Ihren Kameraden und Freundinnen beobachtet, daß sie manches von den Filmhelden abgesehen haben (Gang, Frisur, Art sich anzuziehen, sich zu benehmen usw.)?« Die Auswertung der Antworten ergab: »An dem Auftreten, das die männlichen Jugendlichen heute dem Film – nach Meinung ihrer Altersgenossen – entnehmen, fällt als gemeinsamer Zug das Unkonventionelle, Saloppe, etwas betont Gleichgültige auf. Vor den Augen unserer Jugend ist eine Welt überlieferter Formen und Werte zusammengebrochen. Das hat bei einem Teil der Jugendlichen eine große Zurückhaltung vor ernsthaften neuen Bindungen zur Folge gehabt; man geht die Dinge lieber etwas ›beiläufig‹ an und versucht, sie mehr mit ›der linken Hand‹ zu erledigen. Die Jugend selbst hat für diese Haltung das Schlagwort ›lässig‹ geprägt, und ›lässig‹, jedes in seiner spezifischen Art, sind auch die Vorbilder, die der männliche Jugendliche bevorzugt: den Cowboy-, den James-Dean- oder Elvis-Presley-Typ.«[2]

Die kulturpessimistische Sorge, eine ganze Generation werde nach dem Muster kommerzieller Stars geprägt, braucht uns hier nicht weiter zu beschäftigen. Wir gehen davon aus, daß Jugendliche selbst es sind, die in bedeutungsvollen sozialen Praktiken ihre Geschlechtsidentität ausbilden. Material für eigene Selbstentwürfe entnahmen sie allerdings in den Fünfzigern unzweifelhaft der Bilderwelt der Populärkultur; Heranwachsende bedienten sich bei der Darstellung als männlich und weiblich aus dem Fundus an Gesten, Posen, Utensilien, die Stars von Film und Unterhaltungsmusik vorführten.

Wir wollen im folgenden einigen dieser Spuren nachgehen. Im Zentrum stehen somit *Bilder von Männlichkeit*, nicht das Realverhalten Jugendlicher. Es handelt sich um Momentaufnahmen; historische Linien und Vergleiche können angesichts der Materiallage nur punktuell angedeutet werden. Aus der eingangs zitierten Analyse sind zwei Hinweise aufzugreifen: Das Ideal der Lässigkeit für die männliche Jugend und die erklärende Feststellung, in den Augen der Halbwüchsigen sei eine Welt überlieferter Formen und Werte zusammengebrochen.

Lässig oder zackig?

Unterschiedliche Quellen vor allem aus der zweiten Hälfte der fünfziger Jahre bestätigen ebenso wie Lebenserinnerungen[3]: Für einen Teil der Jungen war es auf der Bühne alltäglicher Interaktionen das höchste Ziel, »lässig« zu erscheinen und als »echt lässig« anerkannt zu werden. Unter Mädchen galten andere Normen der Selbstdarstellung. In diesem zunächst einmal beschreibenden Sinn war »Lässigkeit« ein männliches Haltungsideal. Haltung meint hier die Einheit von körperlicher Erscheinung und geistiger Einstellung; Posen, Gesten, Bewegungen, Kleidung – so interpretierten besonders die Kritiker in aller Schärfe – führten eine besondere Attitüde zur Umwelt vor Augen. Sie wurde zeitgenössisch als herausfordernd wahrgenommen, im Unterschied zu tradierten Normen für das Auftreten männlicher Halbwüchsiger. Lässigkeit war das körpersprachliche Erkennungszeichen des »modernen« Teils der Generation: Jazzfans, Halbstarke, Teenager und Twens.

Wie äußerte sich Lässigkeit und was sagt sie uns über die Auffassungen von Männlichkeit in der Jugend der Fünfziger? Zunächst ein kurzer sprachgeschichtlicher Rückblick. Im *Grimmschen Wörterbuch* wird lässig der »gewählten Sprache« zugeordnet, gleichbedeutend mit »träge, unfleizig«[4], und auch bei Moriz Heyne 1892 finden sich nur negative, abwertende Bedeutungen: schlaff, träge, nachlässig, sich gehen lassend.[5] Nach Auskunft von *Trübners Wörterbuch* aus dem Jahr 1943 wird der Begriff in diesem abfälligen Sinn auch von Hitler in *Mein Kampf* verwendet. Im Sprachgebrauch der zwanziger und dreißiger Jahre tauche er jedoch im Umfeld des Aristokratischen, oft mit dem Reiten verbunden, schon in der Bedeutung selbstsicherer Lockerheit auf. »Wenn jemand seiner Haltung sicher ist, braucht er auf Nebensächlichkeiten nicht mehr krampfhaft aufzupassen.«[6] 1982 rangiert die positive Bedeutung bereits an erster Stelle: ungezwungen, zwanglos, selbstsicher, aber ein bißchen nachlässig.[7] Küppers *Wörterbuch der deutschen Umgangssprache* charakterisiert lässig als eine der beliebtesten Halbwüchsigenvokabeln, die höchst positive Urteile ausdrücke: außerordentlich, sehr eindrucksvoll, überlegen.[8] Ein markanter Bedeutungswandel: In kurzer Zeit hat sich kaum das Bezeichnete verändert, wohl aber die damit verbundene soziale Bewertung. Das Nachlässige, Laxe gilt nicht länger als schlaff und mangelhaft, sondern ist zum erstrebenswerten Ausweis von Selbstsicherheit und Überlegenheit geworden.

Lévi-Strauss hat gezeigt, daß Polaritäten den Schlüssel zum Bedeutungssystem einer Kultur bilden. Die Botschaft jener Posen und Körperinszenierungen, die Jugendliche als lässig und vorbildhaft empfanden und die man als ungewohnt und herausfordernd wahrnahm, ist nur zu verstehen aus dem Gegensatz zu einem anderen, dem überkommenen Ideal von Männlichkeit: dem des harten, soldatischen Mannes und – als Stufe auf dem Weg dorthin – des »zackigen« Jungen.

Auch hier zunächst einige sprachgeschichtliche Hinweise. Die Grimms und auch noch Moriz Heyne 1906 kennen »zackig« nur in der Bedeutung »mit Zacken versehen«.[9] Im Sinne von »militärisch-straff, schneidig« entstammt das Adjektiv der Soldatensprache des 20. Jahrhunderts. Wahrscheinlich bezog es sich zunächst auf die Perfektion des Exerzierens und meinte eigentlich »eckig« im Sinne von »straff angewinkelt«. Es wurde dann zum Ausdruck militärischer Disziplin überhaupt und schließlich verallgemeinert mit der Bedeutung »vorzüglich«. Belege finden sich schon vor 1900, durchgesetzt hat sich die Bezeichnung wohl in den 1920ern mit dem Militarisierungsschub der Zivilgesellschaft; in der schönen Literatur taucht sie anfangs der dreißiger Jahre auf.[10]

An die grundlegende Polarität »lässig – zackig« waren weitere Eigenschaftspaare angelagert, die die Gestalt des »modernen«[11] im Gegensatz zum »traditionellen« männlichen Jugendlichen komplettierten. Schematisch gegenübergestellt:

stramm	schlaff
eckig	rund
hart	geschmeidig
gerade, frei stehen	sich hängen lassen, anlehnen
marschieren	schlendern, schlurfen
kurze Hose[12]	lange Hose
Kleidung korrekt	Kleidung formlos, locker oder hauteng
Körper als biologische Maschine	sexualisierter Körper
Augen geradeaus, offene Stirn	verdeckter und gesenkter Blick

Abbildung 5: Jugend marschiert.
(Foto von Hartmut Vogler aus Klaus Franken (Hg.), *Jugend sieht die Zeit,*
Essen 1958, S. 80)

Abbildung 6: Halbstarke in privaten Aufnahmen (Privatarchiv Helmut Wenske)

Der Pädagoge Muchow, orientiert am Ideal der Jugendbewegung und eher den verständnisvollen Beobachtern zuzurechnen, las der »traurigen Gestalt« männlicher und weiblicher Teenager eine außenseiterische »Entfremdung von der Wirklichkeit« ab: »zurückgenommener Oberkörper, vorverlagerte Beckenregion, lässig angelehnt, mit (nicht vorgestelltem, sondern gleichsam) vorgerutschtem Spielbein, das gleichfalls nicht gestrafft, sondern weich-lässig wirkt, oft mit angezogenen Knien auf der Erde hockend oder auf ihr ›hingegossen‹ liegend.«[13]

Hier ist eher Jugend der Mittel- und Oberschichten gezeichnet, die sich bei Parties, zum Plattenhören, im Jazzkeller oder -konzert auf derart legere

197

Weise gab. Ein Zeitzeuge spricht von der »latschigen Haltung« der Oberschüler, die es zur Jazzszene hinzog.[14] Als lässige Kleidung galt: Slipper, in die man bequem hineinschlüpfte, statt fester Schnürschuhe; Jeans oder Kordhose, ausgebeult oder hauteng, auf jeden Fall ohne Aufschlag und Bügelfalte (was korrekt gewesen wäre); formlose, eher schlabbrige Pullover; Dufflecoat oder der vom Militärutensil zum Zeichen des zivilen Protestes gegen »korrekte« Oberbekleidung umfunktionierte Parka; im Milieu der intellektuellen »Exis« Bärte und Cäsaren- oder Igelschnitt.

Die überwiegend proletarischen Halbstarken kultivierten im Vergleich dazu ausgeprägt rauhe und aggressionsbereite Züge, betonten stärker die Inszenierung physischer Kraft und dominanter Körperlichkeit. Jeans und Cowboystiefel (so man sich welche leisten konnte) zitierten den Westerner, der sich mittels Faustrecht behauptet, schwarze Lederjacken die rebellische Motorradgang wie im Marlon-Brando-Film »Der Wilde«. Die Arbeiterjugendlichen setzten sich damit ab von den »Muttersöhnchen« der Mittelschicht;[15] aber sie hatten ebensowenig gemein mit dem soldatischen Ideal des Strammstehens und des zackigen Gleichschritts. An der stilprägenden »Avantgarde der Halbstarken« fiel Sozialwissenschaftlern 1957 »eine Vermeidung aller ruckhaft-eckigen und steifen und eine Betonung elastischer Bewegungen des ganzen Körpers auf«.[16]

Die Polarität von zackiger und lässiger Haltung wurde schon von den Zeitgenossen als Gegensatz zwischen soldatischem und zivilem (oder zivilistischem) Habitus wahrgenommen. Bednarik kennzeichnete den jungen Arbeiter als »zivilistischen Typ«[17], und Helmut Schelsky, bei aller Umstrittenheit seiner Diagnosen einer der genauesten Beobachter der Zeit, bemerkte an der »skeptischen Generation« eine »betont ... zivilistische Haltung«.[18]

Jazzfans legten Wert auf die Interpretation ihres Stils als weltoffen und demokratisch, unsoldatisch und antimilitaristisch. In einem Leserbrief charakterisierte der Frankfurter »hot club« die gefährlichsten Gegner des Jazz als »negerfressende, antisemitische und nationalistische Uniformträger«.[19] Ein Artikel, der die Musik und ihre Liebhaber gegen die verbreiteten Vorwürfe der Kulturzerstörung und der Neigung zur Randale verteidigte, betonte: »Ein Dorn sind die Jazzfreunde allerdings im Fleische der Anhänger der Marschmusik. Denen paßt eben gerade die Toleranz und die Internationalität nicht in den Marschtritt-Takt. Und außerdem Jazzfreunde sind ... selten gute Marschierer in Reih und Glied. Aber ...: Vom Jazz ist noch keiner gestorben, von der Marschmusik immerhin schon ein paar Millionen.«[20]

Halbstarken und Teenagern standen weder Artikulationsfähigkeiten noch Medien derart zur Verfügung wie den intellektuellen Jazzfans. Wahrscheinlich hatte ihre Liebe zur lässigen Haltung sehr viel mehr mit spontaner Widersetzlichkeit gegen die Zumutungen von Vätern, Lehrern, Lehrherrn, Autoritäten zu tun, die ihnen die überkommenen Tugenden eines »richtigen Jungen« abverlangten: Zackig, schneidig, hart gegen sich selbst und gehorsam sollten sie sein. Und wahrscheinlich waren es vor allem die Vertreter des soldatischen Männlichkeitsideals, die dem neuen Jugendtyp und seinen Idolen aus der Unterhaltungsszene die Qualitäten des Schlaffen, Zivilistischen zuwiesen. Allerdings fielen derartige Deutungen auf fruchtbaren Boden und trugen dazu bei, daß sich – in der Wechselwirkung von Selbstidentifikation und Fremdetikettierung – nicht wenige Jugendliche die antisoldatische Lesart des Lässigen zu eigen machten.

»Marlon ist ein so salopper Zivilist ...«

Die Gleichsetzung von lässig und zivil griff auf ein tertium comparationis zurück, das in der Nachkriegszeit Allgemeingut geworden war: Als Inbegriff des Lässigen galten die Amerikaner, in erster Linie, so paradox es klingen mag, die US-Soldaten. Zu den frappierendsten Eindrücken überall dort, wo die US-Armee einmarschierte, zählte der nach preußisch-deutschen Wehrmachtsmaßstäben absolut unsoldatische, überhaupt nicht zackige Habitus der GIs – allen voran der unter den Kampftruppen zahlreich vertretenen Schwarzen. Wo dann Kasernen und US-Wohngebiete entstanden und der Kontakt andauerte, da verfestigte sich das Urteil über die Männer, die sich so geschmeidig (oder auch plump, jedenfalls unsoldatisch) bewegten, mit den Füßen auf dem Schreibtisch in den Büros lümmelten und so unbeschreiblich zwanglos miteinander umzugehen schienen – eingeschlossen das Grüßen der Vorgesetzten. Manchmal wurde das irritierende Verhalten mit dem amerikanischen Wort »casual« bezeichnet[21], aber »lässig« setzte sich durch. Der Begriff war völlig ambivalent. Er konnte tiefste Verachtung, ja Haß ausdrücken (weil die zackigen Deutschen den lässigen Zivilisten in Uniform unterlegen waren) – aber ebenso Bewunderung und Neid auf die unnachahmlich lockere Haltung bis in die Körpersprache hinein.

Die männlichen Jugendlichen der zweiten Hälfte der Fünfziger, die sich am Ideal der Lässigkeit orientierten, gehörten einer neuen Generationslagerung im Mannheimschen Sinn an. Die Jahrgänge etwa ab 1938 waren kaum von nationalsozialistischen Sozialisationsagenturen erfaßt worden; sie hatten nicht mehr im Jungvolk gelernt, was »der Führer« von einem »deutschen Jungen« erwartete. Vielmehr zeigten sie unter allen Deutschen die größte Offenheit gegenüber den prägenden Ereignissen von Kriegsende und Besatzungszeit; insbesondere erfuhren sie die Amerikaner als kinderfreundlich, großzügig und tolerant, als Boten einer unvorstellbar reichen Gesellschaft, die den süßen Geschmack von Wohlstand und Freiheit brachten. Aus diesem Generationszusammenhang rekrutierte sich nach der Mitte der Fünfziger die Avantgarde jugendlicher Selbst-Amerikanisierung: Halbstarke und Jazzfans. Aus dem Fundus US-amerikanischer Populär- und Konsumkultur bastelten sie ihre Jugendstile. Daß die Amerikaner als lässig galten und daß lässige Körper- und Kleidersprache die Vertreter des zackigen Jungenideals zur Weißglut brachte, paßte haargenau in das System symbolischer Botschaften, mit dem diese Jugendlichen sich in der Gesellschaft des beginnenden Wirtschaftswunders positionierten.[22]

Es war wohl in erster Linie der Diskurs über Idole der amerikanischen Populärkultur, der das Wahrnehmungs- und Deutungsmuster für den männlichen Jugendhabitus einprägte: lässig/amerikanisch/zivil stand gegen zackig/deutsch/soldatisch. Praktisch alle zeitgenössischen Kommentare bewegten sich innerhalb dieser Polarität, die Masse der ablehnenden ebenso wie die Minderheit der sympathisierenden. Zu letzteren zählte beispielsweise der wohl aufgeschlossenste Beobachter der Teenager-Kultur, Jean Améry. Er verdeutlichte an Peter Kraus, den wir heute als Schlagersänger sehen, der aber damals allgemein als Rockstar wahrgenommen wurde, die »vollkommene Amerikanisierung der deutschen Jugend« mit einem bemerkenswerten Vergleich.

»Teenagers Mama schwärmte für Paul Richter, den Hauptdarsteller des Nibelungen-Films 1923: dräuender Blitz aus stahlhartem Auge, nordisch gehärtetes Profil, Blondhaar wie aus der Edda herübergeweht. Die Tochter aber bekennt sich rückhaltlos zu Peter und seinen schlaksigen Gliedern, die nach Baseball-Training aussehen, seinen aufgeworfenen Lippen und hohen Backenknochen. Kann auch Anatomie sich amerikanisieren? Offenbar. Der ›deutsche Elvis Presley‹ könnte in der Tat seinen äußeren Merkmalen nach ein Amerikaner sein.«

Améry machte den symbolischen Bezug der »amerikanisierten« Lässigkeit auf das Männlichkeitsideal der Hitlerjugend explizit; er habe kein Verständnis für jene, die »Tränen der Scham vergießen, daß da ein deutscher Junge (›Flink wie ein Wiesel, zäh wie Leder und hart wie Kruppstahl‹ hieß es einst) lieber Cow-Boy sein will als Kuhjunge und sich dementsprechend anzieht und benimmt.«[23]

Zwischen 1956 und 1958 war es vor allem die Jugendzeitschrift *BRAVO*, die in immer neuen Variationen das Wahrnehmungsmuster »lässig/amerikanisch/zivil contra zackig/deutsch/soldatisch« einprägte – mit eindeutiger Stellungnahme gegen alles, was nach Militarismus aussah. Bei einer Auf-

Abbildung 7: »Ganz lässig …« *(BRAVO 37/1957)*

lage von rund 200 000 im Sommer 1957 und gut einer halben Million Mitte 1959 erreichte das Blatt insbesondere die »trendsetzenden« Gruppen der »modern« orientierten Jugendlichen beiderlei Geschlechts. Die Konzeption der Zeitschrift wurde damals faktisch allein vom Chefredakteur Peter Boenisch bestimmt; aus seiner Feder stammt vermutlich die große Mehrzahl der einschlägigen Glossen, Kommentare, Nachrichtensplitter. Boenisch, Jahrgang 1927, war noch in der Schlußphase des Krieges als Soldat eingesetzt worden und absolvierte anschließend seine journalistische Lehre bei Zeitungen, die von der US-Militärverwaltung herausgegeben wurden. Die biographische Konstellation mag erklären, wieso die absolut unpolitisch, rein kommerziell angelegte Zeitschrift sich derart für eine zivile, antimilitaristische Deutung amerikanischer Jugendidole einsetzte.

Im Sommer 1957 kam Marlon Brando zu Dreharbeiten für den US-Kriegsfilm »Die jungen Löwen« in die Bundesrepublik; er hatte die Rolle eines Offiziers der NS-Wehrmacht zu spielen. Aus der umfangreichen Berichterstattung in *BRAVO* stach eine Fotomontage auf dem zweitbesten Platz der Zeitschrift, der hinteren Umschlagseite, heraus. Am linken und rechten Rand erscheint Brando in Wehrmachtsuniform, mit Eisernem Kreuz, Breeches und Schaftstiefeln. Ein Brustbild des Stars drängt die Militärfiguren beiseite. Groß ins Bild gerückt sind zwei Kleidungsstücke. Eine Art Rollkragenpullover, locker fallend, mit geöffnetem Reißverschluß, läßt die Brustbehaarung als Zeichen ausgeprägter Männlichkeit erkennen. Auf dem Kopf sitzt leicht schräg ein weicher dunkler Hut. Die ausgesprochen unkonventionelle Kombination der Kleidungsstücke grenzt Brando als gleichermaßen ziviles wie männliches Idol gegen die Uniformträger ab.

Eine solche Lesart legt auch der Kommentar, in Form der Antwort auf eine Leser-Anfrage, nahe. »Ob es stimmt, daß Marlon Brando sich in der deutschen Wehrmachtsuniform so wohl gefühlt hat, daß er sie gar nicht mehr ausziehen wollte? Keine Spur. Marlon ist ein so salopper Zivilist, daß er sich grundsätzlich in keiner Uniform wohlfühlt. Hier ist der Beweis: Ganz lässig, mit Pullover und weichem Hut kommt Marlon zu den Aufnahmen. Erst dann wird aus ihm der zackige deutsche Oberleutnant Christian Diestl.«[24]

Lässig, unkonventionell, zwanglos, voll tiefer Abneigung gegen Uniformen und sinnlosen Gehorsam – so beschreibt *BRAVO* bis etwa 1958 viele US-Stars, insbesondere die Idole James Dean, Montgomery Clift und Marlon Brando. Mit diesem Hinweis soll hier nicht – quasi unter pazifistischen Vorzeichen – der kulturpessimistischen Nachahmungstheorie gehuldigt werden: Die Jugendlichen imitierten nur die Leitbilder, die die Medien ihnen vorsetzten. Wir müssen die Bedeutungen, die junge Männer mit dem Lässigen und dem Amerikanischen verbanden, weitgehend indirekt erschließen. Dafür sind allerdings – neben den Zuweisungen derer, die die Jugendstile verdammten – die Deutungsofferten einer Massenzeitschrift wie *BRAVO* zweifach von Belang. Sie stehen dafür, daß ein attraktives Angebot ziviler Männlichkeit im jugendlichen Diskurs zumindest präsent war. Weiter dürfen wir annehmen, daß ein gewinnorientiertes Blatt es sich nicht leistete, nennenswerte Teile der Leserschaft vor den Kopf zu stoßen. Die Attacken auf das soldatische Männlichkeitsverständnis scheinen also im Spektrum dessen zu liegen, was unter Jugendlichen verhandelt wurde, wenngleich selten so zugespitzt ausgesprochen.

Machos und Mädchenhaare

Lässigkeit in Praktiken und Identifikationen der Jugendlichen kann nicht auf die skizzierte zivile Lesart reduziert werden. Um das Changieren, die Momente von Polyvalenz und Gebrochenheit von Männlichkeitsvorstellungen auch in den auf »Modernisierung« ausgerichteten Gruppen zu verdeutlichen, seien hier zwei weitere Facetten dargestellt.

Es wurde schon erwähnt, daß Jazzfans und Halbstarke recht unterschiedliche Varianten von Lässigkeit praktizierten. Während elitären Jazzliebhabern schon das Tanzen als vulgär galt, kultivierten die männlichen Halbstarken eine Körperlichkeit, deren symbolische Zentren der Rock'n'Roll und das Motorrad bildeten. Hier ging es um die Demonstration von Kraft und Geschicklichkeit, Tempo und Verausgabung, um das Inszenieren physischer Dominanz und potenter Sexualität. Die Abgrenzung vom Ideal soldatischer Männlichkeit sollte die Vätergeneration treffen; sie entsprang der Erfahrung vieler Arbeiterjugendlicher, die sich in Elternhaus, Schule, Lehre, Betrieb und Freizeit eingeengt, diszipliniert, schikaniert fühlten. Sie verweigerten Gehorsam, Askese und Härte gegen sich selbst, die ihnen unter Berufung auf das soldatische Ideal abverlangt wurden. Ihr »hedonistischer Amerikanismus« widersprach der grassierenden Verdammung von Materialismus und Konsum; sie wollten an den Freiheitschancen und Genußmöglichkeiten des beginnenden Wirtschaftswunders teilhaben.

Lässigkeit verband sich im halbstarken Gruppenzusammenhang mit der ritualisierten Aggression der Wochenendschlägereien um Mädchen und territoriale Vorherrschaft, ebenso mit Rangkämpfen und Strafmaßnahmen innerhalb der straff hierarchisch und autoritär geführten Cliquen. In diesem männerbündisch geprägten Milieu errang man Anerkennung weiterhin durch

Trinken, sexuelle Erfolge und die Fähigkeit zu harter Arbeit; immer wieder wurden Mutproben als Beweise echter Männlichkeit verlangt. Der Typ des lässigen Cowboys, der die Regeln des Faustrechts überlegen beherrscht, bestätigte das Deutungsmuster vom Lebenskampf, in dem sich der Mann nur durch Härte und Aggressionsbereitschaft behaupte. Es liegt nahe, von hier die Linie zu ziehen zu einem Männlichkeitsidol proletarischer Jugendlicher, das in den achtziger Jahren rebellische Auflehnung gegen formelle Disziplin und Uniformierung mit mythischen Einzelkämpferqualitäten verband. Die Abwendung vom Zackigen führt in diesem Fall von Rommel zu Rambo.

Derartige Werte und Rituale scheinen Traditionen der proletarischen Stammkultur ungebrochen fortzuführen. Doch finden wir zugleich im Muster der »modernisierten«, nicht mehr dem Zackigen und Schneidigen verpflichteten Jugendlichkeit Züge, die man zeitgenössisch offenbar als androgyn wahrnahm und unter das Verdikt des »Weibischen, Unmännlichen« stellte. Wieder ist es in erster Linie der kritische Diskurs über die (amerikanischen) Idole der männlichen Jugend, der uns auf die Spur führt.

Verkörperung amerikanischer Lässigkeit par excellence war James Dean. Die Kulturindustrie stilisierte ihn zum unverstandenen Einzelgänger, zum aneckenden Rebellen mit empfindsamem Kern – eine Rolle mit gewaltigen Identifikationsmöglichkeiten für Jugendliche. Die Legende vermischte die Filmrollen mit dem breit ausgewalzten Privatleben und kulminierte in der Apotheose des Todes im Geschwindigkeitsrausch. Daß *BRAVO* unablässig Geschichten und Bilder nachschob, weist auf das große Interesse hin. 1957 sollen von Dean in der Bundesrepublik mehr Starpostkarten verkauft worden sein als von jedem anderen ausländischen Künstler.[25]

Fotos zeigten ihn als *den* salopp posierenden Typ in Jeans, T-Shirt und Lederjacke. Geradezu gebetsmühlenhaft wurden seine Abneigung gegen formelle Normen und Kleidungsrituale sowie die Vorliebe für abgetragene Jeans und buntkarierte Hemden wiederholt. Das Lässige erschien hier kaum in der Pose des jungenhaft Siegreichen, sondern zumeist in höchst zivilen Haltungen des kritisch Verschlossenen, mißtrauisch Distanzierten, Verletzlichen und Verletzten. Stars wie James Dean und Montgomery Clift stellten das männliche Idealbild soldatischer Härte und Selbstzucht nicht nur körpersprachlich, sondern gleichermaßen im Emotionalen in Frage. Sie werteten Empfindsamkeit und Dünnhäutigkeit auf. Dean konnte im Film weinen, ohne als Schwächling zu gelten und die Identifikationsqualitäten für männliche Jugendliche zu verlieren. »Das war auf einmal eine ganz andere Männerfigur. Der weinte und zeigte Gefühle. In Kleidung, Frisur und Gesten haben sich viele Jungen sehr an ihn angelehnt«.[26]

Abbildung 8: »Parole: Haare kürzer!« *(BRAVO* 11/1958, S. 2)

Der Stil der Rock'n'Roll-Fans war zweifellos machistisch eingefärbt, und entsprechend wurde auch Elvis Presleys Körpersprache wahrgenommen. Doch lassen sich selbst an seiner Erscheinung deutlich Züge einer »androgynen« Aufweichung oder Facettierung harter Männlichkeit ausmachen, die zeitgenössisch auf heftige Ablehnung stießen.

Besonders umstritten war die »Presley-Tolle«, ein mit viel Pomade und ständiger Kontrolle im Spiegel hergestelltes Kunstwerk aus relativ langem Haupthaar, zu dem – wenigstens am Original – auch ungewöhnlich weit heruntergezogene Koteletten gehörten. Die Frisur signalisierte Distanz zum militärischen Kurzhaarschnitt, und bevor Presley zur US Army eingezogen wurde, bewegte die Frage nach dem Schicksal seiner Tolle die Fans über Monate. Als der Star dann die Rolle des sauberen, patriotischen, amerikanischen Jungen annahm, vollzog *BRAVO* die Wendung uneingeschränkt mit. Unter der Überschrift »Die Koteletten sind tot!« gab das Blatt den gängigen Urteilen über Haarlänge und Männlichkeit Raum. »Wer jetzt noch mit langen Mädchenhaaren herumläuft, der ist nicht ›up to date‹. ... Den überlangen Mädchenlocken sollte niemand nachweinen. ... Parole: Haare kürzer!« Erläuternd hieß es, den Ausschlag bei der Entscheidung habe Elvis' Freundin gegeben, indem sie die langen Haare für »unmännlich« erklärte.[27]

In Deutschland ging es nicht nur um die Haar*länge* – die ohnehin einzig im Vergleich mit dem HJ-Kurzhaarschnitt auffiel. Das soldatische Männlichkeitsideal der Nationalsozialisten kultivierte die »nordisch« kantige Erscheinung des Schädels; demgegenüber modellierten Elvis-Tolle und Koteletten eine Physiognomie, die weicher wirkt – in den Augen der Kritiker: »weibisch«. An feminine Praktiken erinnerte schließlich auch die aufwendige, kosmetische Hilfsmittel benutzende Herrichtung der Frisur.

An der Kleidung männlicher US-Stars fielen grelle Farben und schrille Kontraste auf, die der deutschen Tradition korrekter Zurückhaltung, dem dominierenden Grau, Dunkelblau und Braun fremd waren. Ihre Erscheinung enthielt ein Moment des modisch Extravertierten. Entsprach das nicht eher der weiblichen Aufgabe, sich für den Mann »schön zu machen«? In die gleiche Richtung wies das erotische Spiel mit dem reizvollen Verhüllen und Enthüllen des Körpers bei Elvis Presley, James Dean und auch Peter Kraus: das bis zum Gürtel aufgeknöpfte oder über dem Bauch verknotete Hemd, das in der Öffentlichkeit die männliche Brust herausfordernd entblößte.[28]

Auch die Hüftbewegungen, die zum Markenzeichen für »Elvis the Pelvis« wurden, wirkten ambivalent. Die Direktheit, mit der sie zumindest in der ersten Phase der Presley-Karriere nicht nur auf Sexualität, sondern unverhüllt auf die Motorik des Geschlechtsakts verwiesen, wurde als männlich aggressiv und brutal wahrgenommen. Daneben deuten Vergleiche mit dem hüftenschwingenden Gang Marilyn Monroes[29], dem »wiggle«, auf eine Dimension seiner Körpersprache hin, die aus der Sicht des zackigen Männlichkeitsstereotyps »weibisch« erschien.

Mannweiber und anspruchsvolle Mädchen

»Männlichkeit« welcher Ausprägung auch immer ist eine kulturelle Konstruktion. Man findet sie nicht einfach vor im Erbe der Tradition wie ein Kleidungsstück, in das man hineinschlüpft – sie wird angeeignet und korrigiert im Wechselspiel des »doing gender«, in der praktischen Reproduktion jener symbolischen Geschlechterpolarität, ohne die wir persönliche Identität (noch?) nicht denken können. »Männlichkeit« gibt es nur in Bezug auf »Weiblichkeit«; das heißt, Frauen sind an der Herstellung von Männlichkeitsbildern auf verschiedene Weise beteiligt. Entsprechende Untersuchungen stehen noch aus; so muß es an dieser Stelle bei zwei knappen Überlegungen bleiben, die vielleicht Forschungsdesiderate deutlich machen.

Wir können für unsere Zwecke Männlichkeit mit David Gilmore definieren als »ans_pornendes Leitbild, dem Männer und Jungen auf Gebot ihrer Kultur nacheifern müssen, wollen sie dazugehören«.[30] Das Gebot ist schwer zu befolgen in einer Gesellschaft wie unserer, denn keine allgemein verbindlichen Übergangsrituale zeichnen dem einzelnen den Weg vom Jungen zum anerkannten, »richtigen« Mann vor. Die Moderne entläßt die Menschen zunehmend aus den kulturellen Selbstverständlichkeiten ihrer Herkunftsmilieus; sie müssen sich individuell als Subjekte bewähren in einer Umwelt, in der unter anderem mehrere Männlichkeitsbilder konkurrieren.

Hier kommt das Spektrum an Weiblichkeitsbildern ins Spiel; vor allem sind die in alltäglicher Interaktion erfahrenen Praktiken der Mädchen und Frauen in die Betrachtung einzubeziehen. Sie sind bedeutsam als Folie, vor der sich Inszenierungen von Männlichkeit eindeutig abheben oder eher verschwommen erscheinen. Letzteres soll hier kurz beleuchtet werden.

Der Zusammenbruch des »Dritten Reichs« war auch ein Zusammenbruch des soldatischen Ideals, und keine Dolchstoßlegende half wie nach dem Ersten Weltkrieg über diese Wahrheit hinweg. Vielmehr machten gebrochene und dem bürgerlichen Alltag entfremdete Krieger nach 1945 in vielen Familien eine derart traurige Figur, daß die heranwachsenden Jungen den epochalen Einschnitt auch hautnah erfahren konnten, erfahren mußten.

Die starken Frauen der Trümmerjahre wandten in den Fünfzigern, keineswegs immer freiwillig, Kompetenzen und Selbstbewußtsein dem »erweiterten Familienmanagement« (Niethammer) zu und wurden damit öffentlich weithin unsichtbar. Ihre Töchter suchten sich zumindest teilweise vom Leitbild des »deutschen Mädels« abzusetzen. Das Backfischideal wurde reaktiviert, vor allem in den Mittelschichten. Im gehobenen Bürgertum war das Leitbild der »jungen Dame« ungebrochen, und im proletarischen Milieu suchten viele Mädchen durch möglichst frühe Teilnahme an Vergnügungen »ihre Jugend zu genießen«. Quer zu diesen Linien weiblichen Heranwachsens sind in allen Schichten »transsexuelle Taktiken«[31] zu beobachten, und zwar seit der Mitte der Fünfziger deutlich zunehmend. Indem sie sich kulturelle Ressourcen aneigneten, die dem anderen Geschlecht zugeschrieben wurden, brachten Mädchen und junge Frauen Bewegung in die tradierte Ordnung der Geschlechter. Sie trugen Hosen in der Schule, im Büro, in der

Öffentlichkeit. Sie beteiligten sich bei den Halbstarken nicht nur als dekorative Motorradbräute, sondern aktiv und teilweise initiativ; wir stoßen auf junge Frauen in Jeans und Lederjacke, mit Kurzhaarfrisur und Elvis-Tolle, das eigene Motorrad lenkend, beim Rock'n'Roll den männlichen Partner durch die Luft schleudernd. Ein ehemaliger Halbstarker scheint noch im Interview fünfundzwanzig Jahre später die Verstörung nicht überwunden zu haben. »Eine war auch dabei, die ein eigenes Moped hatte. Das war so ein halbes Mannsweib. ... Die war so 'ne herrische Olle. Das war damals noch nicht üblich, daß ein Mädchen mit 'nem Moped fuhr. Das war ziemlich selten.«[32]

Zeitgenossinnen und Zeitgenossen haben solche Verstöße gegen die Geschlechterordnung möglichst marginalisiert, und die Forschung hat bisher keine systematischen Anstalten gemacht, die derart geschaffenen blinden Flecken zu beseitigen. So können wir über Umfang, Häufigkeit und Effekte transsexueller Taktiken nichts Gesichertes sagen. Auf jeden Fall aber veränderten sie die Muster, in denen Weiblichkeit praktiziert wurde – und damit zugleich die Bedeutung von Elementen, aus denen Männlichkeit konstruiert wurde. Hier liegt das Korrelat zur angedeuteten »androgynen« Aufweichung lässiger Virilität.

Es ist ebenso verführerisch wie unangebracht, derartige Beobachtungen in einen Langzeittrend einzuordnen, der unaufhaltsam in Richtung Emanzipation und Flexibilisierung der Geschlechterrollen führt. Für Vergleiche, etwa mit den zwanziger Jahren, gibt es bisher keine empirische Grundlage. Zudem scheinen gegenwärtig Entdeckungen von paradigmatischer Bedeutung nicht bei der Suche nach großen Linien und Makrostrukturen zu erwarten, sondern im Blick auf Akteure, Praktiken und symbolische Horizonte historischer Lebensweisen. Die Geschlechterforschung der letzten Jahre hat doch vor allem dazu beigetragen, simplifizierte Polarisierungen zu überwinden. Sie hat einschichtige Bilder der Vergangenheit mit Tiefenschärfe versehen und wenigstens andeutungsweise Spannweite und Mehrdeutigkeit der Formen sichtbar gemacht, in denen Männlichkeit und Weiblichkeit gelebt wurden.

So scheint die Frage, welche Quellen die Emanzipationsbewegung der siebziger Jahre in den als restaurativ verkannten Fünfzigern hatte, wenig fruchtbar. Unübersichtlichkeit im Feld des doing gender und Verwischung eindeutiger Geschlechterpolarität blieben zweifellos subdominant. Aber sie gehören zur Rekonstruktion jugendlicher Männlichkeitsvorstellungen hinzu und verlangen weitere empirische Bestandsaufnahme.

Ebenso wenig erforscht ist eine andere Frage: Wie beeinflußten Mädchen und junge Frauen die Praktiken zwischen Zackigkeit und Lässigkeit durch die Präferenzen, die *sie* setzten? Alltagserfahrungen wie auch manche Quellen legen es nahe, daß sie eine ganz beträchtliche Wirkung ausübten. Daß Halbwüchsige und junge Männer ihr Auftreten wesentlich unter dem Gesichtspunkt des Eindrucks auf das andere Geschlecht kalkulieren, ist eine Binsenweisheit; ebenso bekannt ist, daß sie dabei von *männlichen* Vorstellungen über das ausgehen, was Mädchen erwarten und schätzen. Aber gerade in Phasen der Umbrüche und Verunsicherungen wird man den Einfluß, den junge Frauen durch ihr Kundtun von Gefallen und Mißfallen, durch Schwärmen für männliche Idole und wohl auch durch verbale Kommentare nahmen, nicht zu gering ansetzen wollen.

Angesichts der schlechten Erfahrungen, die viele Mädchen mit autoritären Vätern machten, kann es nicht verwundern, wenn Lässigkeit bei ihnen recht hoch im Kurs stand – über den modischen Neuheitseffekt hinaus, den man nicht zu gering veranschlagen soll. Eine Zeitzeugin formuliert rückblickend recht präzise, was sie an den GIs vorbildhaft fand. »Was mir persönlich … unheimlich imponiert hat, das war, wenn man das so sah …, diese jungen GIs, die da ganz lässig die Hand an die Mütze haben, während ich immer noch so im Hinterkopf dieses ›Zack!‹, Strammstehen, Hacken zusammen [hatte]. Das war eben so, nach außen hin, so 'n kameradschaftliches Verhältnis, das die Untergebenen zu ihren Chefs hatten. … das hat mir imponiert. Dieses Lecker-Locker-Leichte. Auch der ganze Umgang. Bei uns, das war alles immer noch sehr förmlich. Man mußte vorgestellt werden. Selbst noch so in diesen Jugend-Kreisen hat dann irgend jemand das übernommen und sagte: ›Übrigens, das ist die.‹ Aber es gehörte immer noch dazu. Und bei denen war das einfach so: ›Hi, I'm – Ich bin …‹. Die haben das für sich selbst erledigt. Und hatten auch 'ne ganz schöne Portion Selbstbewußtsein, so in meiner Erinnerung.«[33]

Wesentlich häufiger als vergleichende Beobachtung der von Besatzungssoldaten verkörperten Lässigkeit war Schwärmerei für von der Kulturindustrie herausgestellte männliche Idole. *BRAVO* zum Beispiel hatte doppelt so viele weibliche Leser wie männliche, und die interessierten sich gleichermaßen für die dort gebotenen Informationen zum »Mann ihrer Träume« wie für das, was weibliche Identifikationsprozesse nähren konnte. Medienberichte über James Dean und Tab Hunter, Elvis Presley und Peter Kraus lieferten Maßstäbe, die an die real existierenden deutschen Jungen angelegt wurden. Die zitierte Zeitzeugin erinnert sich: »… ich weiß von einer ganzen Reihe von Klassenkameradinnen, daß es da schon immer hieß: ›Ich hab einen tollen Typen kennengelernt, der sieht genauso aus wie …‹.«

Selbstverständlich mangelte es nicht an Mädchen, die zackige Jungen bewunderten. Über quantitative Relationen ist noch gar nichts zu sagen, wohl aber, daß der Trend zum Männlichkeitsideal des Lässigen in erster Linie ein städtisches Phänomen war und daß junge Frauen sich an seiner Verbreitung beteiligten.

Vorgeschichten

Dem Leser mag bei mancher Beschreibung der Kommentar »Aber das ist doch gar nicht neu!« auf der Zunge gelegen haben, und er oder sie hätte völlig recht damit. Nur wer völlig in manipulationstheoretischen Denkmustern befangen ist, wird annehmen, Medienimpulse könnten ohne jede Vorbereitung Männlichkeitsmuster umkrempeln. Für eine solide gegründete Genealogie der Körpersprache von Männern und Frauen sind wir noch nicht gerüstet. Auch wenn es ebenso reizvoll wie nötig wäre, weiter zurückzugehen[34], soll hier als Ausgangspunkt der Hinweis dienen, daß in den dreißiger Jahren der Begriff der »lässigen Eleganz« aufkam.[35] Kleine Zirkel von Jazzfans kultivierten dieses Haltungs-Ideal. Demonstrativ und provokativ eingesetzt wurde es anscheinend zunächst in Hamburg, von den anglophilen Oberschichtkindern der Swingjugend. Die lässige Eleganz der Swing-Boys und »Jazz-Katzen« diente der Distinktion gegenüber dem proletarischen Habitus des NS-Personals. Wenn eine zeitgenössische Tagebucheintragung lautete: »So lotterten wir beim lässigen Bar-Swing bis in die frühen Morgen«[36], so mußte das auf der anderen Seite als Inbegriff der Lebensweise der verhaßten Plutokratie erscheinen. »Plutokraten« nannte sich eine Kieler Swing-Clique; ein Mitglied schrieb an den verreisten Freund: »Daß du mir Kiel auch würdig vertrittst, also ganz lässig, ewig englische Schlager singend und pfeifend, total besoffen und immer umwiegt von den tollsten Frauen.«[37]

In einigen Städten des Reiches traten seit den späten dreißiger Jahren auch Swingfans aus der Mittelschicht und mit proletarischem Hintergrund auf. In Konzerten, beim wilden Tanzen und nicht zuletzt in privaten Festen mit der unerwünschten, teilweise verbotenen angelsächsischen Musik schufen sich auch diese Jugendlichen ein Reservat selbstzweckhafter Verausgabung und ziviler Distinktion in einer Gesellschaft der Gleichschaltung, des Rassismus und der Militarisierung. Das Ideal der Lässigkeit drückte sich ebenfalls in einer männlichen Körpersprache aus, die sich vom zackigen Hitlerjungen absetzte. »Ein ›Swing-Heini‹, das ist schon die Aufmachung. Erstmal lange Haare. Dann ging man immer ein bißchen nach vorne gebeugt und hatte einen dunklen Mantel an und ein weißes Cachenez, so wie Johannes Heesters. Und dann einen Homburger Hut nach Lettow-Vorbeck-Manier

… die Hände immer tief bis zum Anschlag vergraben. Das war irgendwie diese lässige Haltung, dies Lässig-Englische. … So schlich man durch die Gegend.«[38]

Die Vermutung, es handele sich beim Ideal lässiger Männlichkeit um »gesunkenes Kulturgut«, trifft nur halbwegs zu. Aristokratische und großbürgerliche Vorbilder flossen in den Dreißigern zusammen mit proletarischen Traditionen. Dabei ist an die sogenannte »Vorstadt-Eleganz« zu denken, mit der sich junge Arbeiter zum Wochenend-Vergnügen herausputzten, ebenso an Züge des provokativ Nachlässigen, Anti-Soldatischen, des Sich-hängen-lassens und Sich-anlehnens unter proletarischen und subproletarischen Jugendlichen. Die bürgerliche Kritik des »Halbstarken« hatte das seit 1900 angeprangert. Den Katalysator für Annäherung und verschmelzende Aneignung bildeten offensichtlich das gemeinsame Gegenbild und der Anpassungsdruck des NS-Systems.

Schon die Jugendorganisationen der Weimarer Republik hatten sich durchgängig am Typ des Frontsoldaten ausgerichtet[39], und mit der Hitlerjugend wurde dieses Ideal verbindlich gemacht. »Das symbolische System des deutschen Faschismus bezog sich auf die Figur des ›soldatischen Mannes‹, der gestählt und gepanzert auszog, die ganze Welt zu beherrschen.«[40] Der Disziplinierung durch die HJ, der Prägung zum »deutschen Jungen«, zum Soldatennachwuchs, stellte der lässige Habitus symbolisch die Herausforderung der Zivilität entgegen; zumindest markierte er Distanz. Kulturelles Material dafür lieferten britische Oberschichtmanieren ebenso wie amerikanische Musikfilme, in denen man zivile Eleganz bewundern, Swing hören und getanzt sehen konnte. Dabei ist ein Gesichtspunkt wichtig: Keine Facette des Lässigen, vom Elitären bis zum Plebejischen, beließ es bei Verweigerung; alle präsentierten sich als Gegenbild, das nicht weniger männlich zu sein beanspruchte als die zackige HJ-Norm.

Nach 1945 löste sich das Modell endgültig von den aufwendigen Insignien anglophilen Stils; in diesem Zusammenhang kann man von der Demokratisierung eines Männlichkeitsideals sprechen. Nicht um die Erfindung der Lässigkeit handelt es sich also in den Fünfzigern, sondern um einen Durchsetzungsschub; bekannte und umstrittene Elemente körperlicher und geistiger Haltung wurden, nicht zuletzt mit der Aura des »Amerikanischen«, von modernisierungsorientierten und hedonistischen Gruppen der männlichen Jugend angeeignet und in neuer Kombination herausgestellt.

»Die Menschen sind immer noch besser als ihre Kultur«

Idealtypisch betrachtet, kann man sagen, daß damals unter der westdeutschen Jugend das Ideal des zackigen Jungen, der ein soldatischer Mann werden will, an Einfluß verlor. Die Entwicklung scheint alle Schichten erfaßt zu haben, und sie wird vor allem sichtbar im Aufstieg einer neuen Norm, der Lässigkeit. Der lässige junge Mann pflegte eine Haltung fast schon blasierter Distanziertheit gegenüber den Zumutungen der Außenwelt, insbesondere der erwachsenen Autoritäten. Große Ideale und tiefe Gefühle, so stellte er sich dar, waren nicht seine Sache; man mag schon an die »Coolness« gegenwärtiger Jugend denken. Seine Leitbilder bezog er nicht mehr aus dem Pantheon kriegerischer Heroen, sondern aus dem Warenhaus kulturindustrieller Jugendfiguren; aber auch zivile Helden, die die Medien herausstellten, hatten Einfluß – Sportgrößen ebenso wie der schon damals zur Legende verklärte Albert Schweitzer.

Lässigkeit der äußeren Erscheinung bedeutete Kultivierung der Formlosigkeit – zumindest gemessen an der Bedeutung, die man bis dato scharfen Kanten, präzisen Winkeln, exakten Geraden, markierten Abständen in Kleidung und Haltung beimaß. Eher locker getragene, zuweilen schlabbrige und ausgebeulte oder hautnah der Körperform folgende Kleidung, lange, das Gesicht eher weich modellierende Haare, runde Bewegungen und schwingender Gang, wilde, artistisch akzentuierte Tänze, labile, eher amorphe Posen des Anlehnens, Sich-hängenlassens, Hockens und Liegens machten Lässigkeit sichtbar.

Es gab sensible und ausgesprochen kraftbetont aggressive Varianten. Sie verband die Weigerung, Drill, Disziplin und soldatischen Gehorsam als Bewährungsproben der Männlichkeit und Uniform, Schneidigkeit, zackiges Auftreten als deren symbolischen Ausdruck anzuerkennen. Dabei handelte es sich offensichtlich um einen Generationseffekt. Die Avantgarde lässiger Männlichkeit rekrutierte sich aus den Jahrgängen, die nicht mehr von NS-Organisationen geformt worden waren, und sie reagierte unverkennbar auf die epochale Niederlage des soldatischen deutschen Mannes in den Jahren 1945 folgende. Mit der legeren Stärke der amerikanischen Sieger, vom GI bis zum clever sich vermarktenden Star à la Elvis Presley, boten sich neue Identifikationsfiguren an. Sie verbanden überlegene Durchsetzungskraft, finanziellen Erfolg und sexuelle Attraktivität in einem Habitus, der deutschen Augen eindeutig zivil, zivilistisch erscheinen mußte.

Die idealtypische Gegenüberstellung des lässigen und des zackigen jungen Mannes sollte nicht verdecken, daß jugendliche Lebenswirklichkeit gekennzeichnet war von Übergängen und Ambivalenzen, von Vereinigung des

Widersprüchlichen und noch Unentschiedenem. Wir dürfen ebensowenig vergessen, daß selbst die Extreme einen tradierten Fundus an Mustern und Normen »richtiger Männlichkeit« teilten. Doch die naheliegende Metapher von »Veränderungen an der Oberfläche« verfehlt die kulturelle Wandlung. Der Habitus der Männlichkeit funktioniert wie ein Kunstwerk, in dem Form und Inhalt, Erscheinung und Wesen untrennbar zusammenhängen. Ein Blick auf die sechziger Jahre zeigt, daß die Linie der Lässigkeit fortgeführt wurde. Solche Veränderung an der Oberfläche läßt keinen »Kern« unberührt, auch wenn die Langfristfolgen angesichts des Wissens um die »Gefängnisse der Mentalität« (Braudel) nüchtern zu betrachten sind.

Man kann in den fünfziger Jahren fast alles entdecken, nur nicht die Geburtsstunde des »neuen Mannes« in Deutschland. Doch finden wir Impulse für eine Entwicklung, in der – Metaphern sind hier nicht zu vermeiden – das Profil von Männlichkeit abflacht und Konturenschärfe einbüßt. Die Nachkriegszeit bietet genügend Stoff für eine pralle Kontinuitätsgeschichte deutscher Männlichkeit in ihrer Affinität zu Idealen der Härte, des Schneidigen, aggressiver Potenzdemonstration und ungebremsten Dominanzverhaltens. Und gerade in der Gegenwart, die vielen die Realisierung der »imperativen Triade« (Gilmore) – hart zu arbeiten, eine Familie gut zu versorgen und vor den Fährnissen der Zeit zu beschützen – sozialökonomisch unmöglich macht, liegt der Griff nach überkommenen Männlichkeitsinszenierungen als Identitätsstütze nahe. Dies muß vor dem folgenden Blick auf die Aufweichung der Umrisse betont werden.

Es ist nicht unproblematisch, eine Studie unter die Frage nach Männlichkeitsbildern zu stellen. Das kann die Annahme bestärken, daß Menschen selbstverständlich und unausweichlich je nach ihrer biologischen Ausstattung gesellschaftlich vorgesehene Geschlechtsrollen übernehmen. Die Leitbilder mögen sich ändern, aber die Polarität der sozialen Geschlechter bleibt als »totales gesellschaftliches Phänomen« (Mauss) vorausgesetzt. Was man auch tut, alle Praktiken haben einen Geschlechtscharakter und weisen dem Handelnden ein Geschlecht zu. Wer sich – wie kritisch immer – innerhalb dieses Paradigmas bewegt, kann gar nicht nach Erscheinungen fragen, die die Reproduktion dieser Ordnung überschreiten.

Daher wird in der Geschlechterforschung seit einiger Zeit eine dialektische Herangehensweise verlangt, »welche die Differenzperspektive abwechselnd ernst nimmt und außer Kraft setzt«.[41] Neben die Frage, wie Menschen sich selber aktiv und kreativ als Wesen mit sozialem Geschlecht produzieren und damit die symbolische Ordnung der Geschlechter reproduzieren, tritt die Suche nach Praktiken, die beiden Geschlechtern möglich und andeutungsweise geschlechtsneutral sind.

»Männlichkeit« und »Weiblichkeit« können auch als Zwangsordnung erfahren werden; die Menschen sind, mit Adorno zu reden, »immer noch besser als ihre Kultur«. [42] Wir haben die Erinnerung an Leiden und Verletzlichkeit der Individuen zu bewahren und nach Äußerungen von Verweigerung, Eigensinn und innovativer Abweichung zu suchen. Kulturwissenschaftliche Sichtweisen stehen in Gefahr, die von ihnen aufgezeigten symbolischen Ordnungen wieder zu »naturalisieren«; neben den übermächtigen kulturellen Mustern bleibt kein systematischer Ort für Praktiken, mit denen einzelne die Chance zur Differenz wahrnehmen. Für unseren Gegenstand heißt das: Wie weit können wir die Abwendung vom zackigen und die Hinwendung zum lässigen Jungen auch als Versuch lesen, sich den Zwängen der Männlichkeit, der Selbstbildung und Selbstdarstellung innerhalb der Geschlechterpolarität zu entziehen? Hatten »normale« heterosexuelle Jugendliche damals den Wunsch, Dinge tun zu können, die geschlechtsneutral sind, die nicht nach den Maßstäben der »sexual correctness« betrachtet, beurteilt und geformt werden?

Im Ideal des zackigen Jungen war klar: aus ihm sollte ein soldatischer Mann werden. Damit war ein Lebensprogramm vorgegeben. Worauf bereitete der lässige Jugendliche sich vor? Man kann nicht gerade sagen, daß hier eine Leerstelle klaffte; aber etwas vergleichbar Markantes wird nicht sichtbar. Die Zeichen weisen eher auf ein Ideal ewiger Jugendlichkeit hin, auf einen unabgeschlossenen Status, nicht scharf und fest umrissen.

Der Aufstieg der Lässigkeit findet statt inmitten eines etwas unübersichtlichen Panoramas der Formen, in denen Männlichkeit und Weiblichkeit gelebt und in Szene gesetzt werden. Wir bemerken mehrdeutige Signale der Körperlichkeit und transsexuelle Taktiken. Das Reservoir an signifikanten Praktiken und Gütern, die ausschließlich einem Geschlecht zugeordnet sind, wird kleiner. Das Prinzip der feinen Unterschiede sorgt dafür, daß in den Überschneidungsbereichen von den Hosen bis zum Motorradfahren jeweils wiederum eine männliche oder weibliche Note wahrgenommen und praktisch markiert wird. Aber die bipolare Geschlechterkonstellation und der soziale Zwang, in ihr unzweideutig seinen Platz einzunehmen, werden im Ergebnis doch flexibilisiert.

»Echte Männlichkeit« wird – im Unterschied zu Weiblichkeit – nicht durch natürliche Reifung der mit entsprechenden Geschlechtsorganen ausgestatteten Individuen erlangt; sie ist gegen elementare Widerstände zu erringen und immer neu zu beweisen. Dieses Grundmuster bleibt erhalten. Auch der lässige Jugendliche steht unter dem Druck, sich als richtiger Mann zu beweisen; sonst wird er als Schlappschwanz verachtet. Und es scheint, als ob der Weg vom zackigen Jungen zum soldatischen Mann wesentlich eindeutiger beschildert sei als der vom lässigen Typ zum Erwachsenen. Das würde bedeuten, daß es für den einzelnen schwieriger wird, einer zentralen sozialen Norm Genüge zu tun. Könnte es sein, daß unter diesem Druck Geschlechtlichkeit innerhalb der Zuordnungen, auf und aus denen persönliche Identität konstruiert wird, relativ an Bedeutung verliert? Verlangt vielleicht der Individualisierungsschub den Menschen so viele zusätzliche Orientierungsleistungen ab und macht so viele andere Qualitäten bedeutsam, daß die Sorge um die Erfüllung der Männlichkeitsnorm relativ weniger psychische Energien an sich binden kann?

Spekulation, gewiß, und noch dazu auf der Basis von Momentaufnahmen aus den Fünfzigern und mit Fragestellungen aus der aktuellen Diskussion der Geschlechterverhältnisse. Eine solide historische Rekonstruktion steht noch aus. Aber vielleicht ist Adornos »Reflexion aus dem beschädigten Leben« keine schlechte Maxime für die weitere Erforschung der Männergeschichte.

Anmerkungen

1 August Strindberg, *Werke in zeitlicher Folge*, Bd. 5, Frankfurt a.M. 1984, S. 47.
2 Margarete Keilhacker, Die Jugend und der Starkult, in: *Ruf ins Volk* 12, 1960, 2, S. 9f.
3 Grundlage des Beitrages sind Materialien, die v. a. in zwei Arbeiten des Verf. im einzelnen nachgewiesen werden: *BRAVO Amerika. Erkundungen zur Jugendkultur der Bundesrepublik in den fünfziger Jahren*, Hamburg 1992; Rhythmus hinter Gittern. Die Halbstarken und die innere Modernisierung der Arbeiterkultur in den fünfziger Jahren, in: Andreas Kuntz (Hg.), *Arbeiterkulturen*, Düsseldorf 1993, S. 171-204.
4 Bd. 6, Leipzig 1885, Sp. 242.
5 *Deutsches Wörterbuch*, Bd. 2, Leipzig, Sp. 560; ebenso noch die 2. Aufl. 1906.
6 *Trübners Deutsches Wörterbuch*, Bd. 4, hg. von Alfred Götze, Berlin 1943, S. 382.
7 Brockhaus Wahrig, *Deutsches Wörterbuch*, Wiesbaden/Stuttgart 1982, S. 408.
8 Heinz Küpper, *Wörterbuch der deutschen Umgangssprache*, Stuttgart 1987, S. 484.
9 *Deutsches Wörterbuch*, Bd. 15, Leipzig 1956, Sp. 18; Heyne, *Deutsches Wörterbuch*, 2. Aufl. 1906, Sp. 1417.
10 Heinz Küpper, *Wörterbuch der deutschen Umgangssprache*, Bd. I, 4. Aufl., Hamburg 1965, S. 525f., Zitat. S. 526; vgl. ebd., Bd. VI, Düsseldorf 1970, S. 376; *Trübners Deutsches Wörterbuch*, Bd. 8, Berlin 1957, S. 310; Friedrich Kluge, *Etymologisches Wörterbuch der deutschen Sprache*, 22. Aufl., Berlin/New York 1989, S. 804; Brockhaus Wahrig, *Deutsches Wörterbuch*, Bd. 6, Wiesbaden/Stuttgart 1984, S. 797. Vgl. auch Chr. Wienecke, »Zackigkeit«, in: *Deutscher Wille* (= Der Kunstwart 30, 1916/17), H. 6, S. 307-308.

11 So die zeitgenössische Wahrnehmung. Historisch zählt der Soldat zu den sozialen Archetypen, die in den Disziplinierungsprozessen der westeuropäischen Moderne als Leitbild bei der Überwindung traditioneller Lebensformen und Mentalitäten dienten.

12 In der Hitlerjugend galt: je kürzer die Hosen, desto zackiger (Ingeborg Weber-Kellermann, Kinderkleidung als Ausdruck gesellschaftlicher Strukturen, in: Konrad Köstlin/Hermann Bausinger (Hg.), *Umgang mit Sachen*, Regensburg 1983, S. 27-47, Zit. S. 38).

13 Hans Heinrich Muchow, *Sexualreife und Sozialstruktur der Jugend*, Reinbek bei Hamburg 1959, S. 113f.

14 Jg. 1943, Ruhrgebiet.

15 In einem stark auf das Proletarisch-Rebellische hin stilisierten autobiographischen Text werden die Abgrenzungen markiert. »Der Rock'n'Roll, das war unsere Musik. Nicht dieses Dixielandgewichse, nach dem die Muttersöhnchen vom Gymnasium im Konfirmandenanzug am Sonntag Nachmittag mit ihrem Irmes beim Tanztee rumhopsten, und auch nicht dieser zickige, blutarme Cool-Jazz-Krampf, bei dem sich die Existentialisten in ihrem Keller am Busdepot einen runterholten. Wir standen nur auf Rock'n'Roll, auf diesen einfach brutalen, knallharten, kochendheißen, schweißtreibenden, stampfenden Rock'n'Roll.« (Chris Hyde, *Rock'n'Roll Tripper*, Rheinberg 1983, S. 9f.)

16 Curt Bondy u.a., *Jugendliche stören die Ordnung*, München 1957, S. 25.

17 Karl Bednarik, *Der junge Arbeiter von heute – Ein neuer Typ*, Stuttgart 1953, S. 24.

18 Helmut Schelsky, *Die skeptische Generation* (1957), Düsseldorf 1963, S. 383.

19 *Frankfurter Rundschau*, 30. 4. 1952.

20 *Welt der Arbeit*, 30. 5. 1958. Für eine ähnliche Betonung der demokratischen und zivilen Züge des Jazz vgl. »Es ist nicht alles Jazz«, *Weserkurier*, 14. 9. 1957.

21 Vgl. etwa *Frankfurter Rundschau*, 12. 5. 1949.

22 Lakonisch distanziert vermerkt Hans-Peter Schwarz, Jugendliche hätten sich als »besonders aufnahmefähig« für amerikanische Populärkultur erwiesen. »Eine gewisse Lässigkeit der Umgangsformen, die man für amerikanisch hielt, wurde gerne nachgeahmt.« (*Die Ära Adenauer. Gründerjahre der Republik*, Stuttgart/ Wiesbaden 1981, S. 426).

23 Jean Améry, *Teenager-Stars*, Zürich 1960, S. 104, 105.

24 *BRAVO* 37, 1957, S. 2.

25 *BRAVO* 20, 1958, S. 8.

26 Ingrid Schmidt-Harzbach, Rock'n'Roll in Hanau, in: Angela Delille/Andrea Grohn (Hg.), *Perlonzeit*, Berlin 1985, S. 37-41, Zit. S. 38.

27 *BRAVO* 10, 1958, S. 39.

28 Nicht nur Halbstarke gefielen sich in dieser Pose; auch der Autor, Jg. 1946 und aus eher bildungsbürgerlichem Haus, erinnert sich aus seiner Schulzeit lebhaft an ein knallrotes Hemd, das er im Vollgefühl prächtiger Männlichkeit über dem Bauch geknotet trug.

29 »Elvis Presley, der so singt, wie Marilyn Monroe geht« (*BRAVO* 8, 1957, S. 30; ebenso *Frankfurter Rundschau*, 7. 9. 1957).

30 David D. Gilmore, *Mythos Mann*, München 1993, S. 18.

216

31 Vgl. Stefan Hirschauer, Dekonstruktion und Rekonstruktion, in: *Feministische Studien* 11, 1993, 2, S. 55-67, insbes. S. 64f.

32 Jg. 1944, Ruhrgebiet.

33 Jg. 1941, Frankfurt a.M.

34 Zu denken ist etwa an die herausfordernde Haltung der »Eckensteher« des 19. Jahrhunderts (vgl. Axel Eberhardt, Widerspenstigkeit. Oppositionelle Körperstrategien in unteren Sozialschichten, in: Bernd Jürgen Warneken u. a., *Der aufrechte Gang. Zur Symbolik einer Körperhaltung*, Tübingen 1990, S. 135-142); dieses Feindbild wird von der Kritik noch den Halbstarken der fünfziger Jahre übergestülpt.

35 Küpper, *Wörterbuch*, S. 484.

36 Zit. n. Detlev Peukert, *Volksgenossen und Gemeinschaftsfremde*, Köln 1982, S. 240.

37 Zit. n. Bernd Polster, »*Swing Heil*«. *Jazz im Nationalsozialismus*, Berlin 1989, S. 140.

38 Ebd., S. 168.

39 Michael Mitterauer, *Sozialgeschichte der Jugend*, Frankfurt a.M. 1986, S. 230; vgl. auch die anregenden Gedanken zur Hegemonie eines militärischen Interdiskurses in der Weimarer Republik bei Frank Becker, *Amerikanismus in Weimar*, Wiesbaden 1993, S. 31f.

40 Heinz Bude, *Deutsche Karrieren*, Frankfurt a.M. 1987, S. 155.

41 Carol Hagemann-White, Die Konstrukteure des Geschlechts auf frischer Tat ertappen?, in: *Feministische Studien* 11, 1993, 2, S. 68-78, Zit. S. 75.

42 Theodor W. Adorno, *Minima Moralia*, Frankfurt a.M. 1987, S. 51.

Autorinnen und Autoren

Lynn Blattmann, Jg. 1961, Lic. Phil. I, freiberuflich in Zürich tätig. Studium der Geschichte und Psychologie in Zürich. Buchpublikation: *Gegen das frauenspezifische ARBEITS-LOS. Frauen, Arbeitsmarkt und Krise*, Zürich 1992 (zus. mit Irène Meier). Gegenwärtige Forschungsgebiete: Verhaltenskultur schweizerischer Studentenverbindungen; Geschlechtergeschichte; Gleichstellungspolitik.

Sabina Brändli, Jg. 1963, Lic. Phil. I, Wissenschaftliche Assistentin an der Forschungstelle für Sozial- und Wirtschaftsgeschichte sowie Lehrbeauftragte am Historischen und am Filmwissenschaftlichen Seminar der Universität Zürich. Studium der Allgemeinen Geschichte, Filmwissenschaft und Kunstgeschichte in Zürich. Buchpublikation: *Sowjetischer Film heute*, Baden 1990 (Hg. zus. mit Walter Ruggle). Gegenwärtiges Forschungsprojekt: »Der herrlich biedere Mann«. Zur Konstruktion bürgerlicher Männlichkeit im 19. Jahrhundert: Mode, Körper, Habitus; zudem Grundlagenforschung zum Thema Bild und Film als historische Quellen.

Ute Frevert, Jg. 1954, Dr. phil., Professorin für Neuere und Neueste Geschichte an der Universität Konstanz. Studium der Geschichte und Sozialwissenschaften in Münster, London und Bielefeld. Buchpublikationen u.a.: *Frauen-Geschichte. Zwischen Bürgerlicher Verbesserung und Neuer Weiblichkeit*, Frankfurt a.M. 1986; *Ehrenmänner. Das Duell in der bürgerlichen Gesellschaft*, München 1991, 1995; »*Mann und Weib, Weib und Mann«. Geschlechter-Differenzen in der Moderne*, München 1995. Gegenwärtige Forschungsprojekte: Geschichte der Allgemeinen Wehrpflicht im 19. und 20. Jahrhundert; Nation und Geschlecht; Richard Wagner.

Karen Hagemann, Jg. 1955, Dr. phil., Wissenschaftliche Assistentin am Zentrum für Interdiszplinäre Frauen- und Geschlechterforschung der TU Berlin. Studium der Geschichte, Germanistik und Erziehungswissenschaften in Hamburg. Buchpublikationen: *Frauenalltag und Männerpolitik. Alltagsleben und gesellschaftliches Handeln von Arbeiterfrauen in der Weimarer Republik*, Bonn 1990; *Gleiche Rechte - gleiche Pflichten? Ein Bilder-Lese-Buch zu Frauenalltag und Frauenbewegung in Hamburg*, Hamburg 1990 (zus. mit Jan Kolossa); *Eine Frauensache. Alltagsleben und Geburtenpolitik 1919-1933*, Pfaffenweiler 1991 (Hg.). Gegenwärtiges Forschungsprojekt: »›Von mannlichem Mut und teutscher Ehre‹. Entwürfe von Nation, Krieg und Männlichkeit zur Zeit der Befreiungskriege«.

Thomas Kühne, Jg. 1958, Dr. phil., Wissenschaftlicher Assistent an der Philosophischen Fakultät (Fachgruppe Geschichte) der Universität Konstanz. Studium der Geschichte und Germanistik in Tübingen. Buchpublikationen: *Dreiklassenwahlrecht und Wahlkultur in Preußen 1867-1914. Landtagswahlen zwischen korporativer Tradition und politischem Massenmarkt*, Düsseldorf 1994; *Handbuch der Wahlen zum preußischen Abgeordnetenhaus 1867-1918. Wahlergebnisse, Wahlbündnisse und Wahlkandidaten*, Düsseldorf 1994. Gegenwärtiges Forschungsgebiet: Krieg, Militär und Männlichkeit im 20. Jahrhundert.

Kaspar Maase, Jg. 1946, Dr. phil., Privatdozent für Kulturwissenschaft an der Universität Bremen, gegenwärtig Lehrstuhlvertretung am Ludwig-Uhland-Institut für Empirische Kulturwissenschaft der Universität Tübingen. Studium der Germanistik, Soziologie, Kunstgeschichte und Kulturtheorie in München und Berlin/DDR. Veröffentlichungen u.a.: *Lebensweise der Lohnarbeiter in der Freizeit*, Frankfurt a.M. 1984; *BRAVO Amerika. Erkundungen zur Jugendkultur der Bundesrepublik in den fünfziger Jahren*, Hamburg 1992. Gegenwärtige Forschungsgebiete: Geschichte der Massenkultur und der Auseinandersetzungen um »Schmutz und Schund«.

Dan McMillan, Jg. 1960, Doktorand in New York. Studium der Geschichte und Germanistik in Stanford und New York. Gegenwärtiges Arbeitsprojekt: Abschluß einer Dissertation mit dem Arbeitstitel: »Germany Incarnate. Status, Gender and Politics in the German Gymnastics Movement, 1811-1871«.

Jürgen Reulecke, Dr. phil., Jg. 1940, Universitätsprofessor für Neuere und Neueste Geschichte an der Universität-Gesamthochschule Siegen. Buchpublikationen u.a.: *Sozialer Frieden durch soziale Reform*, Wuppertal 1983;

Geschichte der Urbanisierung in Deutschland, Frankfurt a.M. 1985; *Vom Kohlenpott zu Deutschlands »starkem Stück«*, Bonn 1990. Forschungsgebiete: Stadt- und Urbanisierungsgeschichte; Geschichte der Sozialpolitik, Sozialreform und sozialen Bewegungen; Generationengeschichte und Geschichte von Jugend und Alter im 20. Jahrhundert.

Nicolaus Sombart, Jg. 1923, Dr. phil., freier Schriftsteller in Berlin, vorher Europäischer Beamter beim Europa-Rat in Straßburg, zuletzt Leiter der Kulturabteilung. Studium in Heidelberg, Neapel und Paris. Buchpublikationen u.a.: *Die deutschen Männer und ihre Feinde. Carl Schmitt - ein deutsches Schicksal zwischen Männerbund und Matriarchatsmythos*, München 1991; *Pariser Lehrjahre 1951-54. Leçons de Sociologie*, Hamburg 1994, 1995; *Über die schöne Frau. Der männliche Blick auf den weiblichen Körper*, 1995.

Anne-Charlott Trepp, Jg. 1962, Dr. phil. Wissenschaftliche Referentin am Max-Planck-Institut für Geschichte in Göttingen. Studium von Deutsch, Geschichte und Latein in Kiel. Buchpuplikation: *Sanfte Männlichkeit und selbständige Weiblichkeit. Frauen und Männer im Hamburger Bürgertum zwischen 1770 und 1840*, Göttingen 1996. Gegenwärtige Forschungsgebiete: Frauen- und Geschlechtergeschichte des 18. und 19. Jahrhunderts; Religions- und Wissenschaftsgeschichte des 16. und 17. Jahrhunderts in sozialgeschichtlicher Perspektive.